Kohlhammer
Urban-Taschenbücher

D1663642

Band 347

Grundkurs Philosophie

Der 10bändige Grundkurs Philosophie in den Urban-Taschenbüchern gibt einen umfassenden Einblick in die fundamentalen Fragen heutigen Philosophierens und stellt wichtige Bereiche der Philosophie systematisch dar. Anliegen dieses Grundkurses ist es, den Einstieg in die Philosophie zu erleichtern und zu kritischem Denken anzuregen, die philosophischen Auffassungen verständlich darzulegen, den behandelten Stoff klar zu gliedern und auf weiterführende Literatur zu verweisen.
Koordination: Julius Oswald

Band 1
Gerd Haeffner:
Philosophische Anthropologie

Band 2
Albert Keller:
Allgemeine Erkenntnistheorie

Band 3
Béla Weissmahr:
Ontologie

Band 4
Friedo Ricken:
Allgemeine Ethik

Band 5
Béla Weissmahr:
Philosophische Gotteslehre

Band 6
Friedo Ricken:
Philosophie des Altertums

Band 7
Richard Heinzmann:
Philosophie des Mittelalters

Band 8
Emerich Coreth/Harald Schöndorf:
Philosophie des 17. und 18. Jahrhunderts

Band 9
Emerich Coreth/Peter Ehlen/
Josef Schmidt:
Philosophie des 19. Jahrhunderts

Band 10
Emerich Coreth/Peter Ehlen/
Gerd Haeffner/Friedo Ricken:
Philosophie des 20. Jahrhunderts

Béla Weissmahr

Ontologie

Grundkurs Philosophie 3

Verlag W. Kohlhammer
Stuttgart Berlin Köln Mainz

Cip-Kurztitelaufnahme der Deutschen Bibliothek

Grundkurs Philosophie.
Stuttgart; Berlin; Köln; Mainz: Kohlhammer
  (Urban-Taschenbücher; . . .)
3. Weissmahr, Béla: Ontologie. – 1985

Weissmahr, Béla:
Ontologie / Béla Weissmahr. –
Stuttgart; Berlin; Köln; Mainz: Kohlhammer, 1985.
(Grundkurs Philosohpie; 3) (Urban-Taschenbücher;
Bd. 347)
ISBN 3-17-008460-7
NE: 2. GT

Alle Rechte vorbehalten
© 1985 Verlag W. Kohlhammer GmbH
Stuttgart Berlin Köln Mainz
Verlagsort: Stuttgart
Umschlag: hace
Gesamtherstellung:
W. Kohlhammer Druckerei GmbH + Co. Stuttgart
Printed in Germany

Inhalt

Einleitung:
Die Ontologie als der grundlegende Teil der Metaphysik

Die Bezeichnung »Ontologie« läßt sich erst im 17. Jh. nachweisen. 1
Wohl zum erstenmal erscheint sie im »Lexicon philosophicum« des
R. Goclenius (Frankfurt 1613). Etwas später kommt sie in den
Werken von A. Calovius (Rostock 1636) und von J. B. du Hamel
(Paris 1687) vor. J. Clauberg verwendet das Wort (zunächst in der
Form »Ontosophia«) im Titel seiner Metaphysik (Amsterdam
1656). Das einflußreichste Werk, das diese Überschrift trägt, war
jedoch die 1730 in Frankfurt und Leipzig erschienene »Philosophia
prima sive ontologia« des Ch. Wolff, welches zusammen mit den
anderen lateinischen Werken des Autors die Schulphilosophie des
18. Jahrhunderts wesentlich geprägt hat (zur Geschichte des Wortes siehe J. École in: Ch. Wolff 1962, V–IX).
Der Name »Ontologie« ist somit erst jüngeren Datums, doch die
Sache, um die es in der vorliegenden Abhandlung geht, ist viel älter.
Ontologie bedeutet nämlich die Wissenschaft vom Seienden bzw.
vom Sein. Damit verweist aber das Wort auf Aristoteles, denn der
hatte im 4. Buch jener Schriften, die nach seinem Tode die Überschrift »Metaphysik« erhalten haben, von einer Wissenschaft gesprochen, »die das Seiende, insofern es Seiendes ist« (τὸ ὂν ᾗ ὂν –
Met IV 1, 1003 a 21), untersucht und sie als die grundlegendste Wissenschaft überhaupt hinstellt. Mit dem Hinweis darauf, daß es eine
Wissenschaft geben müsse, die sich von einem letzten, übergeordneten Standpunkt aus mit der Wirklichkeit im ganzen beschäftigt
und dadurch die Grundfragen der übrigen Wissenschaften klärt,
steht Aristoteles selbst schon in der Tradition der griechischen
Philosophie, die seit ihren Anfängen, seit den sog. ionischen Natur-
philosophen im VI. Jh. v. Chr. nach der einen ἀρχή (Grund, Ursprung) der mannigfaltigen Dinge gefragt hat. Dabei hat die philosophische Reflexion der Griechen den Einheitsgrund von allem uns
Erscheinenden schon seit Parmenides mit dem Wort Sein bezeichnet. Mit diesem terminologischen Durchbruch entstand, was man
später Ontologie nannte; der Einheitsfaktor der Wirklichkeit hat
seinen klassischen Namen erhalten.
Die beiden großen, das abendländische Denken nachhaltig beein- 2
flussenden philosophischen Entwürfe von Platon und Aristoteles
waren die ersten Höhepunkte metaphysischen Denkens. Für die
platonische Sicht ist es selbstverständlich, daß sich die letzten
Gründe der Wirklichkeit und das Göttliche letztlich nicht unter-

scheiden, aber auch für Aristoteles gehört zum Themenbereich der »ersten Philosophie« nicht nur die Lehre von den inneren Prinzipien der Weltdinge, sondern auch die philosophische Besinnung, die bis zur transzendenten und allgemeinsten Ursache aller Wirklichkeit vorstößt. Somit war die Metaphysik von ihren ersten umfassenden und zugleich klassischen Darstellungen an eine Wissenschaft, in der die ontologischen Untersuchungen bis hin zu dem, was man eine philosophische Gotteslehre nennen kann, vorangetrieben wurden. Die Überzeugung, daß die allgemeine Seinslehre und die Lehre vom Absoluten zur selben Wissenschaft gehören, blieb auch in der Folgezeit, also während des ganzen Mittelalters, erhalten; dies war schon dadurch bedingt, daß die Metaphysik vor allem in der Form von Kommentaren der klassischen Texte dargeboten wurde. Noch die erste systematische Abhandlung zur Metaphysik, die »Disputationes metaphysicae« des F. Suárez (1597), vertritt diese Auffassung.

3 In der Neuzeit setzte dann ein Differenzierungsprozeß ein. Dieser war zum einen angeregt durch das Entstehen der von der Naturphilosophie verschiedenen Naturwissenschaft, die sich auf Experimente stützte und die nicht das Wesen der Dinge, sondern die konstanten quantitativen Beziehungen zwischen Naturprozessen zu erfassen trachtete. Dies führte zur Erkenntnis, man müsse hinsichtlich der in der traditionellen Naturphilosophie behandelten Fragen Unterscheidungen einführen. Die sich auf Aristoteles berufende scholastische Naturphilosophie (bestehend aus der Philosophie des Unbelebten, der »Physik« der Alten, und der Philosophie des Lebendigen, dem Traktat »de anima«) enthielt nämlich ziemlich undifferenziert sowohl Elemente, die naturwissenschaftliche Erkenntnisse im neuzeitlichen Sinn vorwegnahmen, als auch philosophische Gedankengänge im strengen Sinn. Die Entdeckung, daß man hier unterscheiden muß, führte dann zu der weiteren Einsicht, daß die eigentlich philosophischen Überlegungen über die unbelebte und belebte Natur in einem viel engeren Zusammenhang mit der Metaphysik stehen, als das im mittelalterlichen Schulbetrieb, in der die »Physik« und der Traktat »de anima« *vor* der Metaphysik gelesen wurden, zum Ausdruck kam. Somit lag der Gedanke auf der Hand, die Behandlung der entsprechenden philosophischen Probleme unter der Überschrift der »metaphysica specialis« darzubieten, zu der die Kosmologie (die Philosophie des Materiellen, also der »res extensa« des Descartes) und die philosophische oder rationale Psychologie (die Philosophie des Geistigen, d. h. der »res cogitans« im cartesianischen System) gehörten, zu der man dann als dritten Teil die philosophische Gotteslehre zugeordnet hat. Dieser

sich in drei Teile gliedernden »besonderen Metaphysik« wurde dann die »allgemeine Metaphysik«, die man zu dieser Zeit mit dem Namen »Ontologie« belegte, vorausgeschickt. Ihre Aufgabe war es, jene allgemeinsten Fragen zu behandeln, die für alle Teile der metaphysica specialis vorauszusetzen waren. In dieser Sicht mußte freilich die Ontologie als allgemeine Seinslehre zu einer sehr abstrakten philosophischen Disziplin werden, da die philosophische Durchdringung des konkret Existierenden (Welt, Seele, Gott) den einzelnen Fächern der besonderen Metaphysik vorbehalten war.

Daß die Ontologie zu einer abstrakten Prinzipienlehre wurde, hat- 4
te aber auch noch einen anderen Grund. Die in der Neuzeit einsetzende Differenzierung der Metaphysik war nämlich zum anderen durch den Einfluß des cartesianischen Rationalismus mitbedingt, der bekanntlich großen Wert auf die klare und eindeutige Definition der Begriffe bzw. auf die deduktive Methode gelegt hat. In der Metaphysik führte das Streben, auch die letzten Grundlagen in klaren Begriffen darzustellen und das Wissen über sie streng deduktiv zu entfalten, dazu, daß sie zu einem System der allgemeinsten Prinzipien wurde, deren wichtigste Eigenschaft die begriffliche Widerspruchslosigkeit ist. Damit wurde aber die als allgemeine Metaphysik dargebotene Ontologie zur Wissenschaft des abstrakt Denkmöglichen.

Die sich schon anbahnende Einteilung der theoretischen Philoso- 5
phie in allgemeine Metaphysik oder Ontologie und in die besondere Metaphysik, bestehend aus Kosmologie, Psychologie und philosophischer Gotteslehre wurde von Ch. Wolff streng durchgeführt. Sie wurde in der deutschen vorkantischen Philosophie zur allgemein angenommenen Gliederung. In der weiteren Entwicklung des philosophischen Denkens hat die Bezeichnung »Ontologie« verschiedene Bedeutungsverschiebungen erfahren, abhängig jeweils davon, wie man über Sein und Seiendes dachte. In den letzten 200 Jahren erhielt auch das Wort »Metaphysik« je nach der Einstellung der verschiedenen Schulen zu ihr ganz verschiedene Bedeutungen, so daß das Wort eine Sammlung von unbegründeten Behauptungen, Beschreibung okkulten Wissens, wirklichkeitsfremdes, starres Begriffssystem, aber auch Seinslehre im klassischen Sinn und philosophische Grundwissenschaft bedeuten konnte. Deshalb kann man heute diese Bezeichnungen kaum mehr gebrauchen, ohne eigens zu sagen, was man darunter versteht. Dabei ist aber noch zu bedenken, daß kurze Beschreibungen höchstens andeuten können, welche Position man vertritt. Das genaue Verständnis dieser Ausdrücke kann nur das Ergebnis einer Gesamtuntersuchung sein. Deshalb sei hier nur folgendes bemerkt:

6 Das Wort »Ontologie« als Titel für diese Abhandlung ist aus zwei Gründen gewählt worden. Zum einen, um auszudrücken, daß wir bewußt in der abendländischen Tradition der Seinsphilosophie stehen wollen, zum anderen, um zu betonen, daß es hier um den grundlegenden und allgemeinen Teil jener philosophischen Disziplin geht, die traditionell Metaphysik heißt und die sich in der Besinnung über das Absolute, also in der philosophischen Gotteslehre vollendet. Anders gesagt: Weil die »Philosophische Gotteslehre« (Band 5 in diesem Grundkurs) ein integrierender Teil der Metaphysik ist, und weil die Metaphysik als Lehre vom wirklichen Seienden entwickelt werden muß, nennen wir die vorliegende Abhandlung Ontologie. Sie behandelt die Grundfragen der Metaphysik, sie ist »Fundamentalmetaphysik«.

Damit ist auch schon gesagt, daß für uns die Wörter »metaphysisch« und »ontologisch« bedeutungsgleich sind. Deshalb werden wir auch vor allem im ersten Teil, in dem es um die Begründung der philosophischen Grunddisziplin bzw. um die Hinführung zu dem, was man »Seinserkenntnis« nennen kann, geht, das Wort Ontologie noch nicht gebrauchen, sondern von Metaphysik reden.

7 Die folgende Abhandlung besteht aus zwei Teilen. Im ersten Teil geht es um die Selbstbegründung (genauer: um den Aufweis der immer schon gegebenen Begründetheit) der Metaphysik als einer Wissenschaft sui generis, und zugleich um die Bestimmung des Gegenstandes bzw. der Methode der Metaphysik. Der zweite Teil entfaltet – soweit das geht – das dem Menschen gegebene ursprüngliche Seinsverständnis anhand der Behandlung der klassischen Themen, die die Metaphysik von Anfang an beschäftigt haben. Dabei soll vor allem aufgezeigt werden, wie das Seinsverständnis, das nur der überbegrifflichen, stets analogen Erkenntnis zugänglich ist, in der sich begrifflich artikulierenden Sprache dargelegt werden kann.

Literatur zum Ganzen:

Brunner 1950.
Mark 1952.
Nink 1952.
Van Steenberghen 1953.
Heimsoeth [5]1965.
Krings 1954.
Conrad-Martius 1957.
Ramsey 1961.

Möller 1962.
Coreth [2]1964, [3]1980.
Martin 1965.
de Finance 1966.
Heidegger [3]1966.
De Petter 1972.
Haeffner [2]1981.
Metaphysik 1977.

A. Aufweis der Möglichkeit der Metaphysik als Wissenschaft

Die Metaphysik galt einst – wie Kant in der Vorrede der Kritik der 8
reinen Vernunft bemerkt (vgl. KrV A [d. h. erste Auflage] VIII) –
als die Königin der Wissenschaften. Diese Stellung hat sie in den
letzten 200 Jahren nicht nur verloren, sondern sie mußte sich immer wieder die Frage gefallen lassen, ob sie überhaupt würdig ist,
Wissenschaft genannt zu werden. Wenn man sich also heute anschickt, eine Metaphysik im Sinne einer Seinslehre zu entwickeln,
so muß man sich dieser Herausforderung stellen. Um sich jedoch
mit der Problematik der heftig umstrittenen Metaphysik auseinandersetzen zu können, muß man zuerst wissen, was Metaphysik ist
und was sie eigentlich will.

I. Was ist Metaphysik?

Schon diese Frage ist schwer zu beantworten. Denn »die« Meta- 9
physik gibt es nicht. Es gibt nur verschiedene, voneinander oft erheblich abweichende philosophische Systeme oder Entwürfe, die
sich selbst als Metaphysik bezeichnen oder sich zumindest zur metaphysischen Tradition des Abendlandes bekennen, auch wenn der
Name »Metaphysik« (bzw. »Ontologie«) aus verschiedenen Gründen abgelehnt wird. Da das genaue Verständnis dessen, was Metaphysik sein soll, nach der jeweils eingenommenen Position verschieden ist, soll hier zu Beginn nicht versucht werden, eine genaue
Bestimmung der Metaphysik zu geben. Ein solcher Versuch, auch
wenn er sich als objektive, historische Untersuchung tarnen würde
(vgl. z. B. Takatura Ando 1974), wäre notwendig vom eigenen Vor-
verständnis der Metaphysik geprägt und liefe deshalb unausweichlich darauf hinaus, daß jene Auffassung über Metaphysik, die das
Ergebnis der kommenden Überlegungen sein soll, definitorisch
vorweggenommen würde.
Deshalb seien hier nur drei sehr allgemeine Merkmale angegeben, 10
von denen leicht zu zeigen ist, daß sie nach der Meinung sowohl
der meisten Befürworter als auch der meisten Gegner der Metaphysik für sie charakteristisch sind. (Auf einen Nachweis meinen
wir verzichten zu können, da die elementarsten philosophiege-

schichtlichen Kenntnisse ausreichen, um dieser Charakterisierung beipflichten zu können.)

(1) Der Metaphysiker versteht sein Fach als die philosophische Grunddisziplin, deren Aufgabe es ist, eine allumfassende Wirklichkeitsinterpretation zu geben, indem sie bis zu den letzten Gründen oder dem letzten Grund von allem, was es gibt, vordringt.

(2) Der Metaphysiker ist ein »kognitiver Optimist«; er ist überzeugt, daß er diese Aufgabe auch lösen kann, d. h. er zweifelt nicht an der Möglichkeit, seine Einsichten hinsichtlich der Grundstrukturen der Wirklichkeit in solcher Form zur Sprache bringen zu können, die wissenschaftliche Anerkennung verdient. Deshalb ist er auch der Meinung, daß seine Untersuchungen Einsichten liefern, die für alle anderen Wissenschaften gelten.

(3) Da sich die Aussagen des Metaphysikers auf das Allgemeingültige und Notwendige, also auf das, was ewig und unwandelbar ist, beziehen, ist sein eigentlicher Gegenstand nicht das uns in seiner zufälligen Gestalt Gegebene, sondern etwas, was »darüber hinaus« ist, also das Nichtempirische oder Transzendente.

11 Diese drei Merkmale hängen freilich eng miteinander zusammen. Hinter ihnen steht eine einzige Grundüberzeugung, nämlich die, daß es möglich ist, die notwendigen und allgemeinen bzw. die der empirischen Forschung grundsätzlich nicht zugänglichen Momente der Wirklichkeit in einer Weise zur Sprache zu bringen, die man wegen der Begründetheit der gemachten Aussagen und wegen ihrer möglichen systematischen Darbietung wissenschaftlich nennen kann. Kurz gesagt: *Der Metaphysiker geht davon aus, daß es möglich ist, unbedingt gültige Aussagen auch über empirisch nicht nachprüfbare Momente der Wirklichkeit zu formulieren.* Damit drückt er auch seine Überzeugung aus, daß es Gebiete oder Aspekte der Wirklichkeit gibt, die der Empirie nicht zugänglich sind. – Wenn wir in diesem Zusammenhang das Wort »Empirie« oder »empirisch« gebrauchen, dann meinen wir damit jene Weise der Erfahrung, die durch die Beobachtung des uns in der Weise des Gegenstandes Gegebenen entsteht.

Heute (und schon seit langem) kann man freilich nicht ohne weiteres davon ausgehen, daß über empirisch nicht nachprüfbare Momente der Wirklichkeit unbedingt gültige Aussagen zu machen sind. Die Gültigkeit einer so entscheidenden Behauptung muß also geprüft werden. Deshalb ist die erste und grundlegendste Frage der Metaphysik: *Ist es möglich, wahre Aussagen über Wirkliches (also über das, was es »gibt«, was »ist«) zu machen, obwohl deren Gültigkeit empirisch nicht nachprüfbar ist?* – Daß dies die metaphysische Grundfrage ist, steht außer Zweifel. Denn in allen metaphysischen Systemen wird diese Möglichkeit entweder ausdrücklich bejaht oder stillschweigend angenommen. Und alle, die Metaphysik ablehnen, bestreiten ausdrücklich diese Möglichkeit. An dieser Frage entscheidet sich also das Schicksal der Metaphysik.

Noch drei Bemerkungen seien hier gemacht:

(1) Indem man diese Frage stellt, betreibt man in gewisser Hinsicht, nämlich in der Weise des Fragens, bereits Metaphysik. Daß also Metaphysik zumindest als Frage möglich ist, daß sie einem grundlegenden menschlichen Bedürfnis entspricht, steht somit schon fest. Dies anerkennt auch Kant, der die Metaphysik als Naturanlage für gegeben ansieht (vgl. KrV B 21 [d. h. die zweite Auflage der Kritik der reinen Vernunft mit der Seitenzahl der Originalausgabe]). Offen bleibt allerdings, ob die gestellte Frage positiv beantwortet werden kann, ob der Anspruch, der in ihr zum Ausdruck kommt, einzulösen ist.

(2) Die erwähnte Grundfrage ist auch insofern von entscheidender Bedeutung, als sich die Methode der Metaphysik durch deren positive Beantwortung bestimmen läßt. Wenn Metaphysik möglich ist, dann nur auf die Weise, die zur Beantwortung der genannten Grundfrage führt. *Indem aufgezeigt wird, daß wahre Aussagen über die der empirischen Forschung nicht zugängliche Realität gemacht werden können, ergibt sich auch, wie, in welcher Weise, mit welcher Methode die Metaphysik vorgehen muß, um möglich zu sein.* Die Weise also, wie sie zu ihrem Objekt Zugang gewinnt, bestimmt (wie das übrigens auch bei anderen Wissenschaften der Fall ist) ihre Methode. Sie muß daher die ihr eigene Methode anläßlich der Beantwortung der Frage nach der Möglichkeit wahrer Aussagen, die sich auf die der empirischen Forschung nicht zugängliche Realität beziehen, entwickeln.

(3) Ganz grundsätzlich ist hier noch zu bemerken, daß es keine konkret durchgeführte Begründung der Metaphysik geben kann, die mit dem Anspruch, die einzig gültige Begründung geliefert zu haben, aufzutreten vermag. Da es in der Metaphysik letztlich immer um das Ganze geht, ist jeder konkrete Ansatzpunkt, der notwendig partikulär ist, einigermaßen willkürlich. Genauer gesagt: Jeder Ausgangspunkt steht in einem geschichtlich bedingten Diskussionskontext. Wenn dieser sich verschiebt, verschiebt sich auch der zu wählende Ausgangspunkt. Die Grundstruktur der Begründung der Metaphysik muß jedoch immer die gleiche sein, da die Metaphysik nicht eigentlich begründet, sondern nur verteidigt werden muß gegen die, die ihre Unmöglichkeit behaupten.

Literatur:

Walsh 1967.   Brugger 1968.
Weingartner 1969, 1974.   Muck 1968.

II. Einwände gegen die Möglichkeit von Metaphysik

15 Bevor wir zu zeigen versuchen, daß es möglich ist, wahre Aussagen über die der Empirie nicht zugängliche Wirklichkeit zu formulieren, ist es angebracht, die wichtigsten Einwände gegen die Metaphysik (die stets auch Einwände gegen ihre Möglichkeit sind) kennenzulernen. Es kann sich hier selbstverständlich nur um eine sehr beschränkte Auswahl handeln. Sie zu treffen, fällt aber nicht besonders schwer. Wenn es um die Kritik der Metaphysik geht, so kommt man an I. Kant nicht vorbei; und weil der radikalste Angriff gegen die Metaphysik vom Logischen Positivismus der zwanziger und dreißiger Jahre unseres Jahrhunderts ausging, sollen auch seine wichtigsten Argumente erwähnt werden. Es wird sich übrigens zeigen, daß durch die Herausarbeitung der Anliegen Kants und des Logischen Positivismus die Grundmotive aller Metaphysikkritik im wesentlichen aufgedeckt sind. Um Kant gerecht zu werden, muß man allerdings erwähnen, daß es ihm nicht um die Vernichtung, sondern um die Neubegründung der Metaphysik zu tun war. Er hatte nämlich von ihr eine sehr hohe Meinung gehabt, die sich zwar nicht auf ihre Form, wie sie ihm durch Ch. Wolff und A. G. Baumgarten vermittelt vorlag, sondern auf ihre Aufgabe bezog, nämlich, über Gott, Freiheit und Unsterblichkeit Auskunft zu geben (vgl. KrV B 17). Das Ergebnis seiner Untersuchung ist freilich negativ ausgefallen in dem Sinn, daß die Metaphysik als theoretisch fundierte Wissenschaft nicht möglich ist, wobei aber der Weg der praktischen Vernunft, aus der sich jedoch keine Berechtigung ergibt, theoretisch gültige Aussagen zu machen, durchaus offenblieb.

1. Kant über die Möglichkeit der Metaphysik als Wissenschaft

a) Die Lage der Metaphysik im Denken Kants

16 In der Vorrede der zweiten Auflage der KrV stellt Kant fest: »Der Metaphysik . . . ist das Schicksal bisher noch nicht so günstig gewesen, daß sie [im Gegensatz zur Logik, Mathematik und Physik] den

sicheren Gang einer Wissenschaft einzuschlagen vermocht hätte; ob sie gleich älter ist als alle übrige ... Denn in ihr gerät die Vernunft kontinuierlich in Stecken ... In ihr muß man unzählige Male den Weg zurück tun, weil man findet, daß er dahin nicht führt, wo man hin will, und was die Einhelligkeit ihrer Anhänger in Behauptungen betrifft, so ist sie noch so weit davon entfernt, daß sie vielmehr ein Kampfplatz ist, ... auf dem noch niemals irgend ein Fechter sich auch den kleinsten Platz hat erkämpfen und auf seinen Sieg einen dauerhaften Besitz gründen können. Es ist also kein Zweifel, daß ihr Verfahren bisher ein bloßes Herumtappen, und, was das Schlimmste ist, unter bloßen Begriffen, gewesen sei« (B XIVf.). Kant meint auch den Grund dafür angeben zu können, warum es der Metaphysik nicht gelungen ist, auch nur in einigen grundlegenden Fragen zu einer Übereinstimmung zu gelangen. Er schreibt: »Wenn wir unsere Vernunft nicht bloß, zum Gebrauch der Verstandesgrundsätze, auf Gegenstände der Erfahrung verwenden, sondern jene über die Grenzen der letzteren hinaus auszudehnen wagen, so entspringen vernünftelnde Lehrsätze, die in der Erfahrung weder Bestätigung hoffen, noch Widerlegung fürchten dürfen, und denen jeder nicht allein an sich selbst ohne Widerspruch ist, sondern sogar in der Natur der Vernunft Bedingungen seiner Notwendigkeit antrifft, nur daß unglücklicherweise der Gegensatz ebenso gültige und notwendige Gründe der Behauptung auf seiner Seite hat« (B 448f.). Der eigentliche Grund also für das Scheitern der Metaphysik als Wissenschaft liegt nach Kant darin, daß in ihr – indem sie ihre Theorien über die letzten Gründe der Wirklichkeit bzw. über die Wirklichkeit im Ganzen entwickelt – unausweichlich Widersprüche auftreten, »aus welchen sie zwar abnehmen kann, daß irgendwo verborgene Irrtümer zum Grunde liegen müssen, die sie aber nicht entdecken kann, weil die Grundsätze, deren sie sich bedient, da sie über die Grenzen aller Erfahrung hinausgehen, keinen Probierstein der Erfahrung mehr anerkennen« (A VIII).

b) Wie bestimmt Kant die wissenschaftliche Erkenntnis?

Kant weiß sich dem Ideal der wissenschaftlichen Erkenntnis verpflichtet. Dabei steht für ihn von vornherein fest, was wissenschaftliche Erkenntnis ist. Die Mathematik und die auf empirischen Prinzipien gegründete Naturwissenschaft, deren hervorragendste Verkörperung die Physik ist, sind für ihn das Paradigma der Wissenschaft. Diese Grundoption wird nirgends ausdrücklich gerechtfertigt, doch das für sie offensichtlich ausschlaggebende Motiv wird angedeutet: In diesen Wissenschaften gibt es einen Konsens unter den Fachgelehrten und deshalb machen sie deutliche Fortschritte. Die Gründe dafür liegen nach Kant im folgenden: Die Meinungsverschiedenheiten auf diesen Gebieten können einvernehmlich bereinigt werden, und zwar deshalb, weil die Ergebnisse dieser Wissenschaften nicht bloß Konstruktionen aus leeren Begriffen sind, sondern Aussagen, deren Wahrheit anhand der Erfahrung nachgeprüft werden kann. Daraus ergibt sich für Kant, daß man von wissenschaftlicher Erkenntnis überhaupt nur dann reden kann, wenn sich die Ergebnisse der Wissenschaft auf Erfahrbares (und das heißt für ihn, wie wir noch sehen werden, immer auch: auf Anschauliches) beziehen, welches das Kriterium dafür ist, daß man nicht nur leere Begriffe kombiniert.

18 Für die Allgemeinheit und Notwendigkeit der Aussagen, ohne die es keine Wissenschaft geben kann, entwickelt Kant folgende Erklärung: Fest steht für ihn zunächst, daß die Allgemeinheit und Notwendigkeit wissenschaftlicher Sätze nicht aus der Erfahrung stammen können. Denn Erfahrung ist für ihn eigentlich nur die sinnliche Wahrnehmung des einzelnen; und es ist unbestreitbar, daß diese Erfahrung, so oft sie auch wiederholt wird, niemals zu verbürgen vermag, daß ein Ereignis nicht auch anders hätte ablaufen können. Erfahrung in diesem Sinne führt immer nur zu einer hypothetischen und nie zu einer strikten Notwendigkeit und Allgemeinheit. Da es aber letzteres nach der Überzeugung Kants in unserer wissenschaftlichen Erkenntnis ohne Zweifel gibt, muß sie anderswoher stammen. Nun hat auch die Naturwissenschaft, wie Kant sie sieht, den sicheren Gang der Wissenschaft erst damals erreicht, als die Naturforscher begriffen, »daß die Vernunft nur das einsieht, was sie selbst nach ihrem Entwurfe hervorbringt« (B XIII), woraus er dann den Schluß zieht: Wissenschaftliche Erkenntnis, die über das Erfahrene hinauszugehen vermag, indem sie notwendige und allgemeine Aussagen formuliert, ist deshalb möglich, weil ihr »reine« Begriffe zugrundeliegen, d. h. Begriffe, die im menschlichen Verstand »vorbereitet liegen« (B 91), die also gebildet werden, ohne sich dabei auf Erfahrung stützen zu müssen. Die gesamte »Kritik der reinen Vernunft« ist der Aufgabe gewidmet, zu zeigen, wie wir zu solchen Begriffen kommen, welche Begriffe dies sind und wie sie objektive Gültigkeit haben können. Hinsichtlich dieser letzten Aufgabe muß freilich der Zusammenhang zwischen den »reinen« Begriffen und der Erfahrung bestimmt werden. Dazu folgende Bemerkungen:

19 Nach Kant ist unsere Erkenntnis eine Synthese von sinnlicher Wahrnehmung und spontaner Tätigkeit des Verstandes (des Den-

kens). Alles Inhaltliche der Erkenntnis stammt von der Sinneswahrnehmung, denn nur durch sie sind uns Gegenstände gegeben, nur sie liefert uns Anschauungen. Die formale Bestimmtheit der Erkenntnis leitet sich dagegen von der Erkenntnisstruktur des Erkennenden selbst her. Sie ist entweder reine Anschauung, der zu verdanken ist, daß alle wahrgenommenen Gegenstände für uns in Raum und Zeit »eingebettet« erscheinen (weshalb Kant Raum und Zeit »die apriorischen Formen der Sinnlichkeit« nennt), oder reiner Begriff, d. h. ein zur Natur unseres Verstandes gehörendes ordnendes Prinzip, von dem das schon raumzeitlich erfaßte Material der sinnlichen Wahrnehmung seine notwendige und allgemeine Bestimmung empfängt. Weil den erwähnten reinen Begriffen die Rolle apriorischer, d. h. unabhängig von der Erfahrung gegebener Ordnungsprinzipien in unserem Denken zukommt, nennt sie Kant »Kategorien«.

Die beiden Grundquellen unserer Erkenntnis sind aufeinander angewiesen. »Ohne Sinnlichkeit würde uns kein Gegenstand gegeben, und ohne Verstand keiner gedacht werden. Gedanken ohne Inhalt sind leer, Anschauungen ohne Begriffe sind blind« (B 75). Sie müssen allerdings auch immer deutlich unterschieden werden, denn »der Verstand vermag nichts anzuschauen, und die Sinne nichts zu denken« (ebd.).

Die Lehre von den beiden Quellen menschlicher Erkenntnis, die 20 (obwohl aufeinander hingeordnet) im Grunde ziemlich unverbunden nebeneinanderstehen, stammt nicht von Kant, sondern ist eine traditionelle Position im philosophischen Denken, die mindestens bis Platon zurückreicht. Ihre Ursprünge sind anthropologischer Art, in ihr kommt die Auffassung vom Leib-Seele-Dualismus zum Ausdruck. Für sie sprechen zwar manche gewichtige Gründe, doch kann sie nicht die ganze Wahrheit sein. Da der erkennende Mensch trotz aller Dualität in seinem Erkennen *ein einziger* ist, ist es sehr merkwürdig, wenn man sich damit begnügt, die beiden voneinander verschiedenen Momente der menschlichen Erkenntnis anzugeben (was natürlich auch geschehen muß!), ohne ihrer Einheit nachzugehen. Kant macht zwar an einer Stelle die Bemerkung, daß die zwei Stämme der menschlichen Erkenntnis, nämlich Sinnlichkeit und Verstand, »vielleicht aus einer gemeinschaftlichen, aber uns unbekannten Wurzel entspringen« (B 29), unternimmt aber nichts, den vermuteten Einheitsgrund zu finden.

Die dargelegte Auffassung von Erkenntnis steht auch hinter der 21 Bestimmung des synthetischen Urteils a priori, auf die Kant so großen Wert legt. Entsprechend seinen Ansichten hinsichtlich der Struktur unserer Erkenntnis unterscheidet er nämlich je nachdem, ob ein Urteil notwendig oder nicht notwendig ist, bzw. ob es unsere Erkenntnis erweitert oder nicht, die folgenden Klassen von Urteilen:

Analytisch ist ein Urteil dann, wenn das Prädikat des Satzes nur das ausdrücklich aussagt, was im Begriff des Subjekts schon wirklich, obwohl noch nicht in aller Klarheit, mitgedacht war (z. B. alle Körper sind ausgedehnt). Das analytische Urteil fügt unserem ursprünglichen Wissen nichts Neues hinzu. Wenn wir einmal den Begriff haben (wie wir zu ihm kommen, spielt nach Kant keine Rolle, er kann empirischen Ursprungs sein, es kann sich aber auch um einen »reinen« Begriff handeln), so hängt die Wahrheit des »Erläuterungsurteils« nicht von der Erfahrung ab, sondern ist a priori gegeben und ist damit notwendig.

Diejenigen Sätze, in denen das Prädikat dem Inhalt des Subjekts etwas Neues hinzufügt, nennt Kant *synthetische* Urteile oder Erweiterungsurteile. Ohne sie gibt es keine neuen Erkenntnisse, sie sind für die Wissenschaft unentbehrlich. Zwei Arten dieser Urteile werden unterschieden: *Synthetische Urteile a posteriori* sind jene, in denen das, was das Prädikat dem Subjekt hinzufügt, aus der Erfahrung, genauer gesagt, aus der Einzelwahrnehmung herstammt. Das von Kant ständig angeführte Beispiel ist: Alle (bzw. einige) Körper sind schwer (vgl. B 11 f. bzw. Prolegomena § 2). Solche Urteile bereichern zwar unser Wissen, doch mit ihnen allein läßt sich keine Wissenschaft aufbauen. Eine unerläßliche Bedingung wissenschaftlicher, d. h. unser Wissen erweiternder und zugleich allgemeiner und notwendiger Erkenntnis ist deshalb das *synthetische Urteil a priori*, in dem das Prädikat etwas über das Subjekt aussagt, was in ihm einerseits nicht enthalten ist, andererseits ihm aber notwendig zukommt und deshalb nicht aus der wie oft auch immer wiederholten Einzelerfahrung stammen kann. Die Beispiele Kants sind: Die gerade Linie zwischen zwei Punkten ist die kürzeste (Kant ist der Meinung, alle Sätze der reinen Mathematik und Geometrie seien insgesamt synthetisch!) oder: Alle Körper sind Substanzen.

22 Nach dem Gesagten ist leicht zu verstehen, warum für Kant die Frage: Wie ist Notwendigkeit und Allgemeinheit in der Wissenschaft möglich?, mit der Frage gleichzusetzen ist: Wie sind synthetische Urteile a priori möglich? – Die bisherigen Überlegungen Kants zusammenfassend kann zu der Struktur und zu den Grenzen wissenschaftlicher Erkenntnis bzw. zur Möglichkeit und zum Anwendungsbereich der synthetischen Urteile a priori folgendes gesagt werden:

1. Die Notwendigkeit und Allgemeinheit, diese unentbehrlichen Eigenschaften wissenschaftlicher Sätze, lassen sich leicht erklären.

Sie stammen nicht aus der Erfahrung der Einzeldinge, sondern vom Verstand, der dadurch zu seinem Gegenstand kommt, daß er die Sinneseindrücke nach seinen ihm (und jedem menschlichen Verstande) eigenen apriorischen Prinzipien, den Kategorien, ordnet. Aus dieser Erklärung ergibt sich freilich, daß die notwendige und allgemeine, nach den Kategorien des Verstandes geordnete wissenschaftliche Erkenntnis nicht das »Ding an sich« erreicht, sondern es immer nur mit dem »Ding als Erscheinung« zu tun hat, oder anders gesagt (um den problematischen Begriff des »Dinges an sich« zu vermeiden), daß wissenschaftliche Aussagen sich nicht auf Wirklichkeit, so wie sie ist, sondern nur auf die Wirklichkeit, so wie sie uns erscheint, beziehen können.

2. Wissenschaftliche Erkenntnis kann es nur »innerhalb der Grenzen möglicher Erfahrung« geben. Denn »Begriffe ohne Anschauungen sind leer«. Wenn man nämlich, dem Drang unseres Verstandes nach dem Unbedingten nachgebend, die Geltung unserer Begriffe über die Grenzen aller möglichen Erfahrung ausdehnt, so werden sie unbestimmt, dann sind sie aber nicht zu verifizieren und sind deshalb für die Wissenschaft unbrauchbar; versucht man jedoch, sie auf das konkret Erfahrbare anzuwenden, dann führt das dazu, daß man zu verschiedenen, einander widersprechenden Folgerungen, zu Antinomien kommt, wodurch sich zeigt, daß man sie in einer unerlaubten Weise verwendet hat.

Im Sinne Kants kann also wissenschaftliche Erkenntnis wie folgt 23 beschrieben werden: *Sie ist eine mit eindeutigen und sich auf sinnlich Wahrnehmbares beziehenden Begriffen dargestellte, notwendige und allgemeine, aber nur das Ding als Erscheinung (das Phänomenale) erfassende Erkenntnis.*

c) Was ergibt sich aus dieser Bestimmung für die Metaphysik als Wissenschaft?

Die Metaphysik ist nach Kant eine ganz isolierte spekulative Ver- 24 nunfterkenntnis, »die sich gänzlich über Erfahrungsbelehrung erhebt, und zwar durch bloße Begriffe« (B XIV). Aus dieser Bestimmung der Metaphysik (in der sich der Gedanke Ch. Wolffs, für den die Metaphysik die Wissenschaft vom Denkmöglichen ist, geltend macht) und aus den soeben dargelegten Kriterien wissenschaftlicher Erkenntnis ergibt sich, daß sie ihren Anspruch, wissenschaftliches Wissen zu liefern, nicht einlösen kann. Indem sie sich nämlich über alle Erfahrung erhebt, »forscht [sie] hinter lauter Begriffen« (B 634), was aber zu keinem begründeten Wissen, sondern nur zu einem Scheinwissen führt. Also ist Metaphysik als eine auf Prinzipien gegründete theoretische Wissenschaft nicht möglich.

25 Diese negative Feststellung ist jedoch nicht das einzige Ergebnis der Untersuchungen Kants. Er ist überzeugt, daß es ihm gelungen ist, die wichtigsten Hindernisse aus dem Weg geräumt zu haben, die der Annahme jener existentiell entscheidenden Überzeugungen entgegenstehen, um die es in der Metaphysik letztlich geht. Da es nach ihm einen durch die Erfahrung der Sittlichkeit begründeten praktischen Gebrauch der reinen Vernunft gibt, in dem sich die Vernunft über die Grenzen der Sinnlichkeit erhebt, kann der Mensch die theoretisch nicht begründbare, zum verantworteten Handeln jedoch ausreichende Gewißheit hinsichtlich der menschlichen Freiheit, der Existenz Gottes und der Unsterblichkeit der Seele haben, vorausgesetzt, daß alle gegen diese Einsichten vorgebrachten theoretischen Gründe nichtig sind. Und das sind sie nach Kant in der Tat, denn aus der von ihm durchgeführten »Grenzbestimmung« der Zuständigkeit der theoretischen Vernunft auf die Erscheinungen folgt, daß es der Vernunft nicht erlaubt ist, das Übersinnliche (von dem sie zwar positiv nichts sagen kann) zu leugnen. »Ich mußte also das Wissen aufheben – schreibt Kant –, um zum Glauben Platz zu bekommen, und der Dogmatismus der Metaphysik, d. i. das Vorurteil, in ihr ohne Kritik der reinen Vernunft fortzukommen, ist die wahre Quelle alles der Moralität widerstreitenden Unglaubens, der jederzeit gar sehr dogmatisch ist« (B XXX).

d) Welche Voraussetzungen macht Kant?

26 Kant war ein überaus scharfsinniger und konsequenter Denker. Wer seine Ergebnisse beanstanden möchte, hat nur dann eine Chance, wenn er bei seinen Prämissen ansetzt. Deshalb ist es für uns wichtig, dasjenige deutlich herauszustellen, was für Kant selbstverständlich war, was er also meint, ohne weitere Begründung annehmen zu können. Daß sich dabei einige Wiederholungen nicht vermeiden lassen, nehmen wir in Kauf. Für Kant gilt:

27 1. Auf Realität oder, allgemeiner gesagt, auf Gegebenes bezogene Erkenntnis ist Gegenstandserkenntnis im Sinne des raumzeitlich gegebenen Gegenstandes. Kant untersucht zwar die vom erkennenden Subjekt her gegebenen Bedingungen der Erkenntnis, wertet sie aber nur als deren formale Komponente. Daß sie auch Aufschluß über Wirklichkeit geben könnten (da die Erkenntnis selbst auch irgendeine Wirklichkeit ist), fällt ihm gar nicht ein. Das Subjektsein als solches bzw. Intersubjektivität werden nicht in die Erkenntnis-

analyse einbezogen. Hier zeigt sich schon, wie stark die Erkenntnisauffassung Kants von der naturwissenschaftlichen Erkenntnisweise bestimmt ist. – Diese erste Grundvoraussetzung bedingt auch die folgenden drei Voraussetzungen, die sich freilich auch gegenseitig bedingen.

2. Da nur die Gegenstandserkenntnis als Erkenntnis von Gegebe- 28 nem gewertet wird, kann der Erkenntnisakt, durch den wir als Erkennende uns unmittelbar auf Wirklichkeit (Kant sagt: auf Gegenstände) beziehen, d. h. die Anschauung, nur *sinnlich* sein, und das bedeutet: sie kann bloß durch die von Gegenständen ausgehende Affektion der Sinne hervorgerufen werden. Nach Kant ergibt sich das aus unserer Natur. Er merkt nicht, daß diese Feststellung nur deshalb zutrifft, weil es für ihn von vornherein feststeht, Erkenntnis von Gegebenem könne nur Erkenntnis von räumlich und zeitlich bestimmten Gegenständen sein.

3. Von derselben Grundvoraussetzung her ist es selbstverständ- 29 lich, daß nur eindeutig formulierbares Wissen als wissenschaftlich relevant angesehen wird. Daher die Forderung: In der Wissenschaft sind nur klar definierte, eindeutig bestimmte Begriffe zuzulassen. In der Logik ist das leicht zu verwirklichen, da »in ihr der Verstand es mit nichts weiter, als sich selbst und seiner Form zu tun hat« (B IX). In den Wissenschaften, die sich auf Gegebenes beziehen, ist die Lage schwieriger. Denn inhaltlich eindeutig bestimmte Begriffe können wir nur von dem haben, wovon wir auch eine Anschauung haben, in der also die Wirklichkeit für uns erscheint. Da wir aber (aufgrund der gemachten Voraussetzungen) eine solche Anschauung nur als sinnliche Anschauung haben, ergibt sich, daß unsere Erkenntnis, insofern sie inhaltlich bestimmt sein soll, niemals über die Grenzen möglicher Erfahrung (die durch die Möglichkeit sinnlicher Anschauung begrenzt ist) hinausgehen kann. Dieses Ergebnis ist übrigens keineswegs überraschend, es ist im Grunde schon in der erstgenannten Voraussetzung enthalten.

4. Aus der Bestimmung der inhaltlichen Erkenntnis als begrifflich 30 klar dargestellter, sich auf sinnliche Anschauung beziehender Gegenstandserkenntnis folgt, daß der Begriff der Erfahrung auf jene Erkenntnisart begrenzt wird, die immer nur einzelnes und Zufälliges (das, was eben der Fall ist) vermittelt, woraus sich dann ergibt, daß Notwendigkeit und Allgemeinheit nicht aus der so verstandenen Erfahrung (bzw. nicht von einer Induktion, die sich auf eine nur so verstandene Erfahrung stützt) herstammen kann.

5. Für Kant ist es aber unbestreitbar, daß es Notwendigkeit und 31 Allgemeinheit nicht nur in der Logik, sondern auch in den sich auf Gegebenes beziehenden Wissenschaften gibt. Nach den gemachten

Voraussetzungen kann das aber nur dann zutreffen, wenn es möglich ist, über Gegenstände »unabhängig von Erfahrung« etwas auszusagen, d. h. wenn unser Denken – zumindest in gewissem Maße – die Gegenstände bestimmt. Daher die Kantsche Theorie der »reinen Begriffe« als einer Möglichkeitsbedingung der Wissenschaft samt ihrer Konsequenz, daß nämlich wissenschaftliches Wissen nur von Dingen als Erscheinungen, nicht aber von Dingen an sich selbst möglich ist.

e) Was hat Kant gezeigt und was nicht?

32 Kants Kritik der reinen Vernunft ist die Grenzbestimmung der Erkenntnisweise der neuzeitlichen Naturwissenschaften, jener Wissenschaften also, die sich auf durch Wahrnehmung überprüfbare Prozesse der materiellen Welt beziehen und die die entdeckten Gesetzmäßigkeiten mit klaren und eindeutigen Begriffen beschreiben. Seine Untersuchung zeigt, daß sich mit dieser Erkenntnis nichts feststellen läßt, was den Bereich möglicher (empirischer) Erfahrung übersteigt. Diese Aussage ist im Grunde tautologisch. Sie sagt eigentlich nur dies: Wenn man das wissenschaftlich Erkennbare so wie Kant bestimmt, kann man über die Grenzen dieses Erkenntnisbereiches nicht hinauskommen. Unter den von Kant angenommenen Bedingungen wissenschaftlicher Erkenntnis ist Metaphysik als theoretische Wissenschaft schlechterdings nicht möglich.

33 Kant hat aber nicht gezeigt, daß die von ihm gemachten Voraussetzungen hinsichtlich der menschlichen Erkenntnis unausweichlich sind. Vor allem hat er nicht gezeigt, daß realitätsbezogene Erkenntnis überhaupt auf die Erkenntnis der raumzeitlich bestimmten Gegenstände beschränkt ist. Er hat nicht gezeigt, daß allein die sinnliche Anschauung uns mit der Wirklichkeit in Kontakt zu bringen vermag, und er hat nicht gezeigt, daß nur das, was man in eindeutigen Begriffen darzustellen vermag, Objekt einer begründeten und deshalb wissenschaftlich zu nennenden Erkenntnis sein kann.

34 Abschließend sei hier noch auf einen die ganze KrV betreffenden Zwiespalt hingewiesen: Eines der entscheidenden Ergebnisse der KrV ist die Feststellung, daß im wissenschaftlich-theoretischen Sinn gültige Aussagen sich immer nur auf das Ding als Erscheinung, niemals aber auf das Ding an sich beziehen können. Wenn diese Feststellung allgemein und uneingeschränkt gelten soll, so muß sie auch von den Feststellungen (von den Ergebnissen) der KrV selbst gelten, mit der äußerst unangenehmen Folge, daß alles, was Kant in seiner Kritik über die Struktur bzw. über die Möglichkeiten und Grenzen unseres Verstandes und unserer Vernunft aus-

sagt, nicht sie selbst betrifft, sondern nur darüber Auskunft gibt, wie wir sie aufgrund einer uns letztlich ganz verborgenen Gesetzmäßigkeit konzipieren müssen. Dann aber hängt die Kantsche Erklärung der Erkenntnis vollkommen in der Luft, und der Skeptizismus, den Kant unbedingt überwinden wollte, feiert neue Triumphe. Also ist die Phänomenalitätsthese der KrV auf diese selbst nicht anwendbar, woraus sich aber ergibt, daß sie nicht streng allgemeingültig sein kann, sondern vielmehr Ausnahmen zulassen muß.

Literatur:

Lotz 1955.   Coreth-Schöndorf 1983, 97–130.
de Vries 1977.

2. *Die Metaphysikkritik des Logischen Positivismus*

Der in der Geschichte der Philosophie bisher schärfste Angriff gegen die Metaphysik ist von den zum »Wiener Kreis« gehörenden oder von ihnen beeinflußten Philosophen, die man Logische Positivisten, Logische Empiristen oder auch Neopositivisten nennt, in den 30er Jahren unseres Jahrhunderts vorgetragen worden. Er besteht in der Behauptung der Sinnlosigkeit aller metaphysischen Sätze.

In seinem 1931 erschienenen Aufsatz »Überwindung der Metaphysik durch logische Analyse der Sprache« schreibt R. Carnap: »Durch die Entwicklung der *modernen Logik* ist es möglich geworden, auf die Frage nach Gültigkeit und Berechtigung der Metaphysik eine neue und schärfere Antwort zu geben, ... Auf dem Gebiet der Metaphysik . . . führt die logische Analyse zu dem negativen Ergebnis, daß *die vorgeblichen Sätze dieses Gebietes gänzlich sinnlos sind*« (1931, 219 f.). Die Sätze der Metaphysik sind für Carnap Scheinsätze, sie seien nicht nur nicht wahr, sondern sie könnten nicht einmal falsch sein, sie täuschten nur einen Sinn vor, hätten aber keinen. Von diesem Gedanken ausgehend, stellt J. A. Ayer in seinem 1935 veröffentlichten Buch »Sprache, Wahrheit und Logik« die These auf, »daß keine Aussage, die sich auf eine die Grenze aller möglichen Sinneserfahrung transzendierende ›Realität‹ bezieht, wissenschaftliche Bedeutung haben kann« (1970, 42). Ayer macht sich selbst den Einwand, dies habe schon Kant behauptet, weist aber darauf hin, daß seine Position radikaler ist als die von Kant: »Er sagte nämlich, der menschliche Verstand sei derart beschaffen, daß er sich in Widersprüche verstricke, wenn er sich über die Grenze möglicher Erfahrung hinauswage und versuche, sich mit Dingen an sich zu befassen. Und so machte er die Unmöglichkeit einer transzendenten Metaphysik nicht – wie wir – zu einer Sache der Logik, sondern zu einer Tatsache« (ebd. 42 f.). Nach Carnap und Ayer sind also die metaphysischen Sätze deshalb als sinnlos zu bezeichnen, weil sie »nicht den Bedingungen entsprechen, unter denen allein ein Satz wissenschaftlich von Bedeutung sein kann« (Ayer 1970, 43).

36 Zu diesem Ergebnis kommen die frühen Logischen Positivisten deshalb, weil es ihrer Meinung nach nur zwei Arten von Aussagen gibt, die den Kriterien wissenschaftlichen Denkens genügen: *einmal* jene, die selbst wahrnehmbare Fakten ausdrücken bzw. die mittels eines logisch kontrollierten Gedankenganges auf sinnlich Wahrgenommenes zurückzuführen sind, *zum anderen* jene, die die Regeln des exakten Denkens darstellen, d. h. die Sätze der formalen Logik und der Mathematik. Alle anderen Aussagen gehörten in den Bereich der nicht kontrollierbaren Gefühle, der Einbildung oder Dichtung, kurz der »Metaphysik«. Diese drücke nur ein Lebensgefühl aus, aber sie tue das in einer unangemessenen Weise, da der angemessene Ausdruck für das Lebensgefühl die Kunst sei. Die Wissenschaft sei einerseits exakte Naturwissenschaft, andererseits Logik und Mathematik. Die Wahrheit, um die es in den Thesen der Logik und Mathematik geht, sei rein formal, d. h. diese Wissenschaften sagten nichts in bezug auf die Wirklichkeit aus, sie seien inhaltslos oder »Tautologien«. Inhaltliches Wissen könne nur die sinnliche Wahrnehmung liefern. Daraus ergibt sich das Wahrheitskriterium des Neopositivismus, das »empirische Verifikationsprinzip«: Nur jene inhaltlichen Aussagen können als wahr gelten, bzw. nur jene sind »sinnvoll«, die eindeutig auf sinnlich wahrnehmbare Tatsachen zurückzuführen sind. Alle wahre Erkenntnis habe also ihren Grund in den durch unsere Sinnesorgane wahrgenommenen Tatsachen bzw. in den »Basis-Sätzen« (auch »Protokollsätze« genannt), welche diese Tatsachen gleichsam protokollarisch festhalten.

37 Im Logischen Positivismus ist der seit dem Beginn der Neuzeit unterschwellig wirksame Gedanke, daß inhaltliches Wissen, das auf das Adjektiv »wissenschaftlich« Anspruch erhebt, sich am Leitbild der empirischen Wissenschaften zu orientieren habe, zum ausdrücklich formulierten Grundprinzip erhoben worden. Aus der konsequenten Durchführung dieser Option ergeben sich alle seine Thesen. Deshalb ist die Wirklichkeit überhaupt identisch mit der der Einzelbeobachtung zugänglichen Körperwelt. Deshalb ver-

zichtet der Logische Positivismus (im Gegensatz zu Kant) auf die empirisch nicht begründbaren synthetischen Urteile a priori, woraus sich die ausdrücklich zugegebene Konsequenz ergibt, daß Tatsachenurteile immer nur hypothetisch sein können. Deshalb wird auch das analytische Urteil wesentlich strenger gefaßt, als das bei Kant der Fall ist, indem es als Tautologie bestimmt wird. Deshalb wird schließlich der Philosophie nur die einzige Aufgabe der logischen Analyse der Sprache (und zwar nach dem einzigen Sinnkriterium der empirischen Verifizierbarkeit) übriggelassen.

Die wissenschaftliche Diskussion der Thesen des Logischen Positi- 38 vismus hat freilich bald ihre Unhaltbarkeit erwiesen. Deshalb wird er heute in der ursprünglichen Radikalität nicht mehr vertreten. Es wurde vor allem auf folgende Schwächen hingewiesen:

1. Man mußte sich fragen, was der logische Status des Verifika- 39 tionsprinzips selbst ist. Ein empirischer Satz kann es nicht sein, zugleich ist es unbezweifelbar, daß es nicht ein bloß formaler Satz ist, denn man kann nicht behaupten, es sei eine bloße Tautologie; es handelt sich vielmehr um eine Allaussage, die etwas Bestimmtes über Sätze behauptet, die sich nach der Absicht des Sprechers auf Realität beziehen. Diese Einsicht stellte den Neopositivismus vor eine Wahl: Entweder nimmt er an, daß es Sätze gibt, die sinnvoll sind und wissenschaftliche Geltung haben, obwohl sie keiner der von ihm zugelassenen Klassen der sinnvollen Aussagen zuzuordnen sind, oder er muß behaupten, der letzte Grund aller wissenschaftlichen Gewißheit sei eine sinnlose, »metaphysische« Aussage. In beiden Fällen muß das System revidiert werden.

2. Es hat sich außerdem gezeigt, daß die strikte Anwendung des 40 empirischen Sinnkriteriums zu einer für den Logischen Positivismus höchst unangenehmen Konsequenz führt, nämlich, daß die grundlegenden Hypothesen der naturwissenschaftlichen Forschung (wie z. B. der Erhaltungssatz von Masse und Energie), da sie durch Einzelbeobachtung nicht verifiziert werden können, als sinnlose, als metaphysische Sätze zu gelten haben.

3. Eine weitere, unlösbare Schwierigkeit ergibt sich hinsichtlich 41 der »Protokollsätze«, die die Basis jeder inhaltlich wissenschaftlichen Aussage bilden sollen. Was meint man, wenn man von »Gegebenem« spricht? Ist der Vorgang, den man beobachtet, selbst »gegeben« oder sind es nur meine Sinnesdaten über ihn? Vor allem aber, wie verhalten sich Satz und Wirklichkeit zueinander: »Wie ist das Verhältnis der Aussage zum Vorgang, den sie beschreibt, zu verstehen? Diese Vorgänge, wie man sie auch des näheren bestimmt, können als solche ja nie mit der Aussage im strengen Sinne identisch sein, denn Vorgang und Aussagen gehören verschiedenen

Dimensionen zu. Man redet dementsprechend ja auch nur von ›Übereinstimmung‹. Man müßte nun aber, um diese Übereinstimmung von Satz und Wirklichkeit zu prüfen, beides miteinander vergleichen. Nach den Grundvoraussetzungen des Positivismus ist dies nicht möglich: man kann über das *Verhältnis* von Wirklichkeit und Satz nichts aussagen« (W. Schulz 1972, 52).

42 4. Die Rede von Protokollsätzen als reinen Beobachtungssätzen ist übrigens schon deshalb problematisch, weil es keine theoriefreie oder allgemeiner, keine vorverständnisfreie Beobachtung gibt.

43 5. Dem Logischen Positivismus (allerdings nicht nur ihm, doch ihm ganz besonders) ist vorzuwerfen, daß er das erkennende Subjekt als solches nicht bedenkt. Es wird zwar überall dort, wo es um Beobachtungen geht, vorausgesetzt, doch seine Rolle erschöpft sich darin, das, was der Fall ist oder nicht der Fall ist, zu registrieren. Der Erkenntnisprozeß soll so weit wie möglich ohne das Subjekt erklärt werden, was im Grunde eine widersprüchliche Forderung ist. »Das offene Interesse des positivistischen Ansatzes geht dahin, die Subjektivität aus dem Erkenntnisvorgang auszuschalten. Aus Liebe zur Wahrheit? Gewiß! Wobei der Wahrheit zugleich vorgeschrieben wird, wie sie sich zu zeigen hat, nämlich nur im Spielfeld der binären Entscheidung des Ja und Nein endlicher Sachverhalte« (B. Casper 1972, 37).

Literatur:

Carnap 1931 (1977).
Carnap 1966.
Ayer 1970.
Inciarte 1972.

Schulz 1972.
Krampf 1973.
Ayer 1976.
Ettelt 1979.

3. Das Verhältnis zur Metaphysik in der späteren Analytischen Philosophie

44 In der sich vielfältig differenzierenden späteren Analytischen Philosophie wurde die radikale antimetaphysische Haltung der Anfänge wesentlich abgeschwächt. Es hat sich die Meinung durchgesetzt, daß die Metaphysiker nicht einfach Unsinn reden. Zu dieser Einsicht hat einmal der Umstand geführt, daß sich eine genaue Grenzziehung zwischen »wissenschaftlichen« und »metaphysischen« Aussagen aufgrund des empirischen Sinnkriteriums als undurchführbar erwiesen hat. Da sich außerdem auch der Vorschlag K. Poppers, die grundsätzliche Falsifizierbarkeit der Aussagen anhand von Beobachtungen als Abgrenzungskriterium zu gebrau-

chen, nicht in jedem Fall bewährte, mußte man sich damit abfinden, daß gewisse metaphysisch zu nennende Annahmen in keiner umfassenden Theorie ganz ausgeschaltet werden können. Ein anderer Grund für die veränderte Haltung der analytischen Philosophen war die von Wittgenstein in den »Philosophischen Untersuchungen« entwickelte Auffassung der Sprache. Danach ist es ein Irrtum zu meinen, die Sprache sei nur dazu da, Sachverhalte zu beschreiben. Es sei vielmehr anzunehmen, daß es die verschiedensten »Sprachspiele« gebe, die alle ihren eigenen Zweck haben und sich dadurch rechtfertigen, daß man sich in einem bestimmten Kontext mit ihrer Hilfe verständigen kann. Sie schlössen sich gegenseitig nicht aus, und deshalb sei gegen die Sprache der Metaphysik, durch die eine mögliche Haltung der Welt gegenüber artikuliert wird, nichts einzuwenden.

Diese neu erwachte Toleranz, ja sogar Aufgeschlossenheit für die 45 Metaphysik hat allerdings ihre Grenzen. Auch wenn man das metaphysische Sprachspiel als eine sinnvolle Möglichkeit des Sprachgebrauchs ansieht, wird der Gedanke, die Metaphysik gebe einen letztgültigen Aufschluß über Realität, zurückgewiesen, da man schon die Idee, es könne ein Sprachspiel geben, das alle anderen umfassend begründen könnte, für absurd hält. Ferner bezweifelt man den Realitätsbezug der metaphysischen Systeme, auch wenn man zugibt, man könne sinnvolle, in sich kohärente metaphysische Theorien entwickeln, denn für den Realitätsbezug sei doch nur die empirische Wissenschaft zuständig. Es zeigt sich also, daß man mit Kant der Meinung ist, alle Theorien seien leer, insofern sie den Bereich möglicher Einzelerfahrung übersteigen. Diese Haltung ist auch der Grund für das Mißtrauen vieler analytischer Philosophen, wenn es um den Gebrauch ganz allgemeiner Termini wie z. B. »Realität«, »Existenz«, »Werden« geht. Man ist der Meinung, so etwas wie »Sein« gebe es nicht, es gebe nur Einzelseiendes; so etwas wie Wahrheit gebe es nicht, es gebe nur wahre Aussagen; es gebe auch kein Induktionsproblem, sondern nur Untersuchungen einzelner induktiver Beweisführungen (vgl. C. B. Daly 1961, 181).

Gewisse Grundvoraussetzungen gelten also weiter als indiskutabel. 46 Erkenntnis, insofern sie auf inhaltliches Wissen abzielt, richtet sich auf klar identifizierbare »Gegenstände«, die entweder Einzeldinge oder Eigenschaften von Einzeldingen oder abstrakte »Entitäten« wie z. B. Klassen von Dingen sind. Deshalb kann inhaltliches Wissen nur von der Einzelwahrnehmung herstammen. Und deshalb wird die für die Einzelwissenschaft sicher zutreffende Forderung, alle in der Wissenschaft verwendeten Begriffe müßten immer exakt sein, bzw. man könne nur dann von Wissenschaft reden, wenn man das erreichte Wissen mittels eindeutig definierter, von anderen klar abgegrenzter Begriffe darstellen kann, auch im Falle von philosophischen Untersuchungen für verbindlich gehalten. Daran ist ohne Zweifel richtig, daß die Metaphysik der Herausforderung der Sprachkritik nicht ausweichen darf. Dabei bleibt freilich zu klären, ob die Grenzen des sprachlich Darstellbaren ohne weiteres mit dem zusammenfallen, was mit Hilfe eindeutiger Begrifflichkeit ausgedrückt werden kann.

Literatur:

Haller 1967.
Tugendhat 1967.
Walsh 1967.
Apel 1967/68.

Stegmüller 1969.
Körner 1970, 211–289.
Röd 1976.
Inciarte 1978.

III. Sind wahre Aussagen über die der Empirie nicht zugängliche Wirklichkeit möglich?

47 Daß etwas möglich ist, kann zweifelsfrei nur dadurch aufgewiesen werden, daß man seine Wirklichkeit aufzeigt. Wenn man also die Möglichkeit der Metaphysik als Wissenschaft aufweisen will, so muß man zeigen, daß es unbezweifelbar wahre Aussagen über die der Empirie nicht zugängliche Wirklichkeit tatsächlich gibt. Indem es gelingt, zu zeigen, *daß* es solche Aussagen gibt, wird es auch deutlich werden, *wie* wir zu ihnen kommen, bzw. *in welcher Weise* sie uns zur Verfügung stehen. Damit ist dann auch gezeigt, daß es einen der Empirie nicht zugänglichen Bereich der Wirklichkeit gibt (daß man also Wirklichkeit nicht mit empirisch Erfahrbarem gleichsetzen darf) bzw. wie man zu diesem Bereich Zugang haben kann. Außerdem wird es sich auch zeigen, daß Aussagen, die sich auf diesen Bereich beziehen, nicht unabhängig voneinander gegeben sind, sondern ein kohärentes System wahrer Aussagen über nichtempirische Wirklichkeit bilden. Wenn aber ein solches System vorliegt, dann gibt es Metaphysik als Wissenschaft. Dies ist nun das Programm, das wir schrittweise durchführen müssen. – Erwähnt sei hier noch einmal, daß wir unter Empirie jene Weise der Erfahrung verstehen, die durch die Wahrnehmung des uns gegenständlich Gegebenen entsteht.

1. Das Argument der »Retorsion«

Im Sinne unseres Programms muß gezeigt werden, daß der Mensch 48
fähig ist, unbezweifelbar wahre Aussagen über nichtempirisch
Wirkliches zu formulieren. Die Gegner der Metaphysik leugnen
solches aus verschiedenen Gründen, d. h. sie behaupten, *es sei für
keinen Menschen möglich, über Wirklichkeit, die der Empirie nicht
zugänglich ist, wahre Aussagen zu machen.* Mit dieser Behauptung
aber drücken sie (ohne es zu wollen und selbst ohne daran zu denken) ein Wissen über etwas aus, das der Empirie grundsätzlich
nicht zugänglich ist. Indem man nämlich eine Aussage (welche
auch immer) macht, indem man sie also als Aussage vollzieht und
sie nicht nur als grammatisches Beispiel oder als Meinung anderer
erwähnt, behauptet man sie als wahr. Indem sie aber als wahr behauptet wird, muß alles das *als wahr, als unbedingt gültig mitbehauptet werden,* was die notwendige Bedingung dafür ist, daß sie
als wahr gelten kann. Auf unseren Fall angewandt: Die Behauptung, niemand könne über die der Empirie nicht zugängliche Wirklichkeit wahre Aussagen machen, kann nur wahr sein, wenn wir
überhaupt wissen, worüber wahre Aussagen gemacht werden können und worüber nicht. Die von den Gegnern der Metaphysik aufgestellte Behauptung impliziert also ein Wissen hinsichtlich der
grundsätzlichen Reichweite unseres Wissens. Das erstgenannte
Wissen bezieht sich nun auf etwas, was der Empirie nicht zugänglich ist. Denn es ist deutlich, daß die grundsätzliche Reichweite unseres Wissens niemals empirisch (d. h. durch die Beobachtung der
einzelnen vorliegenden Gegenstände) festgestellt werden kann. Zugleich ist auch deutlich, daß unser Wissen um die grundsätzliche
Reichweite unseres Wissens ein Wissen ist, das sich auf Realität bezieht. Indem man nämlich um die grundsätzliche Reichweite seines
Wissens weiß, weiß man um etwas, was das wirkliche (tatsächlich
vollzogene) Wissen wirklich bestimmt, dem man also die Bezeichnung »Realität« nicht absprechen kann (was allerdings nicht heißt:
man weiß um etwas, was gegenständlich vorhanden ist). Die Behauptung also, niemand könne über die der Empirie nicht zugängliche Wirklichkeit wahre Aussagen machen, kann nur wahr sein,
wenn uns ein aus der Empirie nicht herleitbares, sich aber trotzdem
auf Realität beziehendes Wissen zur Verfügung steht. Das bedeutet
aber, daß die aufgestellte Behauptung einen Widerspruch impliziert. Dabei geht es freilich nicht um einen ausdrücklichen Widerspruch, es steht nicht Aussage gegen Aussage. Es wird nicht gesagt:
Es ist möglich, etwas Wahres über nichtempirische Realität zu sagen, und es ist nicht möglich. Es handelt sich vielmehr um einen im

Vollzug der Aussage gesetzten Widerspruch: Die Wahrheit der Aussage hängt von einer stillschweigend gemachten Annahme ab, die dem, was in der Aussage ausdrücklich behauptet wird, widerspricht. Da diese Annahme die unerläßliche Bedingung für die Wahrheit der Aussage ist, kann man auch nicht behaupten, sie komme in keiner Weise zum Ausdruck; nur wird sie nicht direkt, sondern bloß indirekt, nämlich durch den Vollzug der Aussage, also dadurch, daß die Aussage im Ernst gemacht und damit als wahr behauptet wird, zum Ausdruck gebracht.

49 Von ähnlichen Beispielen kann man eine ganze Reihe bringen. Wo über Kant und den Logischen Positivismus die Rede war (Nr. 34, 39), wurden bereits ähnliche Gedankengänge angedeutet. Es seien hier nur zwei weitere genannt: (1) Der radikale Skeptizismus hebt sich, sobald er als Standpunkt ausdrücklich formuliert wird, notwendig auf. Denn die Behauptung, es gebe keine Gewißheit in unserem Erkennen, muß sich selbst als gewiß betrachten, um als Behauptung ernst genommen werden zu können. Und das trifft sogar dann zu, wenn der Skeptizismus nur als eine wahrscheinliche These vertreten wird. Denn indem man ihn vertritt, behauptet man implizit, daß man sich zumindest seiner Wahrscheinlichkeit gewiß ist. – (2) Wenn jemand für den totalen Determinismus und gegen die Willensfreiheit Argumente vorlegt, dann bringt er damit seine Überzeugung zum Ausdruck, daß sein Gegner durch rationale Argumentation von der Wahrheit des Determinismus überzeugt werden kann, d. h. sein Urteil aufgrund der eingesehenen Gründe selbst zu bilden vermag. Das wäre aber unmöglich, wenn seine Behauptung zuträfe, denn dann wäre jede Überzeugung, jeder angenommene Standpunkt, aber auch jede Argumentation bloß Folge notwendig ablaufender Prozesse, auf die man durch rationale Argumente nicht den geringsten Einfluß ausüben könnte (vgl. Keller 1982, 66 f.).

50 Alle Argumente dieser Art sind eine Form der sog. »Retorsion«, die darin besteht, daß man in der Beweisführung das Argument des Gegners gegen ihn wendet. (Genauer gesagt, spricht man in der klassischen Logik dann von Retorsion, wenn ein Dilemma »umgedreht« werden kann. Unter Dilemma versteht man einen Syllogismus, dessen Obersatz aus einer vollständigen Disjunktion – »entweder a oder nicht-a« – besteht, während im Untersatz aus beiden möglichen Gliedern der Disjunktion derselbe Schluß gezogen wird. Das Argument kann »umgedreht« werden, wenn aus den beiden im Untersatz stehenden hypothetischen Propositionen unter anderen Annahmen ein entgegengesetzter Schluß gezogen werden kann.) In unserem Fall geht es allerdings um eine besondere Form dieser Ar-

gumentationsweise, da man nicht an das anknüpft, was der Gegner ausdrücklich gesagt hat, sondern an das, was er, indem er seine Behauptung aufgestellt hat, als unerläßliche Bedingung für die Gültigkeit seiner Behauptung als wahr annehmen mußte, unabhängig davon, ob er es wollte oder nicht. In diesen Argumenten wird also die Wahrheit einer Aussage dadurch bewiesen, daß man zeigt: die ihr kontradiktorisch entgegengesetzte Aussage hebt sich wegen des durch ihre Behauptung mitgesetzten Widerspruchs selbst auf. Da in diesen Argumenten ein latenter Selbstwiderspruch aufgedeckt wird, sind sie im höchsten Maße beweiskräftig.

Trotzdem werden sie in der philosophischen Diskussion kaum be- 51 achtet, da es in ihnen nicht um einen Widerspruch von Sätzen, sondern um einen Widerspruch zwischen einem formulierten Aussageinhalt und der für die Wahrheit eines Satzes notwendig zu machenden Voraussetzung geht. Daraus folgt dann, daß die nur indirekt zum Ausdruck gebrachte Voraussetzung zunächst einmal formuliert werden muß, um dem ausdrücklich Geäußerten gegenübergestellt werden zu können. Diese Formulierung liegt aber nicht ein für allemal fest, sie kann vielmehr auf verschiedene Weise geschehen. Deshalb scheint dann jede Gegenüberstellung bzw. jede aus einer solchen Gegenüberstellung gezogene Schlußfolgerung ein unkontrollierbares, willkürliches Moment zu enthalten. Dieser Eindruck entsteht zumindest, wenn man sich an einem im voraus festgesetzten Ideal der Wissenschaftlichkeit orientiert. Man darf jedoch fragen, warum denn die Metaphysik sich an einem solchen Ideal messen lassen müßte, anstatt den ihr angemessenen Begriff der Wissenschaftlichkeit selbst zu entwickeln. Dieser ist nämlich den Eigenschaften der metaphysischen Aussagen selbst zu entnehmen. Schon aus den bisherigen Überlegungen ergeben sich drei solche Eigenschaften:

1. Die metaphysischen Aussagen sind Aussagen, in denen die mei- 52 stens nicht reflektierten Grundüberzeugungen des alltäglichen Lebens ins ausdrückliche Bewußtsein gehoben werden. Sie sind unumstößlich gewiß, weil man sie ernsthaft nicht einmal leugnen kann, ohne ihre Gültigkeit stillschweigend vorausgesetzt zu haben.

2. Diese Aussagen sind jedoch – wie bereits erwähnt – nicht genau 53 festlegbar. Sobald man sie ausdrücklich formuliert, stellen sie jenes Wissen, das die Bedingung der Möglichkeit auch ihrer eigenen Geltung ist, immer nur unzulänglich dar. Warum das so sein muß, ist leicht zu erklären: Das, was die Aussagen über die empirisch nicht nachprüfbaren Momente der Wirklichkeit ausdrücken, ihr Inhalt also, gehört – per definitionem – nicht zu dem, worauf sich unsere Erkenntnis und demzufolge unsere Aussagen normalerweise direkt

richten, und kann deshalb nur indirekt, d. h. anläßlich unserer Aussagen über Gegenstände in den Blick kommen. Da es in ihnen um die Möglichkeitsbedingungen unserer gegenstandsbezogenen Erkenntnis geht, kann ihr Inhalt nicht in jener uns gewohnten, das eine vom anderen klar abgrenzenden Weise zur Sprache gebracht werden, die wir von unseren gegenstandsbezogenen Aussagen mit Recht verlangen. Deshalb sind sie vom Standpunkt einer die vorliegenden Gegenstände beschreibenden Sprache her betrachtet vage und unpräzis und erwecken sogar den Eindruck, sie seien inhaltsleer. Das sind sie aber keineswegs, obwohl ihr Inhalt nicht eindeutig fixierbar ist.

54 3. Man muß also »hinter« oder »unter« der Ebene der ausdrücklich formulierten Erkenntnis eine andere Erkenntnisebene annehmen, die gewöhnlich gar nicht formuliert wird und auch gar nicht so formuliert werden kann wie unsere Gegenstandserkenntnis, deren Bedeutung aber darin liegt, daß sie das Fundament aller unserer ausdrücklich formulierten, direkt angezielten Erkenntnisse ist. Man kann sie »implizit« oder auch »unthematisch« nennen, wobei aber zu betonen ist, daß sie auch zur Darstellung kommt, obwohl nicht direkt, sondern nur durch das Ausdrücken des ausdrücklich Geäußerten. Wäre das nicht der Fall, so könnten wir von dieser hintergründigen Ebene unserer Erkenntnis nichts wissen, und dann wäre es auch nicht möglich, von ihr als von einer Art des Erkennens oder Wissens zu reden. *Im Lichte dieser Unterscheidung ist die Metaphysik als jene philosophische Disziplin zu bestimmen, die es sich zur Aufgabe macht, dieses hintergründige Grundwissen in systematischer Weise zur Sprache zu bringen.* Die Schwierigkeit, die Unabschließbarkeit, aber auch der für jedes andere Wissen fundamentale Charakter der Metaphysik ergeben sich aus der Natur dieser Aufgabe.

55 Ein möglicher Einwand gegen den mit Hilfe der Retorsion durchgeführten Aufweis notwendig wahrer Aussagen über nichtempirische Realität ergibt sich daraus, daß der vorgelegte Gedankengang auf den ersten Blick eine gewisse Ähnlichkeit hat mit jenen Aussagen, in denen aus der selbstbezüglichen Anwendung des in ihnen Behaupteten Paradoxien folgen. Da diese vermieden werden können, wenn man gewisse Regeln beobachtet, liegt der Gedanke nahe, es zu versuchen, die sich aus der Retorsion ergebenden Schlüsse durch ein ähnliches Verfahren zu entkräften. Voraussetzung dafür ist freilich, daß die beiden Fälle wirklich ähnlich sind. Doch diese Annahme trifft nicht zu.

Nehmen wir als Beispiel die klassische Paradoxie des Lügners. Ein Kreter sagt: »Alle Kreter sind Lügner.« Nun stellt sich die Frage, ob dieser Satz wahr ist oder falsch. Geht man davon aus, daß der Satz wahr ist, dann ist er, da alle, also auch der hier sprechende Kreter, Lügner sind, eine Lüge, und damit nicht wahr. Wenn er aber nicht wahr ist, dann lügt der Kreter, also ist er wahr. Hier ergibt sich also aus der Wahrheit des Satzes seine Falschheit und aus seiner Falschheit seine Wahrheit. – Ein anderes Beispiel ist die Russellsche Paradoxie. »Bildet man die Klasse aller Klassen, die sich nicht selbst enthalten, und stellt die Frage, ob eine solche Klasse sich selbst enthält, so würde die Bejahung dieser Frage implizieren, daß sie sich dann nicht selbst enthält, die Verneinung, daß sie sich dann selbst enthält« (Bocheński – Menne 1973, 89). Auch in diesem Fall besteht der Widerspruch darin, daß aus jeder Annahme, die man macht, sich jeweils das Entgegengesetzte ergibt.

Im Falle der oben angewandten Retorsion ist aber die Lage eine ganz andere. Die Behauptung, wir seien unfähig, wahre Aussagen über nichtempirisch Wirkliches zu machen, kann nur wahr sein unter der stillschweigenden Annahme eines empirisch niemals zu erlangenden Wissens über die Grenzen des von uns Aussagbaren. Es handelt sich also nicht um eine Annahme, die man eigens ausdrücken muß, um zu einem Widerspruch zu kommen. Es ist eben nicht so, daß man die einander entgegengesetzten Annahmen, aus denen sich dann jeweils das ihnen kontradiktorisch Entgegengesetzte ergibt, ausdrücklich formulieren muß, um zur Paradoxie zu kommen. Hier geht es also nicht um die Wahl zwischen alternativen Annahmen, sondern um eine einzige Annahme, um eine einzige Voraussetzung, die man stillschweigend unbedingt machen muß, weil sie die Möglichkeitsbedingung der Wahrheit der Aussage ist.

Literatur:

Apel 1984.

2. Das, was nicht geleugnet werden kann

Die meisten Aussagen können entweder wahr oder falsch sein. 56 Wenn es um kontingente Sachverhalte geht, ist diese doppelte Möglichkeit immer gegeben. Deshalb ist es für die experimentellen Wissenschaften sinnvoll, sich dadurch von der Metaphysik abzugrenzen, daß sie sich (wenn auch nicht in der alltäglichen Forschungspraxis, so doch zumindest theoretisch) an das Prinzip der Falsifizierbarkeit halten, d. h. nur dann bereit sind, von einem wissenschaftlichen Satz zu reden, wenn Kriterien angegeben werden können, unter welchen ein Satz auch falsch sein kann. Von den Sätzen der experimentellen Wissenschaft gilt also, was L. Wittgenstein in seinem Tagebuch notiert hat: »Damit ein Satz wahr sein kann, muß er auch falsch sein können« (5. 6. 1915, Wittgenstein 1960,

143). Doch diese Feststellung kann nicht als eine Regel für wahre Aussagen überhaupt gelten. Denn es gibt Aussagen, die niemals falsch sein können. Damit sind nicht nur solche Aussagen gemeint, die aufgrund ihrer logischen Form – als Tautologien – niemals falsch sein können, sondern auch Aussagen, die nicht irrtümlich sein können aufgrund ihres Inhaltes. Das sind jene Aussagen, die das zur Sprache bringen, was man nicht leugnen kann, ohne mit dem durch die Aussage notwendig Mitbehaupteten in Widerspruch zu geraten. Solche Aussagen sind nun die metaphysischen Aussagen im vollen Sinne des Wortes. Entsprechend gibt es freilich auch Aussagen, die niemals wahr sein können; und zwar sind damit nicht nur solche Aussagen gemeint, die, wie Kontradiktionen (bzw. sinnlose Sätze), aufgrund ihrer Form niemals wahr sein können, sondern solche Aussagen, die aufgrund ihres Inhalts nur unwahr sein können, da sie etwas behaupten, was man nur durch einen im Vollzug der Aussage mitgesetzten Widerspruch behaupten kann. Die ihnen kontradiktorisch entgegengesetzten Sätze sind nun (vgl. Nr. 52) die Sätze der Metaphysik.

57 Für die notwendig wahren, Inhaltliches ausdrückenden Sätze haben wir bereits einige Beispiele gebracht. Jetzt wollen wir die Frage allgemein stellen: *Was ist das, was man, sobald man eine Behauptung aufstellt, nicht leugnen kann, ohne sich selbst implizit zu widersprechen?* Was wird also durch das Aufstellen jedweder (gleichgültig, ob wahren oder falschen) Behauptung notwendig vorausgesetzt bzw. notwendig mitbehauptet? – Die Antwort auf diese Frage soll hier noch nicht umfassend entfaltet werden. Denn eine solche Antwort liefe auf ein Entwerfen einer Gesamtmetaphysik hinaus. Uns geht es zunächst nur um die Begründung der Metaphysik, und deshalb beschränken wir uns auf zwei Grundgegebenheiten, die in jeder Aussage mitbehauptet werden, nämlich auf das im Wissen um das eigene Dasein implizierte Wissen um »Sein« und auf das Wissen um die Wahrheitsfähigkeit unserer Aussagen.

a) Der in jeder Aussage um sein Dasein und darin um »Sein« überhaupt wissende Mensch

58 Indem ich welche Aussage auch immer mache (oder indem ich gleichgültig welche andere bewußte Tätigkeit auch ausübe), ist es für mich unbezweifelbar, daß ich bin. Mit dieser Feststellung ist von einem etwas anderen Ausgangspunkt her jene Einsicht zur Sprache gebracht, durch die Descartes vom Zweifel und somit vom Vollzug des Denkens ausgehend zur unumstößlichen Gewißheit

des »ich bin« gekommen ist und so seinen radikalen Zweifel überwinden konnte. Trotz des (fast) gleichen Gedankenganges geht es uns jedoch nicht genau um das, was Descartes vor Augen hatte. Ihm ging es im Grunde nur um die unbezweifelbare Gewißheit, die dem Satz: »Ich bin«, zukommt, sooft man ihn ausspricht oder in Gedanken faßt, um von dieser Gewißheit ausgehend alles weitere Wissen begründen zu können. Uns geht es jedoch vor allem um das, was dieses im Vollzug jeder Behauptung vorausgesetzte Wissen um unser je eigenes Dasein als notwendig mitgewußten Inhalt impliziert.

Dieses Wissen um mein eigenes Dasein ist, wohlgemerkt, nicht Ergebnis einer Schlußfolgerung, sondern es handelt sich hier um eine unmittelbare Erfahrung: Im Vollzug welcher Aussage auch immer (oder einer anderen bewußten Tat) sind mir mein Handeln und meine Existenz bewußt, genauer gesagt: mitbewußt. Deshalb ist es ein Mißverständnis des hier gegebenen Sachverhaltes, wenn man, wie A. J. Ayer es tut, das »ich denke« in der Bedeutung von »jetzt ist ein Gedanke da« nimmt (vgl. Ayer 1970, 59). Denn es handelt sich nicht darum, daß aus dem Vorhandensein eines Gedankens etwas abgeleitet werden soll, sondern darum, was mir im Akt des Denkens mitbewußt ist. Dieses alle meine bewußten Akte begleitende Wissen darf auch nicht so gedeutet werden, als wäre damit nur festgestellt: Wenn von einem »Ding« ausgesagt werden kann, daß es eine Tätigkeit (z. B. das Denken) ausübt, dann ist in dieser Aussage impliziert, daß dieses »Ding« auch vorkommt. Es handelt sich nämlich nicht um das, was jeder beliebige Beobachter u. U. feststellen kann, sondern um das, was ich als Handelnder weiß, was im Vollzug meiner Tat mir gegenwärtig ist. Und das ist meine eigene Existenz, um die ich also in einer ursprünglichen Weise weiß, d. h., ohne daß dieses Wissen durch einen anderswoher gewonnenen Begriff der Existenz vermittelt wäre. Denn in der bewußten Tätigkeit ist mir mein Dasein gegeben, und dadurch weiß ich überhaupt erst, was es bedeutet »zu sein«.

aa) Die Problematik dieses Wissens

Dieses Wissen ist allerdings ein eigenartiges Wissen. Einerseits ist es nämlich für mich unbezweifelbar, daß ich bin, daß ich existiere, und darin ist mir der Sinn von »Sein« in einer solchen Weise erschlossen, daß ich darüber weder belehrt werden muß noch eigentlich belehrt werden kann. Andererseits ist jedoch mein eigenes Ich, meine eigene Existenz nicht einmal für mich wirklich greifbar; das hier mir Erschlossene läßt sich nicht festlegen. Nichts steht mir näher als mein Ich, und trotzdem ist es fast unauffindbar, wenn ich mich mit meinem forschenden Blick ihm zuwende. Solange ich es im Hintergrund meiner Gegenstandserkenntnis belasse, ist es unbezweifelbar da, sobald ich es aber zu erfassen trachte, verflüchtigt es sich. Mein Ich als solches ist mir niemals empirisch gegeben.

60 Deshalb ist es, trotz des in der Behauptung vollzogenen Widerspruchs, einigermaßen verständlich, warum D. Hume in seinem »Traktat über die menschliche Natur« (1. Buch, 4. Teil, 6. Abschnitt) behaupten konnte, man könne nur Bewußtseinszustände wahrnehmen, niemals aber eine Gewißheit hinsichtlich der Existenz eines die persönliche Identität garantierenden und konstituierenden Ichs haben. Denn es trifft zu, daß ich mich niemals ohne eine Empfindung antreffe, daß also das Ich als solches niemals zu beobachten ist. Entsprechend kann man auch Kant verstehen, der im Hauptstück über die Paralogismen (KrV A 341–405, B 399–432) die auf die begriffliche Analyse des »ich denke« aufgebaute Seelenlehre der rationalistischen Metaphysik kritisiert. Richtig an seiner Kritik ist jedenfalls, »daß das Ich, das allem Denken zugrunde liegt, nicht im selben Sinn Objekt sein kann, wie dasjenige, was ihm als ein von ihm verschiedenes Objekt, zum Denken gegeben ist. Auch ist es nicht möglich, daß die Kategorien als Gesetze der Synthesis des anschaulich Gegebenen ... im selben Sinn [wie auf die Erscheinungen] auf das Ich angewandt werden« (Brugger 1955, 116). Damit ist allerdings keineswegs erwiesen, daß der denkende und handelnde Mensch nichts von seinem eigenen Dasein weiß. Das scheint selbst Kant erahnt zu haben, da er in einer Anmerkung (B 422 f.) vom Ich redet, »das in der Tat existiert«, und das nicht als empirische Vorstellung, sondern »rein intellektuell« gegeben ist. Diese Existenzerfahrung geht außerdem nach Kant jener Erfahrung voraus, die durch die Anwendung der Kategorien zustande gekommen ist (vgl. Brugger 1955, 114–119).

61 Hinter der Auffassung Humes, Kants und anderer steht die Überzeugung, man könne nur dann von Wissen reden, wenn sich das Wissen auf eindeutig angebbare Gegenstände bezieht. Nun ist es zwar unbezweifelbar, daß dies der grammatischen Form nach immer so sein muß, daß es also unmöglich ist, über etwas eine Aussage zu machen, ohne es als einen Gegenstand zu bezeichnen und es als solchen in die Diskussion einzuführen. Damit ist aber noch nicht entschieden, ob überhaupt nur das in die selbstverständlich immer nur sprachlich geführte philosophische Auseinandersetzung eingebracht werden kann, was sich restlos objektivieren läßt.

bb) Die Frage nach der Grenze unseres Wissens

Mit der Frage, ob in die philosophische Diskussion nur das einge- bracht werden könne, was sich restlos objektivieren läßt, ist die für jedes systematische Denken entscheidende Frage nach der Grenze unserer Erkenntnis bzw. die Frage nach der Grenze unserer Sprache und damit auch die Frage nach der Grenze unserer Welt gestellt. Wenn es um diese Frage geht, dann kann man der Aussage L. Wittgensteins, »*Die Grenzen meiner Sprache* bedeuten die Grenzen meiner Welt« (Tractatus 5.6), durchaus zustimmen und trotzdem der Meinung sein, die im »Tractatus« vorgenommene Grenzbestimmung unserer Sprache und deshalb auch unserer Welt sei viel zu restriktiv ausgefallen. Eine solche Auffassung kann sich sogar auf den »Tractatus« berufen. Denn es ist Wittgenstein selbst, der einerseits im Vorwort feststellt: »Was sich überhaupt sagen läßt, läßt sich klar sagen; und wovon man nicht reden kann, darüber muß man schweigen« (vgl. auch 4.116 und 7), und sich anschließend fast in der ganzen Abhandlung an diesen Grundsatz hält; andererseits aber auf den letzten Seiten seines Werkes den aporetischen Charakter dieses Grundsatzes nicht nur dadurch zum Ausdruck bringt, daß er in einer rätselhaften Bemerkung die Unsinnigkeit des ganzen »Tractatus« behauptet (6.54), sondern auch dadurch, daß er das Unaussprechliche, das Mystische und das, wovon man nicht reden kann, überhaupt erwähnt.

Mit dieser Bemerkung sind wir aber unseren Überlegungen etwas vorausgeeilt. Denn es muß zuerst noch genauer untersucht werden, ob die Meinung vieler Sprachphilosophen zutrifft, nur das könne in eine ernsthaft geführte philosophische Diskussion eingebracht werden, was sich objektivieren, d. h. als klar und eindeutig identifizierbaren Gegenstand bestimmen läßt. Bei dieser Frage ist zunächst – wie oben schon angedeutet – einzuräumen, daß nur über das gesprochen werden kann, was sprachlich als Gegenstand in die Rede eingeführt wird. Mit dieser im Grunde tautologischen Feststellung ist aber noch nicht entschieden, daß nur das als Erkanntes gelten kann, was sich eindeutig beschreiben läßt. Gewiß ist menschliche Erkenntnis an die Sprache gebunden in dem Sinn, daß es für uns eine gänzlich sprachlose Erkenntnis nicht gibt. Denn ohne irgendwelche sprachliche Interpretation der Wirklichkeit ist uns keine Wirklichkeit als solche gegeben. Daraus jedoch, daß eine sprachliche Darstellung der Wirklichkeit zum Verstehen dieser Wirklichkeit notwendig ist, folgt noch nicht, daß es nur das gibt, was die Sprache (zumindest die ihr Objekt eindeutig beschreibende Sprache) restlos darzustellen vermag. Man kann also nicht behaupten, daß jene Wirklichkeit, auf die sich die Sprache bezieht, nicht ein Mehr hinsichtlich des begrifflich genau Angebbaren enthält. Es kann also nicht ausgeschlossen werden, daß es eine Dimension der Wirklichkeit gibt, die niemals positiv beschrieben, sondern nur dadurch zur Sprache gebracht werden kann, daß man auf sie durch eine Verbindung von affirmativen und negativen Aussagen hinweist. Eine solche »dialektische« Redeweise darf also nicht a priori als illegitim bezeichnet werden, wenn es um die sprachliche Darstellung von Wirklichkeit geht.

64 An diesem Punkt wird jedoch folgender Einwand erhoben: »Es gibt keine paradoxen Phänomene. Wenn sich bei der Beschreibung eines Phänomens Paradoxien ergeben, müssen wir annehmen, daß die Beschreibung von unangemessenen Prämissen ausgeht, daß sie sich inadäquater kategorialer Mittel bedient« (Tugendhat 1979, 11). Zu dieser von vielen geteilten Position sei zunächst bemerkt, daß hinter ihr eine ganz bestimmte Auffassung von Wirklichkeit, Erkenntnis und Sprache steht. Man geht davon aus, Wirklichkeit sei nur das, was als Gegenstand identifizierbar ist, Erkenntnis sei nur die klar darstellbare Erkenntnis, und deshalb sei nur jene Rede als Darstellung der Wirklichkeit zulässig, die alles als Gegenstand genau identifiziert. Die zirkuläre Struktur einer solchen Überlegung liegt auf der Hand. Damit ist aber dann auch gesagt, daß diese Position eine nicht begründbare Option ist (was übrigens Tugendhat selbst andeutet; vgl. 1979, 58), die aus methodischen Gründen auf einem Spezialgebiet zulässig sein kann, für eine philosophische Interpretation der Wirklichkeit jedoch äußerst problematisch ist. Ferner ist darauf hinzuweisen, was in der obigen kurzen Überlegung zum »Tractatus« Wittgensteins schon angedeutet wurde (Nr. 62), daß auch ein auf vollständige Klarheit und Exaktheit bedachtes Denken aporetische Konklusionen letztlich nicht zu vermeiden vermag. Genauer gesagt, es kann sie vermeiden, aber nur dann, wenn es auf das Stellen von umfassenden Fragen (wie z. B. die Frage nach der letzten Möglichkeitsbedingung unseres Objektwissens als solchen) von vornherein verzichtet. Denn es gibt tatsächlich keine paradoxen Phänomene, wenn man unter Phänomen nur etwas genau Abgegrenztes versteht, bzw. wenn man das, was sich zeigt, so lange zerteilt und isoliert, bis es eindeutig beschreibbar wird. Dann hat aber die Methode dafür gesorgt, daß Ganzheiten und umfassende Probleme nicht mehr in den Blick kommen, und daß damit alles Staunenerregende und Geheimnisvolle (was nicht a priori mit Unsinnigem und Widersprüchlichem gleichgesetzt werden darf) aus dem Denken verschwindet.

65 Indem wir feststellen, daß es nicht zulässig ist, die Wirklichkeit des

Überbegrifflichen, des mittels objektivierender Rede nicht vollständig Darstellbaren von vornherein zu leugnen, haben wir freilich noch nicht erwiesen, daß es diese überbegriffliche Dimension auch gibt. Dieser Erweis kann nur durch eine Reflexion auf unsere Erfahrung geschehen.

cc) Das Wissen um das nicht (ganz) Objektivierbare

Alle Philosophen, für die nur der eindeutig als solcher identifizier- 66 bare Gegenstand als Realität gilt, übersehen, daß ich jedesmal, wenn ich einen Gegenstand denke, von ihm spreche, über ihn urteile, im Akt des Denkens, des Sprechens und Urteilens mein wirkliches Existieren erfasse und dadurch weiß, was »existieren«, was »sein« überhaupt bedeuten. Mein Wissen ist also niemals *nur* ein Wissen um etwas als Objekt genau Bestimmtes. Es ist vielmehr so, daß ich, um von etwas *als* diesem Etwas wissen zu können, wissen muß, daß *ich weiß*, und damit sind mir mein wissendes Ich und mein eigenes Wissen in Einheit *mit*gegeben. Dieses Wissen um das eigene Wissen und um die eigene Existenz kann als Möglichkeitsbedingung meines Objektwissens selbst kein Objektwissen, sondern nur dessen Hintergrund sein. Es wird nicht eigens artikuliert und kann auch nie adäquat dargestellt werden. Das gilt auch dann, wenn ich mich meinem Ich zuwende, wenn ich über mein Ich rede. Auch dann ist mir nämlich mein Ich, obwohl, oder besser, weil ich es zu einem vom Subjekt (das ich bin) abgehobenen Objekt mache, nur im Vollzug der Aussage als das, wovon ich rede, mitgegeben. Dieses in jedem Akt des Wissens um Objekte implizierte »Fürmich-selbst-Gegenwärtigsein« meiner Existenz ist ein Wissen, das mir nicht durch irgendeinen Begriff meines Ichs vermittelt ist, sondern sich durch Unmittelbarkeit auszeichnet und somit Erfahrungscharakter hat. Diese Unmittelbarkeit des Wissens ist freilich eine »vermittelte Unmittelbarkeit«, wobei es sich um eine Vermittlung handelt, die die Unmittelbarkeit nicht beseitigt. Hier ist also der Wissende selbst das Gewußte und das Gewußte ist selbst der Wissende; doch ist mir dieses Wissen immer nur als das gegeben, was im Akt des Wissens um bestimmte Objekte impliziert ist. Deshalb habe ich keine explizite intellektuelle Anschauung meines Ichs bzw. meiner Existenz.

Weil das Wissen um mein Ich (um meine Existenz) diese Struktur 67 der vermittelten Unmittelbarkeit hat, kann und muß man sogar von ihm scheinbar Gegensätzliches behaupten. Wenn man das Objektwissen als Maßstab für Erkenntnis nimmt, dann gilt: das Ich als solches ist unausdrückbar. Daraus folgt jedoch keineswegs, daß ich, wenn ich von meinem Ich rede, nur die Alternative habe, entweder von empirischen Daten zu sprechen, die aber nie mein Ich selbst sein können, oder bloß auf ein ewig unbekanntes X hinzuweisen; denn mein Ich ist mir (obwohl anders als ein Er oder ein Es) im höchsten Maße bekannt, da es als das unmittelbar Erfahrene zugleich das in jeder bewußten Handlung Mitausgedrückte ist. Nur geschieht dieser Ausdruck nicht durch den statischen, als fixierten Bedeutungsinhalt verstandenen Begriff, sondern durch die Dynamik des Vollzugs, also durch das Begreifen (durch den Begriff als Tätigkeit), dessen Möglichkeitsbedingung es ist. Deshalb ist das so Ausgedrückte grundsätzlich nicht festlegbar; es kann deshalb von denen, die nur das eindeutig Konstatierbare als Realität gelten lassen, so leicht übersehen werden, obwohl es der Grund und das umfassende Apriori jedes Wissens und Verstehens ist.

68 Zur Ergänzung noch eine Bemerkung: Mein Ich und meine eigene Existenz tun sich auch dadurch in jeder meiner Aussagen als zwar nichtempirische, aber trotzdem unübersehbare Realität kund, daß jede Behauptung immer mehr ist als ein bloßes Instinktiv-Reagieren oder gar maschinelles »Daten-Ausspucken«. Wenn ich etwas behaupte, dann ist darin immer auch mitausgedrückt: Diese Stellungnahme geht von mir aus, ich stehe dahinter, ich bekenne mich dazu. Diese Gegebenheit ist freilich für das objektivierende Denken wiederum paradox: Ich bin Ursprung im vollen Sinne des Wortes, es geht also etwas von mir aus, was auf nichts von mir Verschiedenes zurückzuführen ist, ohne jedoch ein schlechthin absoluter Ursprung zu sein.

dd) Methodische Besinnung und Konklusion

69 Im vorausgehenden haben wir unsere Aufmerksamkeit nicht auf das gerichtet, worauf sich unsere Aussagen beziehen, sondern auf das, was in jeder Aussage, insofern sie eine bewußt vollzogene menschliche Tat ist, notwendig vorausgesetzt wird. Die so gewonnene Erkenntnis bezeichnet man seit Kant als »transzendental«. Sie beschäftigt sich nicht mit den Gegenständen, sondern mit den apriorischen Bedingungen unserer tatsächlich vollzogenen Erkenntnis von Gegenständen. In der Formulierung Kants heißt das: »Ich nenne alle Erkenntnis transzendental, die sich nicht sowohl mit Gegenständen, sondern mit unserer Erkenntnisart von Gegenständen, insofern diese a priori möglich sein soll, überhaupt beschäftigt« (KrV B 25). Das System der durch die transzendentale Reflexion gewonnenen Einsichten heißt seit Kant »Transzendentalphilosophie«. Sie ist nicht eine ausschließlich Kantsche Entdeckung. Mit jenem vollen Methodenbewußtsein, wie es bei Kant zu finden ist, wurde sie zwar vor ihm nicht angewendet, doch die ihr

zugrunde liegende Einsicht, daß die Erkenntnis der Gegenstände durch die Bedingungen unseres Erkenntnisvermögens mitbestimmt wird, ist schon seit Platon in der Philosophie anwesend (vgl. Flasch 1973, 105−152). Man kann Kant sogar vorhalten, daß er die Möglichkeiten der transzendentalen Reflexion wegen seiner rationalistischen und empiristischen Einstellung nur begrenzt ausgeschöpft hat und nicht bis zum letzten Grund des Denkens vorgedrungen ist.

Daß die Möglichkeiten der transzendentalen Reflexion weiter reichen, als Kant eingeräumt hat, erweist sich bereits aus unserer vorausgehenden Überlegung, durch die wir zum Selbstbewußtsein als einem unmittelbaren, in jeder bewußten Handlung implizierten, begrifflich jedoch nicht festlegbaren Wissen um das eigene Sein und damit um Sein überhaupt gekommen sind. Die transzendentale Reflexion erschließt eine gewöhnlich nicht beachtete Dimension der Wirklichkeit bzw. der Erkenntnis, die dadurch gekennzeichnet ist, daß in ihr genau die Unterscheidung von Wirklichkeit und Erkenntnis keinen Sinn mehr hat, *weil in ihr Wirklichkeit und Erkenntnis dasselbe sind, weil hier das Wirkliche das Erkannte und das Erkannte das Wirkliche ist.* 70

Die transzendentale Reflexion geht vom Sprachgeschehen aus und untersucht seine nicht-gegenständlichen Implikationen. Deshalb ist zu erwarten, daß die sprachanalytische Philosophie ihre von ihren positivistischen Anfängen her mitgeschleppten Vorurteile hinsichtlich dessen, was Analyse bedeuten kann, einmal grundsätzlich überwindet. Solange sie jedoch nur auf das gegenständlich Ausgedrückte achtet und jene höchstbedeutsame Dimension der Wirklichkeit, auf die jeder Akt des Sprechens vielfältig hinweist, nicht zur Kenntnis nimmt, kann sie sich von der Sprachwissenschaft bzw. von der formalen Semantik noch nicht klar unterscheiden; deshalb kann sie auch noch nicht als philosophische Disziplin in vollem Sinne gelten. 71

Literatur:

Maréchal 1949.	Holz 1966.	Krings 1979.
Lotz 1955.	Holz 1973.	
Muck 1964.	Lotz 1978.	

b) Das Wissen um die fundamentale Übereinstimmung von Aussage und Wirklichkeit

Wer etwas (was auch immer und wie auch immer, also u.U. auch nur als möglich oder wahrscheinlich) behauptet, der behauptet 72

43

nicht nur das, was er ausdrücklich feststellt (z. B.: dieser Zug fährt schnell; alle Menschen sind sterblich; gerecht zu sein, ist eine Pflicht), sondern er behauptet damit einschlußweise auch, daß es tatsächlich so ist, wie er es behauptet; daß also seine Aussage wahr ist. Zu sagen, *wie* es mit einer »Sache« (von der die Rede ist) steht, ohne implizit zugleich zu sagen, *daß* es mit ihr tatsächlich so steht, hätte keinen Sinn. Auf die schwierigen und komplizierten Fragen der Lüge, der Ironie und der metaphorischen Rede können wir hier nicht eingehen. Nur so viel sei festgestellt: Auch wer lügt, muß die Absicht haben, nicht als Lügner verstanden zu werden, sondern als einer, der seine Behauptung ernst nimmt und sie mit Anspruch auf Wahrheit vorträgt, sonst würde die Lüge ihr Ziel verfehlen (siehe dazu: Weinrich 1974). Die implizite Behauptung der Wahrheit einer Aussage gehört also notwendig zur Aussage selbst.

73 Dies scheint jedoch eine ziemlich banale Feststellung zu sein. Was soll nämlich aus ihr folgen? Die Wahrheit der Einzelaussage läßt sich aus ihr jedenfalls nicht begründen. Denn die normalerweise jede Behauptung begleitende Überzeugung von der Wahrheit des behaupteten Tatbestandes schließt irrtümliche Behauptungen keineswegs aus. Und trotzdem ist die in jeder Aussage implizierte Behauptung der Wahrheit der Aussage eine bedeutsame Tatsache. Um sie geht es in den beiden folgenden Gedankengängen.

aa) Die grundsätzliche Wahrheitsfähigkeit unserer Aussagen

74 Beginnen wir mit einer Bemerkung: Die Menschen (mit Ausnahme gewisser Geisteskranker) wissen um die Irrtumsanfälligkeit ihrer Aussagen. Das hindert sie aber nicht daran, Behauptungen aufzustellen, in denen auch dann, wenn sie nur als möglich oder wahrscheinlich vorgetragen werden, ein apodiktisches, mit einem Absolutheitsanspruch auftretendes Moment enthalten ist. Das läßt uns schon vermuten, daß die in jeder Aussage implizierte Behauptung der Wahrheit der Aussage sozusagen »zweischichtig« gedacht werden muß; d. h. sie enthält einen irrtumsanfälligen Aspekt, aber auch einen anderen Aspekt, der dem Irrtum gegenüber immun ist. Diese Vermutung erhärtet sich durch folgende Überlegung.

75 »Wahr« und »falsch« gelten als die beiden einander entgegengesetzten Wahrheitswerte der Aussage. Für eine rein formale Betrachtung des Satzes können sie auch gleichwertig erscheinen. Sobald es jedoch auf den Inhalt ankommt, sind »wahr« und »falsch« als Eigenschaften von Aussagen keine gleichwertigen Alternativen. Denn man kann mit Recht sagen: Falsche, irrtümliche Aussagen sind nur möglich, weil wahre Aussagen möglich sind. Man kann aber nicht sagen: Wahre Aussagen sind nur deshalb möglich, weil falsche

Aussagen möglich sind. Anders gesagt: Irrtum ist Abweichung von Wahrheit, aber Wahrheit ist nicht Abweichung vom Irrtum. Es besteht hier keine »Symmetrie«. Diesen Tatbestand hat Spinoza mit seinem vielzitierten Satz ausgesprochen: »Veritas norma sui et falsi est«; »Die Wahrheit ist die Norm ihrer selbst und des Falschen« (Ethik II. Prop. 43 Scholion).

Um zu verstehen, was es heißt, daß sowohl Irrtum als auch Wahr- 76 heit durch Wahrheit erkannt werden, müssen wir fragen: Was macht es möglich, eine falsche Aussage als falsche bzw. eine wahre Aussage als wahre zu erkennen? Antwort: Eine irrtümliche Aussage wird dadurch als eine solche erkannt, daß der erkennende Mensch um die Nichtübereinstimmung seiner Aussage mit der Wirklichkeit weiß, was aber nur aufgrund eines Wissens um die Wirklichkeit an sich (d. h. eines Wissens, das unbedingt wahr ist) möglich ist: norma falsi est veritas. Entsprechend wird die wahre Aussage dadurch als eine solche erkannt, daß der erkennende Mensch um die Übereinstimmung seiner Aussage mit der Wirklichkeit als solcher weiß, was aber nur möglich ist, wenn der Mensch die Wirklichkeit als solche tatsächlich erkennen kann: norma veri est veritas. Die »veritas«, die die Norm ihrer selbst und des Falschen ist, ist also die hintergründige, das Urteil als solches ermöglichende Übereinstimmung von Erkenntnis und Wirklichkeit. Sie kann auch beschrieben werden als ein (apriorisches) Wissen um die Wirklichkeit als solche. Deshalb geht es hier um ein *unbedingt wahres,* dem Irrtum gegenüber immunes *Wissen,* das sich zwar in der Einzelaussage nicht unfehlbar ausdrückt (weshalb die Einzelaussage als solche immer irrtumsanfällig bleibt), das aber in jeder Einzelaussage doch anwesend sein muß, denn ohne es wäre die oben erwähnte »Asymmetrie« von Wahrheit und Irrtum nicht denkbar. Anders formuliert: In jeder unserer Aussagen ist nicht nur ein irrtumsanfälliges Wissen um die Wahrheit der Einzelaussage, sondern auch ein irrtumsimmunes Wissen um die letzte Grundlage unserer Wahrheitserkenntnis, d. h. um die Natur unserer Vernunft, impliziert. Das in der Aussage implizierte unbezweifelbare Wissen um die grundsätzliche Wahrheitsfähigkeit der Vernunft ist die Möglichkeitsbedingung dafür, daß wir überhaupt Wahrheit und Irrtum unterscheiden können.

Woraus dieses apriorische Wissen entspringt, erläutert ein ebenfalls 77 oft angeführter Text des Thomas von Aquin: »In der Vernunft ist die Wahrheit als das, was sich aus dem Vollzug der Vernunft ergibt, und als das, was durch die Vernunft erkannt wird, anwesend. Sie ergibt sich nämlich aus der Tätigkeit der Vernunft, insofern das Urteil der Vernunft die Wirklichkeit, so wie sie ist, darstellt. Sie wird aber von der Vernunft erkannt, insofern die Vernunft über ihren Vollzug reflektiert, wodurch die Vernunft nicht nur um ihren Vollzug weiß, sondern auch um ihre Entsprechung zur Wirklichkeit. Diese kann jedoch nur erkannt werden, wenn die Natur des aktiven Prinzips, d. h. der Vernunft als eines Prinzips, zu dessen Natur es gehört, mit der Wirklichkeit übereinzustimmen, erkannt wird. Also erkennt die Vernunft die Wahrheit dadurch, daß sie auf sich reflektiert« (De Ver q.1 a.9). Auf sich reflektieren bedeutet aber, sich selbst erfassen. Es ergibt sich also, daß der letzte Grund der Wahrheitserkenntnis die Selbstgegenwart der Vernunft, das oben (Nr. 66) herausgestellte »Bei-sich-Sein« des Menschen ist.

bb) Identität und Differenz zwischen Aussage und Wirklichkeit

78 Hinsichtlich der Wahrheit (bzw. Falschheit) von Aussagen ist noch eine weitere Überlegung bedeutsam.

Die einer Aussage zugesprochenen Prädikate »wahr« bzw. »falsch« sagen etwas über das *Verhältnis* der Aussage zur Wirklichkeit aus, und zwar sagt »wahr«, daß zwischen Aussage und Wirklichkeit eine Übereinstimmung, eine Korrespondenz besteht, während das Prädikat »falsch« die Nichtübereinstimmung zwischen Aussage und Wirklichkeit feststellt. Hier stellt sich freilich die Frage: Was bedeutet in diesem Fall Übereinstimmung? Sie müßte doch bedeuten, daß die Aussage die Wirklichkeit so darstellt, wie sie an sich ist. Tut sie aber das jemals? Wenn man an die Genauigkeit der Darstellung nicht zu hohe Ansprüche stellt, wird man zunächst mit Ja antworten können. Auf die Frage: Welche Farbe hat die Wand in eurem Wohnzimmer?, wird man sich mit der Antwort: Sie ist gelb, zufriedengeben (vorausgesetzt, daß sie tatsächlich gelb ist), obwohl die Bezeichnung »gelb« reichlich ungenau ist, da gelb in sehr vielen Schattierungen vorkommt. Auch wenn die Aussage die Wirklichkeit niemals bis zum letzten auszudrücken vermag, wird man also die Antwort als wahr betrachten. Denn: »abstrahentium non est mendacium«; absehen von manchen Bestimmungen bedeutet noch keine Lüge. Durch eine genauere Beschreibung des Gegenstandes, was oft nur durch eine eingehendere Schilderung der Gesamtsituation möglich ist, kann außerdem die Aussage der Wirklichkeit immer mehr angenähert werden, so daß die Übereinstimmung mit der Wirklichkeit stets genauer wird.

79 Hier gibt es aber folgendes zu überlegen. »Genauer« bedeutet nämlich: nie ganz genau. Die Aussage kann also die Wirklichkeit, so wie sie ist, niemals darstellen. Eine vollkommene Übereinstimmung von Aussage und Wirklichkeit ist ausgeschlossen. Mit dieser Einsicht taucht aber die grundsätzliche Frage nach der Möglichkeit

wahrer Aussagen in voller Schärfe auf. Kann man die Aussagen überhaupt wahr nennen, wenn das, was die Wahrheit als solche konstituieren soll, nämlich die Übereinstimmung der Aussage mit dem, was ist, ihrer vollen und eigentlichen Bedeutung nach nie verwirklicht werden kann? Ist nicht Wahrheit dann nur ein nie erreichbares Ideal? Denn wir müssen doch zugeben, daß unsere Aussagen immer nur ein Modell der Wirklichkeit liefern, das, auch wenn es sich in der Praxis bewährt und in sich kohärent ist, nie wirklich mit der Wirklichkeit übereinstimmt. Muß man dann nicht mit Kant sagen: Wir haben nur Zugang zum Ding, so wie es uns aufgrund unserer Erkenntnisstruktur erscheint, die Wirklichkeit an sich bleibt uns jedoch für immer verborgen?

Diese Folgerungen sind jedoch nicht unausweichlich. Sie ergeben 80 sich nur dadurch, daß man einen äußerst wichtigen Aspekt unserer in Aussagen formulierten Erkenntnis übersieht. Man muß sich nämlich darüber Rechenschaft geben, warum wir meinen können, daß die Wirklichkeit als solche uns nicht zugänglich ist. Der Grund dafür ist offensichtlich unser Wissen um die nie ganz überwindbare *Distanz* zwischen Aussage und Wirklichkeit. *Daß* wir um diese Distanz wissen, ist unbezweifelbar, denn sie ist die Bedingung dafür, daß das »erkenntniskritische Problem«, die Frage also, ob es möglich ist, von einer Übereinstimmung unserer in Aussagen formulierten, begrifflich dargestellten Erkenntnis und der Wirklichkeit zu reden, überhaupt auftauchen kann. Das Faktum dieses Wissens steht demnach fest. Doch wie ist dieses Wissen zu erklären, woher kommt es? Wenn wir nach der Herkunft dieses Wissens fragen, so ist eines gewiß: Es kann nicht von dem stammen, was in der Aussage als positiver Gehalt dargestellt ist. Denn das in der Aussage zum Ausdruck Kommende kann nicht der Grund der Erfahrung ihrer eigenen Unzulänglichkeit (ihrer eigenen Negativität) sein.

Das Wissen um die Distanz zwischen Aussage und Wirklichkeit 81 kann nur dadurch erklärt werden, daß der die Aussage machende Mensch die Wirklichkeit, so wie sie »an sich« ist, mit dem, was die Aussage als solche enthält, *verglichen hat*. Das bedeutet aber nichts weniger, als daß »neben« oder »hinter« jenem Wissen, das thematisch ausgedrückt ist, und von dem wir begrifflich genau Rechenschaft geben können, *noch ein anderes Wissen (noch ein anderes Erkenntnismoment) für uns anwesend ist, das mit der Wirklichkeit, so wie sie »an sich« ist, übereinstimmt.* Gäbe es dieses Erkenntnismoment in unserer Erkenntnis nicht, so könnte die Unzulänglichkeit des in der Aussage thematisierten Wissens uns niemals bewußt werden. Sein Vorhandensein ist also nicht zu bezweifeln. Da jedoch dieses Wissen um die Wirklichkeit, so wie sie ist, uns nur unthematisch, als die nur durch transzendentale Reflexion erschließbare Möglichkeitsbedingung unseres Wissens um die Unzulänglichkeit unserer Aussagen, gegeben ist, ist es leicht verständlich, warum die Erfahrung der Nur-Modellhaftigkeit unserer thematischen Erkenntnis für uns ein wirkliches (d. h. nicht sofort überwundenes) Problem bedeutet (vgl. De Petter 1964, 27−29).

82 Auf diese überaus wichtige, hintergründige Dimension unserer in Aussagen formulierten Erkenntnis weist auch die Tatsache hin, daß wir uns bewußt sind: Die Aussage kann der Wirklichkeit immer mehr *angenähert* werden. Auch das ist nur verständlich, wenn wir in einer nicht thematisierten (und niemals ganz thematisierbaren) Weise um die Wirklichkeit als solche wissen.

83 Daraus ergibt sich erneut die für die Metaphysik grundlegende Unterscheidung, der wir schon öfters (vgl. Nr. 54, 63, 70 f.) begegnet sind. Unser sich sprachlich darstellendes Wissen ist nämlich − wie schon oben (Nr. 74) erwähnt − »zweischichtig«. Im *Vordergrund* des menschlichen Erkenntnisvollzugs steht das in den Aussagen sich direkt ausdrückende, der Wirklichkeit gegenüber wegen seines statisch-abstrakten Charakters jedoch immer unzulänglich bleibende Wissensmoment als der eine modellhafte, konstruierte Pol in unserem Erkenntnisgefüge. Im *Hintergrund* des Erkenntnisvollzugs ist aber noch ein anderes als Erkenntnisinhalt thematisch zunächst gar nicht bewußtes, sich nur durch verschiedene Eigenschaften der Aussage indirekt ausdrückendes, eindeutig nicht fixierbares Wissensmoment vorhanden, das als der andere Pol in unserer Erkenntnisstruktur die Wirklichkeitsgeltung unserer in Aussagen formulierten Erkenntnis garantiert (vgl. De Petter 1972, 85−88).

84 Diese beiden Momente der menschlichen Erkenntnis sind in Identität verschieden, sie stehen in einem Spannungsverhältnis und sind aufeinander angewiesen. Beschränkt man das Erkannte auf den eindeutig bestimmten Begriff als solchen, also auf das, worüber man sich und anderen in unmißverständlicher, univoker Klarheit Rechenschaft geben kann (was, wenn überhaupt, immer nur innerhalb eines isolierten Rahmens möglich ist!), so ist der Realitätsbezug des so zum Ausdruck gebrachten Inhaltes nicht mehr gewährleistet, denn diesen gibt es nicht ohne die den Begriff als solchen sprengende, aber als solche direkt gar nicht ausdrückbare Wirklichkeitserkenntnis. Diese ist jedoch ihrerseits auf die begrifflich-sprachliche Artikulierung hingeordnet, denn ohne jegliches Ausgedrücktsein käme sie gar nicht zur Geltung, hätte sie gar keinen Erkenntniswert. Endliche Erkenntnis geschieht niemals in reiner Immanenz, sie kann nur durch Veräußerlichung zu sich kommen. Verstehen ereignet sich nicht in einem »reinen Denken«; Sprache, d. h. For-

mulierung, Diskussion, Abgrenzung sind für das menschliche Verstehen der Wirklichkeit ebenso unentbehrlich wie das Moment der impliziten intellektuellen Anschauung.

Die Einheit und Verschiedenheit dieser beiden Momente stellt 85 W. Schulz in seiner Arbeit über Wittgenstein klar heraus: »*Es gibt kein Unsagbares für sich, das nicht auf Sagbares relativ ist, und umgekehrt: es gibt kein Sagbares für sich, das nicht auf Unsagbares bezogen ist.* Sagbares und Unsagbares bestimmen sich gegenseitig. Und erst und allein durch diese Gegensetzung werden sie selbst gesetzt. Dieser dialektische Ansatz ist in seiner Bedeutung kaum zu überschätzen, denn nur durch ihn wird begreiflich, daß die positivistische Aporie sich ja nur ergibt, wenn man Sagbares und Unsagbares als Gebiete undialektisch voneinander abtrennt und dann vom Sagbaren ins Unsagbare ›überwechselt‹, um nun das ›eigentlich‹ Unsagbare doch unerlaubter Weise zu ›bereden‹« (Schulz 1967, 41). Für die Metaphysik ist diese Einsicht schlechterdings grundlegend. Denn sie muß das Unsagbare (genauer: das in deskriptiver Terminologie, in eindeutiger Objektsprache nicht Sagbare) aussagen. Das kann sie aber nur deshalb, weil es das Wesen der Sprache ist, daß sie das Nichtsprachliche einigermaßen zur Sprache bringt, und indem sie das tut, stellt sie das Sagbare dar und verweist gleichzeitig auf das Unsagbare. Auch dieser Verweis auf das Unsagbare geschieht sprachlich, und damit wird auch das Unsagbare »hinweisend« zur Sprache gebracht, obwohl es nicht als Objekt beschrieben wird. Wäre das nicht möglich, so hätten auch wir von ihm nicht reden können.

Literatur:

Daly 1961, 178—205.
De Petter 1964, 25—43.

Oeing-Hanhoff 1967.
Liebbrucks 1977.

3. Warum sind wahre Aussagen über die der Empirie nicht zugängliche Wirklichkeit möglich?

Das Argument der Retorsion hat gezeigt, daß jede Leugnung der 86 Möglichkeit wahrer Aussagen über nichtempirische Realität ein Wissen um nichtempirisch Wirkliches voraussetzen muß. Dieses Wissen wurde durch eine weitere Reflexion zum einen als ein in jedem bewußten Akt impliziertes Wissen um das eigene Dasein und dadurch um Existenz überhaupt, zum anderen als das Wissen um die Identität von Erkennen und Wirklichkeit bestimmt. Wir haben also gesehen, daß jede unserer Aussagen, insofern sie als bewußt vollzogene menschliche Handlung betrachtet wird, einen Hinweis auf ein in ihr direkt nicht zum Ausdruck kommendes Wissensmoment enthält, durch das wir um etwas Inhaltliches wissen, das also, auch wenn es niemals eindeutig bestimmbar ist, doch nicht nur ein rein formales Moment unseres Objektwissens sein kann, und dem, da man seine unbedingte Geltung nicht zu leugnen vermag, vollkommene Allgemeinheit zukommt. Im folgenden soll dieses nur durch transzendentale Analyse in etwa darstellbare Wissen unter zwei Rücksichten noch genauer untersucht werden. Erstens stellen wir die Frage: Woher stammt es? Zweitens soll über das bisher Gesagte hinausgehend bestimmt werden, worauf es sich bezieht. Es wird sich zeigen, daß damit zugleich der Gegenstand der Metaphysik angegeben ist.

a) Wie kommen wir zum Wissen der Wirklichkeit als solcher?

87 Dieses Wissen stammt offensichtlich nicht aus der Erfahrung, wenn man unter Erfahrung nur das Wahrnehmen partikulärer Gegebenheiten versteht, denn es ist notwendig und allgemein. Damit ist im Grunde nur das festgestellt, worauf man im Laufe der Geschichte der Philosophie immer wieder hingewiesen hat, daß nämlich jeder bewußte Erkenntnisakt (und darum auch jede Aussage) ein »Mehr« hinsichtlich der von außen rezipierten Daten erhält. Der erkennende Mensch verhält sich mit anderen Worten in seinem Erkennen niemals nur passiv, obwohl das menschliche, endliche Erkennen immer auch rezeptiv ist und deshalb nicht als ein rein schöpferischer Akt gedeutet werden kann. Dieses andere Moment, das hinsichtlich der Wahrnehmung von Einzeldaten ein »Mehr« bedeutet, wird gewöhnlich als Denken bezeichnet. So ergibt sich das weitverbreitete Schema, nach dem menschliches Erkennen eine Synthese von Erfahrung (im Sinne von Wahrnehmung des einzelnen) und Denken ist. Der Erfahrung wäre also das aposteriorische, dem Denken das apriorische Moment in unserem Erkenntnisgefüge zuzuschreiben.

88 Dieses Schema ist jedoch als Darstellung der menschlichen Erkenntnisstruktur viel zu wenig differenziert. Wenn man nämlich die Struktur der menschlichen Erkenntnis nur von der Spannung der rezeptiven Erfahrung und des gestaltenden Denkens her deutet, so ist die Frage: Was leistet eigentlich das Denken (d. h. der menschliche Verstand)?, schon dahingehend beantwortet: Das Denken (der Verstand des Menschen) ordnet bloß den von der sinnlichen Wahrnehmung gelieferten Stoff entsprechend seiner ei-

genen Natur oder – in der Terminologie Kants ausgedrückt – entsprechend seinen eigenen Kategorien. Wenn das aber die ganze Wahrheit ist, wenn also das vom Denken der tatsächlich vollzogenen Erkenntnis beigesteuerte »Mehr« *rein formaler Natur* ist, dann könnten wir aus unserer (freilich für alle Menschen geltenden und insofern »transzendentalen«) Subjektivität nie heraus, dann könnten wir immer nur die durch die unserem Verstand eingestifteten Kategorien systematisierten Erscheinungen, niemals aber die Wirklichkeit »an sich« erkennen.

Da jedoch gezeigt wurde, daß wir – wenn auch unthematisch – um 89 die Wirklichkeit als solche wissen, können wir dieser Schlußfolgerung nicht zustimmen. Deshalb ist zu sagen: Dem Denken, dem menschlichen Verstand, kommt nicht nur eine formale, ordnende Funktion hinsichtlich der von der Sinnlichkeit gelieferten Daten zu (die freilich keineswegs bestritten werden soll), sondern das Denken, der Verstand steuert dem Erkennen auch *etwas Inhaltliches* bei. Diese Feststellung bedeutet aber, daß der Gegensatz von Erfahrung und Denken wesentlich relativiert werden muß, daß also dem Denken (dem Verstand oder noch genauer gesagt: der Vernunft) auch ein ihm als solchem zukommender Wirklichkeitsbezug, eine Erfahrungstätigkeit zuzuschreiben ist. Dieser Folgerung könnte man nur unter der Voraussetzung von »ideae innatae«, uns angeborenen ausdrücklichen Erkenntnisinhalten ausweichen. Da jedoch angeborene Ideen als uns ausdrücklich zur Verfügung stehende Erkenntnisinhalte nicht nachzuweisen sind, fällt diese Möglichkeit aus. *Wir müssen also daran festhalten, daß der menschliche Verstand sich ein notwendiges und allgemeingültiges, zugleich aber auch inhaltliches Wissen durch sich selbst erwerben kann* (was freilich nicht heißen muß: auf eine von der sinnlichen Wahrnehmung vollkommen unabhängigen Weise). Damit ist dann der starre Gegensatz zwischen dem aposteriorischen und apriorischen Moment in unserer Erkenntnis überwunden, denn das bedeutet, daß auch das nicht aus der Einzelwahrnehmung als solcher Herstammende, also das Apriorische, in irgendeiner, noch genauer zu bestimmenden Weise erfahren, d. h. a posteriori angeeignet wird. Diese verstandesmäßige Erfahrung des Apriorischen (des unbedingt Gültigen und deshalb Allgemeinen) kann jedoch nicht als ein explizites intellektuelles Erfassen des Unbedingten gedeutet werden, denn eine *explizite* intellektuelle Anschauung, eine *direkte* Schau des Übersinnlichen kommt uns Menschen nicht zu.

Dieses unbedingt gültige Wissensmoment wird also von uns immer 90 nur miterkannt, miterfahren; es ist als die Möglichkeitsbedingung der Realgeltung aller unserer gegenstandsbezogenen ausdrücklichen Erkenntnisse in jedem unserem Wissen um Gegenstände impliziert. *Es geht hier um nichts anderes als um das jeden bewußten Akt begleitende Selbstbewußtsein, durch das wir um uns selbst (um unser Ich) und um die Bedeutung von Existenz, von Sein als solchem wissen. Durch dieses Wissen wissen wir um die Wirklichkeit als solche.* Dieses Wissen ist uns insofern »durch Erfahrung«, also a posteriori gegeben, als es zum einen das Ergebnis der »Selbstgegenwart« des denkenden, handelnden Ichs, zum anderen das Ergebnis der Gegenstandserkenntnis ist, da Selbsterfahrung für uns nie »rein« möglich ist, sondern nur als das im Wissen um Gegenstände Mitgewußte. Es entsteht also seiner eigenen Qualität nach immer erst dadurch, daß wir mit der gegenständlichen Wirklichkeit Kontakt aufnehmen. Indem aber diese Kontaktnahme geschieht, entsteht (als Möglichkeitsbedingung dafür, daß die äußere Wirklichkeit *als* Wirklichkeit erfahren werden kann) sofort das hintergründige, unthematische Wissen um die Wirklichkeit als solche dadurch, daß der Verstand (das Ich) sich selbst *als wirklichkeitsverstehende Wirklichkeit erkennt.* Insofern also die Kontaktnahme mit der gegenständlichen Wirklichkeit nur der Anlaß dafür ist, daß diese Erfahrung der Wirklichkeit als solcher in der Selbstgegenwart der eigenen Subjekthaftigkeit zustande kommen kann, muß man dieses Wissen als apriorisches Wissen bezeichnen.

Aus dieser Überlegung zur Herkunft des unthematischen Wissens um das unbedingt Gültige ergeben sich zwei Einsichten.

91 (1) Wir haben die verborgene Wurzel der beiden Stämme menschlicher Erkenntnis, d. h. der Sinnlichkeit und des Verstandes (vgl. Nr. 20), gefunden. Der eine Mensch, der als seiner selbst bewußtes, geistiges Wesen auf die Wirklichkeit als solche, also auf Unbedingtes von seiner Natur her geöffnet ist, kann als endliches, materielles Wesen dieses Geöffnetsein seiner Natur nur dadurch vollziehen, daß er in raumzeitlichen, äußerlichen Handlungen sich selbst ausdrückend und verwirklichend zu sich selbst kommt. Deshalb ist die Sinnlichkeit des Menschen immer eine spezifisch menschliche, durch den Verstand schon geformte Sinnlichkeit, die deshalb nur unter beschränkten Rücksichten mit der Sinnlichkeit des Tieres vergleichbar ist. Und deshalb ist der menschliche Verstand ein auf Sinnlichkeit angewiesener Verstand, der in der Einheit mit der Sinnlichkeit in sprachlicher Artikulierung bzw. in begrifflichem Denken und im äußeren gestaltenden Handeln sich der Wirklichkeit einigermaßen bemächtigt. Dies kann er aber letztlich nur deshalb tun, weil er mehr ist als ein bloß ordnendes (zur Analyse und Synthese fähiges) Vermögen, weil er zutiefst das Vermö-

gen ist, die Wirklichkeit als solche zu erfassen, und das deshalb in Abhebung vom ordnenden Verstand Vernunft genannt wird.

(2) Wir können jetzt die Frage entscheiden, inwiefern die Meta- 92 physik auf Erfahrung angewiesen und inwiefern sie von Erfahrung unabhängig ist. Zunächst soll Erfahrung bestimmt werden als Erkenntnis des Gegenwärtigen, d. h. als jene Weise der Erkenntnis, die, im Gegensatz zum diskursiven Denken und zur Annahme einer Erkenntnis durch Zeugnis, aus dem unmittelbaren Kontakt mit der Wirklichkeit entspringt. Dabei sei nicht geleugnet, sondern vielmehr wegen der Zeitlichkeit des Menschen, die zur Folge hat, daß sich menschliche Erkenntnis nie in einem einzigen Moment, sondern immer nur in einer gewissen Dauer ereignen kann, vorausgesetzt, daß zur Erfahrung auch die Erinnerung gehört, die das Gleiche in den verschiedenen Wahrnehmungen (im Sinne der aristotelischen ἐμπειρία, vgl. Zweite Analytik 2, 19; 100 a 3—14) zusammenfaßt.

Von dieser Bestimmung ausgehend ist dann zu sagen: Die Meta- 93 physik kann nicht ohne Erfahrung auskommen. Da sie nämlich die Wissenschaft der ganzen, konkreten Wirklichkeit sein soll, muß sie in der Wirklichkeit selbst durch Erfahrung begründet sein. Zugleich ist aber zu betonen: Die Metaphysik braucht keine besonderen Erfahrungen, sondern nur jene, die jeder zum Gebrauch seines Verstandes gekommene Mensch unausweichlich gemacht hat. Die oft erwähnte Erfahrungsunabhängigkeit der Metaphysik bedeutet also nicht, daß sie ohne Erfahrung überhaupt auskommt, sondern nur, daß sie nicht mühevoll nach Daten, Fakten, Belegen Ausschau halten muß – wie die anderen Wissenschaften –, um mit ihrer Arbeit beginnen zu können, da das ihr zugrunde liegende Wissen einfach dadurch zustande kommt, daß der Mensch sich auf bewußte Weise in der Welt vorfindet. Dadurch weiß er in der bereits dargestellten Weise (Nr. 90) um sich in der Welt, und damit hat er erfahren, was Existieren, Denken, Wollen, Entscheiden, Wirken, Werden, Vergehen, Bleiben, Dauer, Ausdehnung, Verhältnis, Übereinstimmung und Verschiedenheit, Einheit, Vielheit, Andersheit und vieles andere bedeuten. Genauer gesagt: Sich selbst im Kontakt mit der Welt erfahrend, macht der Mensch eine Grunderfahrung, die selbst als solche nicht darstellbar ist, doch aus der heraus sich das Wissen um die nur als Beispiel aufgeführten Grundbegriffe und Grundbestimmungen des Daseins samt den daraus unmittelbar folgenden Grundeinsichten (vgl. »prima principia«) ergibt. Diese Grunderfahrung, in der die Wirklichkeit als solche gewußt ist, und die man nur durch transzendentale Analyse zu thematisieren vermag, kann man *unthematische Erfahrung der Wirklichkeit als sol-*

cher oder auch *transzendentale Erfahrung* nennen. Beim Gebrauch der letzteren Bezeichnung ist freilich vorausgesetzt, daß man in der Bestimmung dessen, was »transzendental« heißen kann, über Kant hinausgeht. Für ihn wäre nämlich eine solche Bezeichnung unsinnig, da seiner Meinung nach die transzendentale Dimension unseres Wissens als Bedingung der Möglichkeit der (sich nur auf Sinnliches beziehenden) Erfahrung eben nicht erfahren werden kann. Für uns bedeutet aber dieses nur durch transzendentale Reflexion erschließbare Wissensmoment nicht etwas bloß Formales, sondern auch etwas Inhaltliches, das in der schon erklärten Weise als *das* Apriori schlechthin erfahren wird und das der eine verborgene Grund aller einzelnen als apriorisch erweisbaren Momente unserer Erkenntnis ist.

94 Weil wir auch eine »transzendentale Erfahrung« oder, anders gesagt, eine »unthematische Seinserfahrung« annehmen, haben wir dort, wo wir die Grundfrage der Metaphysik bestimmt haben (Nr. 11, 47), jene Erfahrung, die durch die sinnliche Wahrnehmung des Einzelgegenstandes entsteht, und die im Bereich der Wissenschaften als *die Erfahrung schlechthin* gilt, immer »Empirie« oder »empirische Erfahrung« genannt. Dadurch sollte von vornherein jenes empiristisch-positivistische Vorurteil vermieden werden, als könne man nur das sinnlich Wahrnehmbare erfahren, d. h. trotz aller Vermittlung sich unmittelbar von ihm bestimmen lassen. Demgegenüber gilt, daß das, was die Erfahrung als solche ausmacht, d. h. das »Sich von der gegenwärtigen Wirklichkeit (trotz aller Vermittlung) unmittelbar Bestimmen Lassen«, nicht nur in der sinnlichen Wahrnehmung, sondern auch in der (durch die Wahrnehmung der Gegenstände bewußt werdenden) Selbstgegenwart des erkennenden Subjekts anwesend ist. Für uns bezeichnet also das Wort »Erfahrung« einen Oberbegriff, der sich in die aufeinander angewiesenen Momente der »empirischen« und »transzendentalen« Erfahrung differenziert.

Literatur:

De Petter 1964, 25—43.   Wahl 1965.

b) Was wird durch dieses Wissen gewußt?

95 Auf diese Frage kann man mit einem Wort antworten: *das Sein,* also das, von dem in der abendländischen Philosophie seit Parmenides immer wieder die Rede ist und das man seit Aristoteles als das

eigentliche Objekt der Metaphysik betrachtet. Freilich wird dasjenige, was der Ausdruck »Sein« bezeichnet, nur dann richtig verstanden, wenn man davon ausgeht, daß es nichts Gegenständliches, nichts in der Weise der Einzelbestimmungen Vorliegendes bedeutet. Es bedeutet vielmehr jenes Unausweichbare, auf anderes nicht Zurückführbare, jede Bedingung Bedingende und deshalb Unbedingte in aller Wirklichkeit, welches wir in allen unseren bewußten Taten und in jeder unserer Aussagen notwendig voraussetzen. Sein als solches kann schon deshalb nichts Gegenständliches meinen, weil es das bezeichnet, was allem, was in welcher Weise auch immer *ist*, zukommt. Das Sein ist also das, was allen Unterscheidungen vorausliegt. Alle die gängigen, *anderes ausschließenden* Unterscheidungen erweisen sich ihm gegenüber als sekundär, d. h. als *Unterscheidungen innerhalb des Seins*. Deshalb schließt das Sein nicht nur das Wirkliche, sondern auch das (im Sinne der realen Potentialität) Mögliche ein; und auch das, was man im Gegensatz zum Sein »Schein« zu nennen pflegt, gehört zum Bereich des Seins. Vor allem aber ist zu beachten, daß nicht nur das, was wir denken, zum Sein gehört, sondern das Denken selbst eine Weise des Seins ist. Man kann also Denken und Sein nur dann als einander ausschließende Gegensätze auffassen, wenn man Sein von vornherein als das bestimmt hat, was dem Denken entgegengesetzt ist, womit man freilich das Denken aus dem Sein ausgegliedert und im Grunde ort- und beziehungslos gemacht hat. Man darf sich aber dann auch nicht wundern, daß nach einer solchen Operation das Denken und das Sein niemals zusammengebracht werden können.

Deshalb ist der »Ort« des Seinsverständnisses die Reflexivität unseres Denkens; konkreter gesagt: das Selbstbewußtsein oder Ichbewußtsein, durch das jeder von uns in der oben (vgl. Nr. 66–68) angegebenen, immer nur im Wissen um anderes implizierten Weise sich selbst als Existierenden erkennt, für sich selbst gegenwärtig ist und damit die Identität von Erkennen und Wirklichkeit, von Denken und Sein an einem Punkt unmittelbar erfährt (obwohl nur im Wissen von anderem impliziert). Es handelt sich um einen Punkt, »an dem das Sein unmittelbar – in Identität – sich selbst ›gelichtet‹ ist, somit den Horizont der ›Gelichtetheit‹ überhaupt entwirft und die Möglichkeit bietet, daß auch Anderes, nämlich ein gegenständlicher Inhalt, in das Licht des Bewußtseins tritt« (Coreth ²1964, 139). Das durch das Erkennen von Anderem im Ich miterfaßte Sein ist *das* Apriori; es ist das, was auf alles angewandt, unter dem alles subsumiert wird. Das, was ich in mir selbst als Letztes erkenne, ist zugleich dasjenige, was ich anderen zuerkenne bzw. in anderen entdecke.

Indem ich in mir als Seiendem das Sein als die Identität von Sein und Erkennen erfahren habe, habe ich auch die ursprüngliche Erfahrung davon, was »geistige Seinsweise«, was »Geist« ist. Von daher kann ich erst verstehen, was »Ding«, »Materie«, d. h. nicht in vollem (formalen) Sinne bei sich seiendes Sein, ist und nicht umgekehrt. Der »Begriff« des Seins (besser: das Verständnis vom Sein) ist also ursprünglich nicht vom gegenständlich, dinghaft Gegebenen her zu gewinnen, sondern vom bei-sich-seienden, geistigen, für sich selbst »gelichteten« Seienden her, das wir selbst sind.

Seiendes als Seiendes und damit Sein als das, was Seiendes zum Seienden macht, erkennen, bedeutet, es unter jene unbedingt gültige, a priori alles umfassende »Rücksicht« zu subsumieren, die wir anläßlich jeder Gegenstandserfahrung in uns selbst als Identität von Wirklichkeit und Erkennen miterfahren.

Abschließend noch drei Bemerkungen:

97 (1) *Zum Inhalt des Seinsverständnisses.* – In dem durch die Welt vermittelten Bewußtsein um das eigene Sein wissen wir unmittelbar-mittelbar (oder: mittelbar-unmittelbar) um die Grundbestimmungen des endlichen Seienden (das wir selbst sind) und damit auch um die Grundbestimmungen des Seins als solchen. Deshalb ist dieses durch transzendentale Erfahrung entstehende Wissen ein übervolles, ein im höchsten Maße inhaltliches Wissen: es enthält alles, ihm entgeht nichts. Es ist sogar das, was jedem begrifflich dargestellten Einzelwissen den Realitätsgehalt liefert, und als solches ist es das Inhaltliche schlechthin. Wenn wir allerdings diesen durch das Wort »Sein« immer nur angedeuteten, aber nicht eigentlich zum Ausdruck gebrachten Inhalt begrifflich genau bestimmen wollen, dann kommen wir in die größten Schwierigkeiten. Denn das Sein als Gegebenheit unserer »Seinserfahrung« ist ohne feste Umrisse; außer dem »ist« kann keine weitere genaue Bestimmung angegeben werden. Dieser Hinweis auf das »ist« hilft uns aber nicht weiter, da es eben um die Bestimmung dieses »ist« geht.

98 Einerseits ist diese Situation freilich gar nicht überraschend, denn das, was der Bestimmungsgrund von allem Einzelnen ist, kann nicht in der Weise des einzelnen, also von einem ihm gegenüber anderen her (das aber hier nur ein vermeintlich anderes ist), bestimmt werden. Andererseits handelt es sich um einen für unser Denken höchst unbefriedigenden Zustand, den man beenden möchte und sogar beenden muß, wenn man Metaphysik als argumentierende Wissenschaft treiben will. Dabei kommt man dann (wie das die Geschichte der Philosophie bezeugt) leicht auf folgenden Gedanken: Als Ausgangspunkt wähle man die an sich vollkommen richtige Einsicht, nach der das Sein das ist, in dem alles übereinkommt, und

versuche dann, zumindest dieses Eine und Gemeinsame begrifflich klar und eindeutig zu bestimmen.

Nun führt aber jeder Versuch der begrifflich genauen Bestimmung des Seins unausweichlich zur Entleerung und Entwirklichung dessen, was man von der authentischen Erfahrung her unter Sein versteht, und damit zum Verfall der Metaphysik. Indem man nämlich das eindeutig Gemeinsame in allen Seienden sucht, indem man also den Versuch macht, das zu finden, worin das Reale und das Gedachte, ja das Denken selbst, ferner das Noumenale und das Phänomenale, das Wirkliche und das Mögliche, das Materielle und das sinnlich nicht Faßbare unbezweifelbar übereinstimmen, kann man nur eine positiv gar nichts aussagende Bestimmung für das Sein erhalten: Es ist das, was nicht schlechthin Nichts ist. Diese Begriffsbestimmung des Seins, nach der es *bloß nicht Nichts ist,* sagt aber tatsächlich *gar nichts Inhaltliches* aus. Deshalb kann man auf sie die berühmte paradoxe Beschreibung Hegels in der »Wissenschaft der Logik« anwenden: »Das Sein, das unbestimmte Unmittelbare, ist in der Tat *Nichts,* und nicht mehr noch weniger als Nichts« (Hegel 1934, 67).

Dieser vollkommen entleerte Begriff des Seins ist für die Metaphysik ungeeignet; außerdem entspricht er nicht der unmittelbaren Seinserfahrung. Auf eine genaue »begriffliche« Bestimmung des Seins müssen wir also verzichten. Denn das Sein ist zwar das, was allem zukommt, zugleich aber auch das, was jedem anders zukommt. Wie das zu verstehen ist samt seiner Konsequenzen, wird uns im folgenden noch ausführlich beschäftigen. Die Unmöglichkeit der begrifflichen Bestimmung des Seins bedeutet aber nicht, daß man über das Sein schweigen muß, sondern nur, daß die genauere Darlegung des Seinsverständnisses als die eigentliche Aufgabe der Metaphysik nur darin bestehen kann, daß man das in der Seinserfahrung Implizierte immer weiter entfaltet, ohne damit jemals fertig zu werden.

(2) *Zur Nichtobjektivierbarkeit des Seins.* – Metaphysik ist deshalb schwierig, weil ihr Gegenstand nicht eigentlich objektivierbar ist. Der letzte Grund dafür ist folgender: Man ist immer selbst mitgemeint. Das Sein ist immer auch mein Sein. Ich kann nicht über die Wirklichkeit im ganzen nachdenken und dabei so tun, als stünde ich außerhalb dieser Wirklichkeit. Ich muß mich also immer miterfassen, um die Wirklichkeit als solche erfassen zu können. Hier begegnet uns dann der eigentliche Grund der Schwierigkeit. Denn ich kann mich (mein Ich) nie adäquat darstellen, ich kann mich niemals bis auf den Grund durchschauen, ich habe keine direkte geistige Anschauung meines Ichs (vgl. Nr. 66). Als Mensch bin ich zwar ein

vernünftiges, reflektierendes, bei-sich-seiendes, geistiges Wesen, das des Unbedingten fähig und deshalb gewissermaßen selbst unbedingt ist, doch bin ich das immer nur in Endlichkeit und demzufolge in vielfacher Bedingtheit. Den letzten Grund der Wirklichkeit kann nur der einholen, der selbst der Grund seiner Wirklichkeit, das Unbedingte selbst ist. Da ich aber endlich bin, bin ich dazu nicht fähig.

101 Daraus folgt etwas Entscheidendes hinsichtlich der Methode der Metaphysik, ja der Philosophie überhaupt. Sie kann nie rein deduktiv betrieben werden in dem Sinne, daß man nach einer vollkommen evidenten, zugleich aber auch klaren und distinkten Einsicht Ausschau hält, wie das Descartes am Anfang der Neuzeit versucht hat; oder daß man – mit Husserl – absolut klare Anfänge, vollkommen unmittelbare Wesenseinsichten fordert (vgl. Husserl 1965, 71), um von solchen vollkommen durchschauten Ausgangspunkten her die »Philosophie als strenge Wissenschaft« aufzubauen.

Nicht als hätten wir keine unbezweifelbaren Einsichten. Nur sind diese uns nie in voller Klarheit und Ausdrücklichkeit gegeben. Deshalb sind die unbezweifelbaren Einsichten selbst und ihre Formulierung immer zweierlei. Es gibt keine ausdrückliche Formulierung auch der unbezweifelbaren Einsichten, die ihr richtiges Verständnis unfehlbar mitliefern würde, es ist vielmehr so, daß jede Formulierung mißverstanden werden kann. Denn nur der eine Grund aller unserer unbezweifelbaren Einsichten, nämlich das durch die transzendentale Erfahrung vermittelte Wissen um das Sein, enthält alles, was zum richtigen Verstehen der einzelnen Grundeinsichten oder »ersten Prinzipien« notwendig ist, doch ist dieses Wissen grundsätzlich niemals ganz ausdrückbar.

102 Deshalb ist der Ausgangspunkt der Philosophie die auf ihren Grund hin hinterfragte alltägliche Erfahrung in ihrer ganzen Breite. Der ausdrücklich gewählte Ausgangspunkt kann zwar sehr verschieden sein, doch wird die philosophische Reflexion, wenn es ihr gelingt, bis zu den letzten Gründen der Wirklichkeit vorzudringen, dabei früher oder später stets die uns konkret gegebene erste Grundvoraussetzung aller unserer wahren Aussagen, nämlich das in jedem Denken sich selbst mitdenkende Ich, entdecken. Erst dann hat sie den freilich stets hintergründigen, zentralen Punkt der Wirklichkeitserfahrung erfaßt. Deshalb gibt es ohne (mehr oder weniger bewußt vollzogene) transzendentale Reflexion keine Metaphysik.

103 (3) *Zum Identitätsprinzip.* – Dieses Prinzip, das die Identität des Seienden mit sich selbst als Seiendem aussagt, gilt für manche Philosophen als die prägnanteste Darstellung des ursprünglichen

Seinsverständnisses, während andere es für nichtssagend, für eine bloße Tautologie halten. Es wird also ebenso unterschiedlich beurteilt wie das Objekt der Metaphysik, das Sein selbst. Hinzu kommt noch, daß auch die, die es als Grundprinzip betrachten, sich hinsichtlich der genauen Formulierung und der richtigen Auslegung des Prinzips vielfach unterscheiden. Die verschiedenen Interpretationen des Prinzips (die sich schon in der Verschiedenheit der Formulierungen bemerkbar machen) ergeben sich vor allem durch die verschiedene Einschätzung der Tragweite des Prinzips; oder anders gesagt: durch die Verschiedenheit der Ansichten in bezug auf dasjenige, was aus der Einsicht der Identität des Seienden mit sich selbst entfaltet werden kann.

(a) Wenn man das Prinzip »Seiendes ist Seiendes« formelhaft mit 104 »A ist A« wiedergibt, dann kann es leicht vorkommen, daß man es nur als die Behauptung der Identität jedes Dinges mit sich selbst (miß-)versteht. Dann ist allerdings der Vorwurf, es handle sich um eine bloße Tautologie, voll und ganz berechtigt. Von einer *dinglich verstandenen Identität* gilt nämlich das von Wittgenstein ausgesprochene Verdikt: »Beiläufig gesprochen: von *zwei* Dingen zu sagen, sie seien identisch, ist ein Unsinn, und von *Einem* zu sagen, es sei identisch mit sich selbst, sagt gar nichts« (Tractatus 5.5303). Deshalb betonen alle, die das Prinzip nicht als Tautologie auffassen wollen, es gehe hier um etwas, was einer oberflächlichen Betrachtung nicht sofort deutlich ist, obwohl es zum Inhalt der ursprünglichen Seinserfahrung gehört. Was ist aber dieses für eine gedankenlose Betrachtungsweise nicht erscheinende »Mehr«? Hier gehen die Meinungen auseinander.

(b) Interessant und voll berechtigt ist der Vorschlag Coreths, der 105 im Grunde nur die schon öfters geäußerte Ansicht, das Identitätsprinzip sei bloß die positive Fassung des Nichtwiderspruchsprinzips, aufnimmt und präzisiert. Nach diesem Vorschlag soll man »A ist A« in folgender Weise lesen: »A ist notwendig A. Seiendes ist, sofern es ist, notwendig das, was es ist« (Coreth ²1964, 238). Wenn hier von der Notwendigkeit des Seienden gesprochen wird, dann ist damit selbstverständlich nicht gemeint, daß Seiendes immer in der Weise sei, daß es überhaupt nicht nicht-sein könne. Das kann nur vom absoluten Sein, nicht aber vom bedingten Seienden gelten. Wohl ist aber gemeint, daß alles, was ist (alles, was faktisch existiert), *insofern es ist,* jeder Wenn-Dann-Beziehung enthoben ist. Als Seiendes steht es also, obwohl es auf vielerlei Weise bedingt sein kann, immer *auch* außerhalb jeder Bedingung. Jedes Seiende bekundet eine stets zwar unter der Bedingung »insofern es ist« stehende, aber trotzdem wirkliche Notwendigkeit. In diesem Zusammenhang kann man also mit Recht von der »Transzendenz des Faktums« (vgl. Henrici 1977, 372) sprechen. Hiermit erweist sich diese Auslegung des Identitätsprinzips tatsächlich als die positive Formulierung des Satzes vom Widerspruch: Seiendes kann, insofern es ist, nicht nichtsein.

106 (c) Am Anfang der »Grundlage der gesamten Wissenschaftslehre« von 1794 geht J. G. Fichte vom Satz »A ist A« als von einem unbezweifelbaren (weil unbedingt und schlechthin geltenden) Satz des empirischen Bewußtseins aus. Dieser Satz wird im folgenden nach und nach von allen empirischen Bestimmungen abgesondert, »so lange, bis dasjenige, was sich schlechthin selbst nicht wegdenken und wovon sich weiter nichts absondern läßt, rein zurückbleibt« (Fichte 1965, 256). So ergibt sich als Grund der unbedingten Geltung des ursprünglichen Satzes das in schlechthinniger Geltung sich selbst setzende Ich, »das zugleich das Handelnde und das Produkt der Handlung« (259) ist; es wird von Fichte als »Tathandlung« bezeichnet und läßt sich im Satz »Ich bin Ich« darstellen. Mit ihm wird – so Fichte – ein schlechthin gültiges Urteil ausgedrückt: Das Ich als das sich Setzende (das Subjekt des Satzes) ist völlig identisch mit dem Ich als Seiendem (das als Prädikat des Satzes fungiert), und das bedeutet: das Ich ist, weil es sich gesetzt hat.

107 (d) Auch M. Heidegger geht in seiner Schrift »Der Satz der Identität« (Heidegger 1957, 11–34) von der Formel »A = A« aus und gelangt von der zunächst ausgesagten Gleichheit zum Gedanken der Identität. Diese will er aber nicht »metaphysisch« (in seinem Sinne genommen) verstanden wissen, und deshalb deutet er sie in Anlehnung an die These des Parmenides: »Das Selbe nämlich ist Vernehmen (Denken) sowohl als auch Sein« (18), als Ausdruck einer ursprünglichen Zusammengehörigkeit von Mensch und Sein, die vom letztlich alles zusammenfassenden (die Züge des Absoluten habenden) Ereignis her einander übereignet sind.

108 (e) Im Versuch, das Identitätsprinzip zu erklären, wollen wir die kryptischen Denkansätze Heideggers auf sich beruhen lassen, dagegen aber an Fichte anknüpfen. Da wir jedoch seinem übersteigerten Anspruch, das absolute Subjekt selbst (und nicht nur einen Hinweis auf das absolute Subjekt) im eigenen Ich erfassen zu können, nicht zuzustimmen vermögen, werden wir an manchen Punkten von seinem Gedankengang abweichen. Dabei stützen wir uns auf die von P. Scheuer (1926, 450f.) gegebene Interpretation des Prinzips.

Das Identitätsprinzip (in der Formulierung: Seiendes ist Seiendes oder einfach: Seiendes ist), das für eine dingliche oder auch für eine nur logische Betrachtung tautologisch erscheinen muß, hat einen höchstbedeutsamen metaphysischen Inhalt. Denn zwischen den beiden Anwendungen des Wortes »Seiendes« besteht der funktionale Unterschied, der das Verhältnis von Subjekt und Prädikat kennzeichnet. Insofern »Seiendes« Subjekt ist, steht es für das »an sich Seiende«; insofern es Prädikat ist, steht es für das »erkannte Seiende«. Das Prinzip sagt nun aus, daß Seiendes als Erkanntes und Seiendes in seinem »an sich« dasselbe ist. Das wirkliche Sein und das gedachte Sein stimmen grundsätzlich überein. Das Identitätsprinzip drückt also das im (alle unsere bewußten Handlungen begleitenden) Ichbewußtsein aufleuchtende Wissen um die Identität von Erkennen und Sein aus.

So verstanden ist das Identitätsprinzip die »Form« jedes Urteils. 109 Als solches wird es in jedem Urteil mitausgedrückt; es ist dasjenige, wodurch das Urteil wahr ist, wodurch das im Urteil von der Wirklichkeit Ausgesagte die Wirklichkeit tatsächlich trifft. Dies ist leicht zu verstehen, vorausgesetzt, man sieht im Urteil nicht bloß eine Synthese von zwei abstrakten Denkinhalten, sondern eine Zurückführung eines (durch das Prädikat ausgedrückten) Denkinhaltes auf die (durch das Subjekt angedeutete) Wirklichkeit.

Das durch das Identitätsprinzip ausgedrückte Verhältnis zwischen Sein und Erkennen ist die Erklärung dafür, warum der Verstand das *an sich Sein* der »Gegenstände« erreicht, wenn er die »Gegenstände« nach *seinen eigenen* Gesetzen konstituiert. Denn die Gesetze des Denkens sind die Gesetze des Seins, und die Gesetze des Seins sind die Gesetze des Denkens. Letztlich gilt: Lex mentis est lex entis.

Literatur:

De Petter 1964, 74−93.   Henrich 1966.
Shine 1966, 45−47; 123 f.   Lotz 1972.

4. Die Eigenschaften der metaphysischen Aussagen und der Gegenstand der Metaphysik

Unsere bisherigen Überlegungen zusammenfassend, stellen wir 110 fest: *Die Aussagen der Metaphysik* bringen Einsichten (bzw. eine einzige Grunderkenntnis) zur Sprache, die (weil ihre Geltung in allen unseren Behauptungen, Fragen und sogar im ausdrücklichen Bestreiten ihrer Geltung als Bedingung der Möglichkeit der vollzogenen Behauptung, des Fragens bzw. ihrer ausdrücklichen Bestreitung stillschweigend vorausgesetzt werden muß) *einerseits* ernsthaft nicht geleugnet werden können, die also notwendig und allgemeingültig sind, und die unser ursprüngliches Wissen über das, was »ist«, formulieren. *Andererseits* sind sie aber dadurch gekennzeichnet, daß sie wegen der Begrenztheit (oder genauer: wegen der unüberwindbaren Verwiesenheit auf sinnliche Wahrnehmungen und Vorstellungen) der menschlichen Sprache die ihnen zugrundeliegenden Einsichten immer nur unzulänglich darstellen, was dazu führt, daß ihr Sinn niemals in vollkommener Eindeutigkeit bestimmt werden kann. Diese Aussagen sind deshalb leicht (um nicht zu sagen: immer) mißverständlich, zumal sie meistens der alltäglichen, sich von der Anschaulichkeit her unmittelbar aufdrängenden Erfahrung zu widersprechen scheinen. Deshalb können sie den Eindruck erwecken, als handle es sich um willkürliche, unbegründete Behauptungen, in denen nur die charakterlich bestimmten oder durch gesellschaftliche Einflüsse hervorgerufenen Einstellungen bzw. Emotionen jener Personen zum Ausdruck kommen, die sie aufgestellt haben. – Diese Feststellung soll im folgenden kurz kommentiert werden:

111 Es geht um die Aussagen der Metaphysik als solcher. Denn offensichtlich sind nicht alle in einer metaphysischen Abhandlung vorkommenden Aussagen metaphysische Aussagen im hier gebrauchten Sinn. Von denen wird nun gesagt, daß sie ernsthaft nicht geleugnet werden können. Wenn man sie nämlich leugnet, dann begeht man einen transzendentalen Widerspruch, den man mit den Methoden der formalen Logik allein nicht aufdecken kann, weil er nur der transzendentalen Analyse (die übrigens etwas ganz anderes ist als eine psychologisierende »Introspektion«) zugänglich ist. Die Aussagen der Metaphysik formulieren also jenes notwendige und allgemeingültige »Wissen« (bzw. jenes »Wissensmoment«), das wir als das hintergründige Wissen um Sein, als *das* Apriori, als das, worauf sich die »transzendentale Erfahrung« bezieht, usw., bezeichnet haben, also jene Dimension unserer Erkenntnis, in der Erkennen und Sein identisch sind.

112 Es handelt sich demnach um Aussagen von höchster Gewißheit und allgemeinster Geltung, die die (oft gar nicht beachteten) letzten Grundlagen aller unserer übrigen wissenschaftlichen Aussagen bilden. Der Anspruch der Metaphysik, die übrigen Wissenschaften zu begründen, ist in diesem, aber auch nur in diesem Sinn zu verstehen. Die Metaphysik beansprucht also, alle Einzelwissenschaften dadurch zu begründen, daß sie den Realitätsbezug unserer Erkenntnis überhaupt begründet, bzw. daß sie die Weise des Realitätsbezugs überhaupt klärt. Im übrigen darf die Metaphysik in die Angelegenheiten der Einzelwissenschaften nicht hineinreden, aus-

genommen den Fall, daß eine Einzelwissenschaft (ein Wissenschaftler aufgrund seiner einzelwissenschaftlichen Ergebnisse) sich anschickt, irgendwelche, die gesamte Wirklichkeit als solche betreffende, d. h. metaphysische Aussagen zu machen, die falsch sind.

Indem die Metaphysik den Realitätsbezug unserer Erkenntnis 113 überhaupt begründet (bzw. ihre uns immer schon gegebene Begründetheit durch transzendentale Analyse aufweist), vermittelt sie das verantwortete und reflexe Wissen darüber, was Wirklichkeit eigentlich ist. Damit wird die von alters her immer wieder gestellte Frage, die *die* Frage der Metaphysik ist, nämlich: »Was ist das Seiende?«, beantwortet (vgl. Aristoteles: Met VII 1, 1028 b 2—4). Hier geht es um den ersten und grundlegenden Sinn des Wortes »Seiendes« und damit um den »Sinn von Sein«, also um die Frage: Woran soll man sich halten, wenn man von Wirklichkeit, von Sein spricht? Diese Frage ist nun weder banal, noch leicht zu beantworten, obwohl oder vielmehr weil jeder die Sprache gebrauchende Mensch der Meinung ist, darüber Bescheid zu wissen; und das trifft sogar insofern zu, als jeder Mensch dieses Wissen in jedem Denkakt und in jedem bewußten Handeln stets voraussetzt. Aber gerade deshalb kann es leicht geschehen, daß man sich mit der ersten sich einstellenden Antwort zufriedengibt, indem man z. B. meint, daß das Paradigma für das, was mit Wirklichkeit oder mit Seiendem eigentlich gemeint ist, vom gegenständlich vorliegenden materiellen Ding hergeholt werden darf. Dadurch aber stellt man das Denken (bzw. das denkende Subjekt als solches) außerhalb der Wirklichkeit (oder man macht aus ihm zumindest etwas Abgeleitetes) mit allen sich daraus ergebenden aporetischen Folgen (vgl. Nr. 95). Deshalb muß der eigentliche Fall dessen, was (wirklich) *ist*, im seiner selbst bewußten Subjekt angegeben werden, wie das oben (Nr. 91, 96) dargestellt wurde.

Von der hier erreichten Einsicht hinsichtlich dessen, was »Wirk- 114 lichkeit« bedeutet, wird es vollends deutlich, *daß der eigentliche Gegenstandsbereich der Metaphysik die notwendig zu bejahende nichtempirische Wirklichkeit ist,* d. h. jene Wirklichkeit, zu der die Empirie keinen Zugang hat, die man aber notwendig annehmen muß, weil man sie ohne eine »contradictio exercita« (ohne einen im Vollzug einer bewußten Tat gesetzten Widerspruch) nicht leugnen kann. Zugleich bestätigt sich, daß wir zu jenen Einsichten, die wir in den metaphysischen Aussagen ausdrücken, durch die in jeder sinnlichen Gegenstandswahrnehmung implizierten Erfahrung der Selbstgegenwart unseres Ichs (d. h. durch transzendentale Erfahrung) gelangen. *In der Metaphysik geht es also nicht um eine andere Welt, die hinter oder über der wahrnehmbaren Welt verborgen*

liegt, sondern um jene Dimension unserer konkreten Welt (bzw.
unserer selbst), die in einem empirischen Sinn grundsätzlich nicht
wahrnehmbar ist und die in bezug auf das begrifflich eindeutig
Ausdrückbare ein »Mehr« bedeutet.

115 Da die Metaphysik über die notwendig zu bejahende nichtempirische Wirklichkeit in menschlicher Sprache reden muß, die in erster
Linie auf die Beschreibung der nichtnotwendigen und empirischen
Wirklichkeit ausgerichtet ist, können ihre Aussagen niemals vollkommen unmißverständlich sein. Sie sind jedenfalls bedeutend
mißverständlicher als die Aussagen der Gegenstandswissenschaften
oder gar der formalen Wissenschaften. Denn das vorstellende Denken faßt alle metaphysischen Aussagen spontan als die Sache ver-
fehlende Darstellungen der gegenständlichen Wirklichkeit auf.
Weil diese von unserem vorstellenden Denken ausgehende Fehl-
deutung immer wieder korrigiert werden muß, bedürfen alle Aussagen der Metaphysik stets einer erklärenden Auslegung. Weil außerdem die Aussagen der Metaphysik immer nur inadäquate Formulierungen der transzendentalen Erfahrung sind und als solche
durch weitere Erklärungen vor Mißverständnissen geschützt werden müssen, sind auch sie ergänzungsbedürftig und in diesem Sinn
revidierbar wie alle anderen wissenschaftlichen Aussagen. Aus dem
Gesagten folgt, daß der Metaphysiker niemals den Eindruck erwecken darf, über das Sein so reden zu können, als wäre es ein in
Begriffen klar darzustellender und beherrschbarer Gegenstand,
denn eine solche Redeweise kompromittiert die Metaphysik und
beschwört die berechtigte Kritik herauf.

116 Damit wird freilich nicht behauptet, daß jede Metaphysikkritik berechtigt ist. Die Meinung, man könne nur über das reden, was klar
gesagt werden kann, ist sicher falsch. Denn eben die allerwichtig-
sten und allergrundlegendsten »Dinge« lassen sich nicht klar aussagen. Die Alternative: Entweder kann etwas klar gesagt werden,
oder man kann es gar nicht zur Sprache bringen, ist schon deshalb
falsch, weil es nicht ohne weiteres klar ist, was »klar« bedeutet.
Denn auch die Grundbegriffe der Realwissenschaften können nie
ganz eindeutig definiert werden. Sie können nur exemplarisch, mittels Beschreibungen der Alltagssprache eingeführt werden. Es ist
also nicht verwunderlich, daß solches im Falle der Metaphysik besonders deutlich hervortritt.

B. Metaphysik als Darstellung des Seinsverständnisses

Nachdem wir die Möglichkeit der Metaphysik aufgewiesen und 117
zugleich ein erstes Verständnis davon vermittelt haben, was der
Metaphysiker meint (oder jedenfalls meinen sollte), wenn er vom
»Sein« spricht, können wir im folgenden die Metaphysik als Seinslehre, als Ontologie entwickeln. Es geht also um die Auslegung des
Seinsverständnisses. In diesem Zusammenhang ist einleitend zu betonen, daß es *das definitive System der Metaphysik* nicht gibt. Zwar
gibt es den bevorzugten »Ort« des Seinsverständnisses in der stets
(mit-)erfahrenen eigenen Subjekthaftigkeit, doch können die Einsichten der Metaphysik, da sie sich gegenseitig einschließen, auf
sehr vielfältige Weise zur Sprache gebracht werden. Der von uns
gewählte Ansatz greift die klassische Problematik der Einheit und
Vielheit (der Identität und Differenz) auf und bestimmt dann auch
eine gewisse Reihenfolge der zu behandelnden Themen.

I. Das Sein in seiner Einheit und Vielheit

Einheit und Vielheit (Übereinstimmung und Verschiedenheit) sind 118
die grundlegendsten aufeinander bezogenen Strukturmomente des
in den Seienden sich verwirklichenden Seins. Die Bedeutung dieser
These zu entfalten, ist die Aufgabe dieses Kapitels.

1. Die erste Einsicht der Metaphysik

Welche ist die fundamentalste und in diesem Sinn erste Einsicht der 119
sich als Seinsdenken verstehenden Metaphysik?
Oben (Nr. 95) haben wir sie schon angedeutet. In positiver Formulierung lautet sie: Alles ist Seiendes; Sein ist dasjenige, was allem
zukommt; im Sein kommt alles miteinander überein. Vielleicht
noch eindrucksvoller wird sie aber ausgedrückt, wenn man in der
Weise der Negation der Negation formuliert: Es gibt nichts, was
nicht zum Sein gehört; es kann nichts geben, was nicht im Sein miteinander verbunden wäre. Dies war auch die Grundeinsicht des
Parmenides, mit dem das abendländische Seinsdenken beginnt. Ihm
ging auf, daß das Sein das Eine und alles ist, und daß es das Nichts

nicht gibt. Von dieser Einsicht überwältigt, verabsolutierte er die sich hier zeigende Einheit und erklärte deshalb jede Vielheit und Verschiedenheit zum Schein. Diese Schlußfolgerung müssen wir zwar ablehnen; festzuhalten bleibt jedoch *die Einheit alles Seienden im Sein.*

120 Hier müssen wir freilich fragen: Ist diese Aussage einfach anzunehmen oder gibt es für sie einen Beweis? – In dem Sinn, daß man sie aus anderen Sätzen ableiten könnte, ist sie gewiß nicht zu beweisen, denn es geht in ihr um eine Einsicht, die in jedem Beweis vorausgesetzt werden muß. Aber eben deshalb kann ihre unbedingte Gültigkeit aufgewiesen werden, indem man zeigt: man kann sie nicht leugnen, ohne sich im Vollzug der Leugnung zu widersprechen.
Die Leugnung der Einheit alles Seienden im Sein läuft nämlich auf die Behauptung hinaus, daß es Vielheit ohne Einheit geben kann. Sobald man aber versucht, Vielheit ohne Einheit zu denken, erweist sich, daß ein solcher Versuch undurchführbar ist. Denn jede Unterscheidung setzt Gemeinsamkeit, Einheit voraus. Man kann nur dadurch Verschiedene voneinander unterscheiden, sie als je andere bezeichnen, indem man sie in eine Gemeinsamkeit, in eine Einheit, innerhalb derer die Unterscheidung geschieht, schon einbezogen hat. Was miteinander nichts zu tun hat, kann auch nicht als unterschieden, nicht als Vieles bezeichnet werden.

121 Man könnte hier freilich noch einwenden, es gehe bei der aufgewiesenen Unmöglichkeit nur darum, daß wir das Viele nicht ohne Einheit *zu denken* vermögen; damit sei aber noch nicht die *Seinsunmöglichkeit* aufgewiesen. Dieser Einwand kann aber nach allem, was oben (Nr. 72–85, 109) über die grundsätzliche Identität von Denken und Sein ausgeführt wurde, nicht gelten. Wäre nämlich noch mit der Möglichkeit zu rechnen, daß etwas *sein* könnte, was überhaupt nicht gedacht werden kann, dann müßte statt einer grundsätzlichen Identität zwischen Denken und Sein ein grundsätzlicher Gegensatz angenommen werden, d. h. man müßte annehmen, daß unser Denken uns grundsätzlich irreführt, oder anders gesagt: daß das Denken vollkommen sinnlos und unnütz ist. Dem widersprechen wir aber in jedem unserer Denkakte.

122 Wenn aber Vielheit ohne Einheit, Verschiedenes ohne Gemeinsamkeit nicht nur nicht zu *denken* ist, sondern auch nicht *sein* kann, dann ist die Seinseinheit alles Seienden im Sein (oder: die reale Einheit aller Seienden untereinander) eine der Grundbestimmungen der Wirklichkeit überhaupt (vgl. Nr. 95, 99), die niemals vernachlässigt werden darf. Diese Einheit ist also eine Realität, mit der wir ständig rechnen müssen. Das nur festzustellen, reicht aber nicht. Denn es kommt im folgenden vor allem darauf an, diese Einsicht

auch dann nicht zurückzunehmen, wenn wir mit Schwierigkeiten konfrontiert werden, die uns dazu drängen, die reale Einheit der Seienden im Sein doch nur als etwas vom Denken Konstruiertes zu betrachten.

Aus dieser Einsicht ergeben sich außerdem zahlreiche Konsequen- 123 zen, die uns im Laufe unserer Untersuchung noch beschäftigen werden. Eine sei aber jetzt schon erwähnt: Aus der These, daß es nichts geben kann, was nicht miteinander im Sein übereinkommt, folgt unmittelbar, daß es keinen Gegensatz geben kann, der sich nicht innerhalb des Seins befände. Das heißt aber, daß *es schlechthin Kontradiktorisches nicht geben kann*. Schlechthin Kontradiktorisches wäre nämlich der Gegensatz zwischen dem Sein (oder einem Seienden) und dem Nichts. Da es aber das reine Nichts (im Gegensatz zum relativen Nichts) nicht gibt, kann es auch kein Bezugspunkt eines Gegensatzes sein. Auch die vom logischen Standpunkt aus gesehen kontradiktorischen Gegensätze (also die kontradiktorischen Sätze wie p und ⌐ p) sind deshalb ontologisch betrachtet immer nur relative Gegensätze, die also stillschweigend ein Gemeinsames voraussetzen, innerhalb dessen sich die Behauptung und die Negation der Behauptung vollziehen.

Aus der Feststellung, daß es schlechthin Kontradiktorisches nicht geben kann, folgt auch, daß der Satz vom ausgeschlossenen Widerspruch nicht ohne weiteres das allererste Prinzip der Metaphysik sein kann. Genauer gesagt: Das Nichtwiderspruchsprinzip ist nur insofern das erste Prinzip der Metaphysik, als es genau die hier dargelegte Einsicht ausdrückt: Nur das, was schlechthin nicht ist, »steht« außerhalb des Seins.

Man kann hier noch die Frage stellen, ob nicht die hier erwähnte 124 erste Einsicht der Metaphysik, nach der im Sein alles übereinkommt, mindestens ebensoviel, vielleicht sogar noch mehr Anspruch darauf hätte, »das Identitätsprinzip« genannt zu werden, als jene Formulierungen, von denen wir oben (Nr. 103–109) als dem Identitätsprinzip gesprochen haben. Denn hier geht es um *die* grundsätzliche (die Verschiedenheiten – wie wir noch sehen werden – freilich nicht ausschließende) Identität von allem, was ist.

Diese Frage muß u. E. mit Ja beantwortet werden, zumindest in dem Sinn, daß man das Prinzip: *Im Sein kommt alles Seiende miteinander überein*, auch als eine gültige Formulierung des Identitätsprinzips betrachten soll. Damit wollen wir aber nicht behaupten, daß die anderen oben zustimmend erwähnten Formulierungen nicht auch ein gültiger Ausdruck der Einsicht wären, daß Seiendes mit sich selbst als Seiendem identisch ist. Wir sind nämlich der Meinung, daß jede Formulierung, in der das Identitätsprinzip nicht als reine Tautologie hingestellt wird, die in den anderen Formulierungen ausdrücklicher dargestellten Einsichten jeweils enthält, ohne jemals die hinter jeder Formulierung stehende Seinseinsicht in einem Satz restlos ausdrücken zu können. Zum Beispiel ist es leicht einzusehen, daß die von der Formel »A ist A« ausgehende Formulierung Coreths (»Seiendes ist, sofern es ist, notwendig Seiendes«) die Einsicht, daß im Sein alles miteinander eins ist, impliziert, ohne sie allerdings explizit darzustellen. Auch die weiteren oben erwähnten Formulierungen, die die Identität von Denken und Sein ausdrücken, sind einerseits unter die Einsicht, daß im Sein alles übereinkommt, zu subsumieren (wenn nämlich *alles* im Sein übereinkommt, dann kommt auch das Denken und das Sein miteinander überein); andererseits bieten sie die Garantie dafür, daß die Annahme der Einheit der Seienden untereinander nicht nur eine Denknotwendigkeit ist, sondern daß hinter dieser Annahme eine Seinsnotwendigkeit steht, insofern nämlich die Einsicht, daß im Sein alles eins ist, nur dann schlüssig aufgezeigt werden kann, wenn man um die Identität von Denken und Sein schon weiß.

2. Die Eigentümlichkeiten des »Begriffs« des Seienden

125 Die Wörter »Sein« oder »Seiendes« kommen in der Alltagssprache nicht vor, sie gehören zum Wortschatz der Philosophie, sie sind wissenschaftliche Termini. Als zweiter Schritt in unserer Untersuchung der Einheit-Vielheit-Problematik sollen im folgenden einige vom logischen Standpunkt aus verwirrende Eigenschaften des Wortes »Seiendes« bedacht werden.

a) Der Begriff und seine Eigenschaften

126 Was meinen wir eigentlich, wenn wir von einem Begriff reden? Die Frage ist nicht leicht zu beantworten, denn es stellen sich sofort Probleme, die die Struktur der Sprache und die uns eigentümliche Weise, die Wirklichkeit zu erkennen, betreffen. Vielleicht findet man am einfachsten einen Zugang zum Begriff des Begriffs, wenn man beschreibt, was er leisten soll. Denn der Begriff ist eine Erfindung der Philosophen. Das soll freilich nicht heißen, daß diese Erfindung ohne Grund geschehen ist, sie entspricht vielmehr einem echten Bedürfnis unseres Denkens. Hinter dem Entstehen des Begriffs steht nämlich die Neigung unseres Verstandes nach klar geordneten Verhältnissen. Dies muß erklärt werden.

127 Jede Sprache stellt die Welt dar, indem sie das, was in der Welt vor-

kommt (also Ereignisse, Gegenstände, Eigenschaften, Beziehungen usw.), beschreibt und zugleich einteilt, ordnet, klassifiziert. Die von der Alltagssprache spontan geleistete Darstellung und Einteilung der Wirklichkeit empfindet man aber, sobald man sie mit einem für die logischen Zusammenhänge geschärften Auge betrachtet, als reichlich ungenau. Einerseits gibt es mehrere Wörter, die dasselbe bezeichnen, andererseits hat ein Wort manchmal sehr verschiedene Bedeutungen, die sich teilweise noch mit den Bedeutungen anderer Wörter überschneiden. Außerdem sind die Einteilungsprinzipien nicht klar ersichtlich. Noch unübersehbarer wird diese von der Sprache spontan geleistete Klassifizierung der Wirklichkeit, wenn man verschiedene Sprachen miteinander vergleicht. Dies alles scheint die Verständigung zu erschweren. Der Begriff ist nun das Mittel, das in dieser Situation Hilfe bringen soll. Er soll das, was die Sprache spontan tut (genauer: was die einzelnen, etwas bezeichnenden sprachlichen Ausdrücke der Alltagssprache spontan tun), nämlich die Wirklichkeit zu bezeichnen und zugleich zu ordnen, bewußter und deshalb genauer und deutlicher gewährleisten. Es geht dabei vor allem um schärfere Einteilungen und um klarere inhaltliche Bestimmungen. So betrachtet ist der Begriff *eine möglichst genau gefaßte, vereinheitlichte und von der Lautgestalt des Wortes abgelöste Wortbedeutung.* Oder anders: Der Begriff ist *der möglichst eindeutig bestimmte Denkinhalt, den eine Definition darstellt.*

Der Begriff ist also ein Produkt des nach Klarheit strebenden Verstandes, und er bringt tatsächlich Übersichtlichkeit und Genauigkeit in unser Denken. Weil diese Eigenschaften ferner die Voraussetzungen für das Entstehen und den Fortschritt der Wissenschaften und für die aus ihnen folgende Beherrschung der Welt sind, ist die große Bedeutung des begrifflichen Denkens offensichtlich.

Die »Erfindung« des Begriffs hat allerdings auch Probleme geschaffen. Uns geht es hier nicht um die nicht beabsichtigten praktischen Auswüchse eines einseitig begrifflich-technischen Denkens, sondern um die vom begrifflichen Denken als solchem hervorgerufenen philosophischen Probleme. Es entstehen nämlich mindestens zwei Schwierigkeiten: (1) Der Begriff ist kein Selbstzweck, sondern soll der Darstellung der Wirklichkeit dienen. Je genauer aber die die gleichen Rücksichten zusammenfassende bzw. die verschiedene Rücksichten voneinander abhebende Systematisierung des Wirklichen im Begriff durchgeführt wird, desto abstrakter, desto modellhafter wird er. Der in sich und anderen gegenüber immer genauer bestimmte Denkinhalt verselbständigt sich stets mehr und verliert zunehmend seinen Wirklichkeitsbezug. So wird aus dem

Begriff, der ursprünglich als ein vom Verstand (im Gegensatz zur sinnlichen Einbildungskraft) bewerkstelligtes »Abbild« des Wirklichen konzipiert wurde, ein der Wirklichkeit entgegengesetztes Gebilde. Durch die Identifikation des Denkens als solchen mit dem begrifflichen Denken entsteht dann das Problem der Trennung von Denken und Sein. – (2) Indem sich der Begriff als abstrakter Denkinhalt von der Wirklichkeit ablöst, entsteht auch der Eindruck, er wäre gerade als abstrakter Denkinhalt etwas Vorsprachliches. Das ist aber ein Irrtum. Zwar gibt es Vorsprachliches im Denken (und deshalb auch für die Sprache), nämlich die Wirklichkeit selbst, die gedacht und zur Sprache gebracht werden soll. Dieses Vorsprachliche wird dann auch vom Begriff (obwohl immer nur unzulänglich) dargestellt. Das leistet aber der Begriff eben nicht, insofern er ein *abstrakter Denkinhalt* ist, sondern insofern er trotz aller Abstraktheit immer noch einen Hinweis auf das konkret Wirkliche enthält, d. h. insofern er trotz seiner Modellhaftigkeit immer noch *Darstellung der Seinserfahrung* ist. Außerdem ergibt sich aus der Auffassung, der Begriff sei etwas von der Sprache Getrenntes, das unter einer solchen Annahme unlösbare Problem der Mitteilung der Begriffsinhalte.

129 Diesen Fragen wollen wir hier jedoch nicht weiter nachgehen. Es genügt, die Vorzüge und die Problematik eines Denkens, das den Begriff in den Mittelpunkt rückt, angedeutet zu haben. Uns beschäftigt jetzt vielmehr der »Begriff« des Seienden. Es soll gezeigt werden, daß die in der (immer schon mehr den Bedürfnissen der Logik als denen der Metaphysik entsprechenden) klassischen Lehre vom Begriff verdeckte innere Aporetik des Begriffs in voller Schärfe hervortritt, sobald man den durch das Wort »Seiendes« bezeichneten Inhalt als einen Begriff behandeln will.

b) Die Überkategorialität des »Begriffs« des Seienden

130 Ausgehend von der Tatsache, daß wir alles, was in welcher Weise auch immer ist, als Seiendes bezeichnen können, stellen wir die Frage: Wie verhält sich dieser Begriff des Seienden zu dem, wovon er ausgesagt werden kann?
Um auf diese Frage antworten zu können, müssen wir kurz auf das Verhältnis des Begriffs zu dem, wovon er ausgesagt wird, ganz allgemein eingehen.
Jeder Begriff (z. B. Haus, Heuschrecke, Tugend) hat einen Inhalt und einen Umfang. Der *Inhalt* (in moderner Terminologie: *Intension*) des Begriffs ist die Gesamtheit der zu ihm gehörenden Merkmale; der *Umfang* (oder *Extension*) des Begriffs ist die Gesamtheit

der »Dinge«, auf die er zutrifft. Hinsichtlich dieser traditionellen Unterscheidung gilt nun ganz allgemein: Je größer der Inhalt, desto kleiner der Umfang; und je kleiner der Inhalt, desto größer der Umfang.

Hinter dieser Feststellung steht freilich die auf Platon zurückge- 131 hende aristotelische Methode der Begriffsbestimmung. Sie definiert den Begriff dadurch, daß sie die nächsthöhere Gattung (genus proximum) und den artbildenden Unterschied (differentia specifica) angibt, wobei man dann annimmt, daß die zur Gattung gehörenden Merkmale und die Merkmale, die den Unterschied ausmachen, eindeutig voneinander abgehoben werden können. So wird z. B. der Begriff Mensch als »vernunftbegabtes Lebewesen« bestimmt, indem zur Gattungsbestimmung »Lebewesen« das sich zum »Lebewesen« indifferent verhaltende Merkmal »vernunftbegabt« hinzugefügt wird. Diese Methode der Begriffsbestimmung vorausgesetzt, gelangt man in gegenläufiger Bewegung, nämlich durch das Weglassen der die Gattung (bzw. die Art) immer weiter bestimmenden Unterschiede zu stets allgemeineren Begriffen und schließlich zu einem einzigen höchsten Begriff, über den man nicht mehr hinausgehen kann, und von dem die ganze Klasse ihren Namen erhält. Auf diese Weise ist Aristoteles zu den höchsten Gattungen der Wirklichkeit, die er Kategorien nannte, gelangt. In der Kategorienschrift zählt er folgende zehn auf: die Substanz, die Quantität, die Qualität, die Relation, das Wo, das Wann, die Lage, das Haben, das Wirken und das Leiden (Kat 4, 1 b 25). Innerhalb jeder dieser höchsten Gattungen (jeder dieser Hauptklassen) der Wirklichkeit gilt dann, daß der Inhalt des Begriffs desto größer ist, je kleiner sein Umfang und umgekehrt.

Wichtig ist nun eine Einsicht, über die sich bereits Aristoteles Re- 132 chenschaft gegeben hat: Wenn man die Wirklichkeit in der angegebenen Weise klassifiziert, d. h. mit Hilfe einer Methode, in der man die Merkmale des Begriffs als voneinander eindeutig (oder total) abhebbare Bestimmungen betrachtet (dies nennt man »Totalabstraktion«), dann ist die Annahme einer Mehrzahl von Gattungen unvermeidlich. Oder anders gesagt: Es ist unmöglich, die Gesamtwirklichkeit unter einem einzigen höchsten Gattungsbegriff zu subsumieren; d. h. »Seiendes«, obwohl es die allgemeinste und allem zukommende Bestimmung ist, kann nicht als oberste, alle anderen Gattungen zusammenfassende Gattung betrachtet werden. »Es ist nicht möglich – stellt Aristoteles fest –, daß das Eins oder das Seiende Gattungen der seienden Dinge seien« (Met III 3, 998 b 22). Warum ist das nicht möglich? Deshalb, weil alles, was ist, Seiendes ist; weil die Bezeichnung »Seiendes« nicht nur von allen Art-

und Gattungsbestimmungen, sondern auch von allen Merkmalen und damit von allen Unterschieden gilt. Denn auch die letzten und geringsten Unterschiede und sogar die allerindividuellsten Seinsweisen sind Seiendes. Thomas von Aquin drückt das wie folgt aus: »Dem Seienden kann nichts gleichsam als eine äußere Natur hinzugefügt werden, auf die Weise, wie die Differenz zur Gattung oder ein Akzidens zum Subjekt hinzugefügt wird, denn jegliche Natur ist wesenhaft Seiendes« (De Ver q.1 a.1). Oder: »Es kann keine Verschiedenheit geben, die außerhalb des Seienden stünde, denn Nicht-Seiendes kann kein unterscheidendes Moment sein« (Summa theol. I q.3 a.5).

133 Der »Begriff« des Seienden ist also ein ganz eigenartiger, im Vergleich mit den übrigen Begriffen paradoxer Begriff. Traditionell wurde das dadurch ausgedrückt, daß man von der Überkategorialität, von der »Transzendenz« des Begriffs des Seienden gesprochen hat. Denn »Seiendes« überschreitet, transzendiert tatsächlich alle kategorialen Grenzen. Deshalb gilt das Seiende als das erste »Transzendentale« und zugleich als der Grund aller weiteren »Transzendentalien«, d. h. jener allgemeinen Bestimmungen der Wirklichkeit, die allem, was ist, zukommen (müssen). – Die wichtigsten von einem begrifflichen Standpunkt aus gesehen paradoxen Eigenschaften des »Seienden« sind nun folgende:

134 (1) Es wurde schon erwähnt, daß »Seiendes«, obwohl es von allem ausgesagt werden kann, trotzdem (bzw. eben deshalb) keine Gattung ist. Darin zeigt sich dieselbe Paradoxie, die Russell in einem anderen Zusammenhang entdeckt hat: Die Klasse aller Klassen kann nicht als eine von anderen Klassen eindeutig abhebbare Klasse betrachtet werden (vgl. Nr. 55).

135 (2) Im Gegensatz zu den »normalen« Begriffen gilt vom Seienden, daß sowohl sein Umfang als auch sein Inhalt der größtmögliche ist. Sein Umfang ist der größtmögliche, weil alles, was in welcher Weise auch immer ist, Seiendes ist. Zugleich ist aber auch sein Inhalt der größtmögliche. Wenn man nämlich etwas als Seiendes bezeichnet und damit von ihm Sein aussagt, dann hat man jene Bestimmung von ihm ausgesagt, die eben keine Einzelbestimmung ist, der also nichts entgeht, die also das jede Bedingung bedingende und damit unbedingte Moment der Wirklichkeit meint, das wir anläßlich jeder Gegenstandserfahrung in der Icherfahrung unmittelbar erfassen (vgl. Nr. 95, 96).

136 (3) »Seiendes« ist demnach (trotz allem gegenteiligen Anschein) nicht die abstrakteste, sondern die konkreteste Bezeichnung, die überhaupt möglich ist. Der »Begriff« des Seienden abstrahiert nämlich im eigentlichen Sinn von nichts; weil alles, von dem er angeb-

lich abstrahiert, nämlich die konkreten Einzelbestimmungen bzw. die individuellen Unterschiede, selbst wiederum Seiendes ist. Zugleich unterscheidet sich der »Begriff« des Seienden von anderen Begriffen durch seine Undeutlichkeit oder Verschwommenheit. Denn wir können – wie schon öfters erwähnt – niemals eindeutig zum Ausdruck bringen, was »Sein« (auf das die Bezeichnung »Seiendes« verweist) eigentlich ist.

Hier zeigt sich erneut das oben (Nr. 83, 84) angedeutete Spannungsverhältnis. »Seiendes« sagt alles und sozusagen nichts aus. Wird ein Gegenstand (im weitesten Sinne des Wortes) als Seiendes bezeichnet, dann ist damit einerseits alles, was er ist, erfaßt, denn ihm entgeht keine einzige Bestimmung. Andererseits entsteht jedoch der Eindruck, man hätte nichts über den Gegenstand ausgesagt. Versucht man nämlich genau zu bestimmen, was man von ihm aussagt, indem man ihn als Seiendes bezeichnet, so kommt man zu keinem durch Abgrenzung von anderem bestimmten Inhalt. Seiendes sagt auf eindeutig bestimmte Weise tatsächlich nichts über den Gegenstand aus, nicht einmal, daß er »ist«, denn eben in diesem »Ist« liegt die Undeutlichkeit (vgl. De Petter 1964, 36–38).

Diese unüberwindbare Undeutlichkeit des »Begriffs« des Seienden verleitet immer wieder dazu, ihn als einen abstrakten (und sogar als den abstraktesten) Begriff aufzufassen. Denn gerade die Verschwommenheit verleiht dem »Seienden« gegenüber den Dingen, auf welche es sich bezieht, einen gewissen Abstand, was dann den Eindruck erweckt, als käme der Bezeichnung »Seiendes« wenigstens irgendwelche inhaltlich eindeutig bestimmbare Einheit zu. Dann erscheint »Seiendes« aber notwendig als der allgemeinste und abstrakteste aller Begriffe, der gar keinen anderen Inhalt hat als das bloße »Vorhandensein« oder gar die »Negation des Nichtseins«, der aber diesen minimalen Inhalt (der eigentlich gar nichts Inhaltliches mehr bedeutet) von jedem Seienden auf die gleiche Weise, d. h. univok aussagt (vgl. Nr. 98).

3. Das Universalienproblem

Die Frage nach der Einheit und Verschiedenheit der Seienden im Sein wurde seit der Antike immer wieder von der Sprache her angegangen. Die verschiedenen Vorschläge, die das Problem des Einen und des Vielen durch eine Reflexion auf die logischen und ontologischen Voraussetzungen der in jeder Sprache vollzogenen Gleichsetzungen klären wollen, sind in der Geschichte der Philosophie als Lösungsversuche des sog. Universalienproblems bekannt. Diesem auch für die Ontologie höchstbedeutsamen Problem wollen wir uns nun zuwenden.

a) Bemerkungen zur Problemstellung

138 Es ist unbestreitbar, daß die Sprache Dinge, Tätigkeiten, Eigenschaften, die ihrem individuellen Vorkommen nach verschieden sind, oft mit demselben Wort bezeichnet. Sowohl die Zugspitze als auch der Großglockner werden Berg genannt; jene Tätigkeit, die ich beim Friseur verrichtete, bevor ich an die Reihe kam, und die, die ich jetzt verrichte, bezeichne ich mit dem Wort »lesen«; die Farbe des Vergißmeinnichts und die des Himmels werden mit »blau« angegeben. Jede Sprache identifiziert somit im Vollzug des Sprechens Verschiedenes. Weil also dasselbe Wort für verschiedene »Gegenstände« gebraucht werden kann, ist es unbezweifelbar (und wird auch von niemand bezweifelt), daß es zumindest in der Sprache Allgemeines gibt, denn das Allgemeine ist eben das, was als Eines auf Mehrere zutrifft. Die sprachliche Identifizierung von Verschiedenem ist uns dermaßen vertraut, daß wir meistens gar nicht merken, was da geschieht. Sobald wir uns aber über diese für uns ganz alltägliche Tatsache zu wundern beginnen (und das Staunen ist der Ansatz jeder philosophischen Einsicht), stellt sich die Frage: Entspricht diesen allgemeinen (Verschiedenes vereinenden bzw. identifizierenden) Wörtern irgendwelche Einheit im Bewußtsein jenes Menschen, der diese Wörter oder Ausdrücke gebraucht? Oder anders: Entspricht dem Gebrauch desselben Wortes (zumindest meistens) etwas als Denkinhalt Identisches? Wenn ja, so stellt sich die weitere Frage: Entspricht dieser im Sprachvollzug und im Bewußtsein gegebenen Einheit (d. h. der Einheit der Allgemeinbegriffe) irgendwelche Einheit in der bewußtseinsjenseitigen Wirklichkeit selbst oder nicht? – Das ist nun das Problem des Allgemeinen oder das Universalienproblem.

139 Es ist zu betonen, daß es in bezug auf die Lösung des Problems keineswegs gleichgültig ist, wie man es formuliert. In der Geschichte der Philosophie hat man die Frage oft so ausgedrückt: *Gibt es* Universalien? Diese Fragestellung, die auch die heute innerhalb der Analytischen Philosophie geführte Diskussion bestimmt, drängt jedoch das Denken in eine falsche Richtung. Zwar ist an ihr richtig, daß es im Universalienproblem um Existenz geht, denn es handelt sich um die Deutung des wirklichen Seienden. Es geht aber nicht um ein Existenzproblem in dem Sinn, als müßte man nach der Existenz einer besonderen Art von Gegenständen oder Entitäten Ausschau halten. Wenn man nämlich die Frage: Gibt es Universalien?,

gleichsetzt mit Fragen wie: Gibt es allgemeine Wirklichkeiten? oder: Gibt es nicht individuelle (abstrakte) Entitäten? (was die analytischen Philosophen ständig tun), dann hat man schon eine schwerwiegende Vorentscheidung getroffen. Unausgesprochen ist nämlich in diesen Formulierungen die Voraussetzung wirksam, es müsse das Allgemeine in der gleichen Weise geben, wie es Ameisen, Galaxien oder Lichtquanten »gibt«. Hinter der gängigen Formulierung verbirgt sich also als letzte Voraussetzung die Annahme: darüber, was Realität überhaupt ist, müsse man sich keine Gedanken machen, denn das wisse man schon. Das ist der sinnlich wahrnehmbare, immer als einzelner vorkommende Gegenstand. Damit übernimmt man aber unreflektiert den Realitätsbegriff der Naturwissenschaft. Geht man von einem solchen Realitätsbegriff aus, dann muß man die Universalien als andersartige Gegenstände, als abstrakte Entitäten auffassen, mit allen in der Geschichte der Philosophie unter der Bezeichnung des »Platonismus« schon öfter durchgespielten aporetischen Konsequenzen. Dieses Ergebnis und seine Konsequenzen sind freilich nicht überraschend. Wenn man vom genannten Realitätsbegriff ausgeht, dann ist der »Platonismus« unhaltbar, dann spricht eigentlich alles für einen konsequenten Nominalismus (also für jene Theorie, die nur individuelle Gegenstände als Realität anerkennt), wobei allerdings die Schwierigkeit auftaucht, daß der Nominalismus nicht alles, womit man im Wissenschaftsbetrieb zu tun hat, befriedigend zu deuten vermag.

Diese Bemerkungen hatten den einzigen Zweck, in aller Kürze den 140 Grund anzugeben, warum wir im folgenden auf die moderne Diskussion des Universalienproblems nicht eingehen. Sie mag zwar für die Wissenschaftstheorie und für die mathematische Grundlagenforschung interessante Resultate gebracht haben. Da sie jedoch von einer unzulänglichen Fragestellung ausgeht, führt sie ebenso wie das meiste, was seit Aristoteles über diese Frage gesagt worden ist, am Kern des Problems vorbei. Immerhin bleibt die Tatsache beachtenswert, daß sich auch in der modernen Diskussion trotz der irreführenden Fragestellung die (wie wir hoffen, aufweisen zu können) richtige Einsicht hinsichtlich der Universalien zumindest ansatzweise durchsetzt. Wir denken hier an die Auffassung von W. V. O. Quine, der sich auch W. Stegmüller anschließt. Auch hier zeigt sich, wie so oft in der Philosophie, die Macht der Wirklichkeit, die sich trotz unzulänglicher Ansätze Geltung verschafft.

Die Frage, um die es in der Diskussion um das Allgemeine und das 141 Einzelne geht, kann richtig nur so formuliert werden: Welcher Natur ist jene Einheit (jene Identität), die in der Sprache vorausgesetzt wird, indem man z. B. sagt: »Peter ist Mensch«, »Anton ist

Mensch«, und die sich dadurch als Möglichkeitsbedingung des einen Denkinhaltes (des einen Allgemeinbegriffs) »Mensch« erweist? Ist diese von der Sprache vollzogene Einheit bloß eine Konstruktion der Sprache bzw. des Sprechenden, oder ist sie Ausdruck der Realität?

Literatur:

Küng 1963.
Stegmüller 1974.
Stegmüller 1978 (darin Arbeiten von Quine und anderen).

b) Die bekanntesten Lösungsversuche und ihre Kritik

142 Jeder Versuch, das Universalienproblem zu lösen, muß sich mit den verschiedenen im Laufe der Geschichte der Philosophie zu dieser Frage geäußerten Meinungen auseinandersetzen. Das setzt freilich eine Darstellung der Meinungen voraus, die – vor allem, wenn sie kurz sein soll – keine leichte Aufgabe ist. Man ist gezwungen zu schematisieren, mit der Folge, den Autoren nicht ganz gerecht zu werden. Diese Gefahr ist hier um so größer, als man in der Universaliendiskussion von alters her mit ziemlich groben Vereinfachungen gearbeitet hat, die dann unter den Namen von *Nominalismus* und *Platonismus* als die typischen Gegenpositionen in die Philosophiegeschichte eingegangen sind und als solche noch die heutige Diskussion beeinflussen. Deshalb wollen wir mit ihnen beginnen.

143 (1) Nach dem *extremen Nominalismus* gibt es nur allgemeine Wörter, aber darüber hinaus gar nichts Allgemeines. Das Allgemeine ist bloß ein Name (nomen = Name, Bezeichnung; daher »Nominalismus«), der, wie Roscellin von Compiègne (um 1050–1125) gesagt haben soll, nur »flatus vocis«, ein Worthauch ist; dem gemeinsamen Namen verschiedener Dinge entspricht aber nichts Einheitliches im Bewußtsein und a fortiori nichts Einheitliches in der Wirklichkeit. Dieser Nominalismus leugnet also auch die Allgemeinbegriffe. Das, was man als Allgemeinbegriff betrachtet, sei nur eine aus verschiedenen Einzelvorstellungen entstehende Allgemeinvorstellung, die die charakteristischen Züge der ähnlichen Gegenstände in einer undeutlichen Weise zusammenhält. Der extreme Nominalismus ist immer auch »Sensismus«, meint also, es gäbe im Erkennen des Menschen nichts, was aus der Kombination sinnlicher Eindrücke nicht restlos erklärbar sei.

144 Gegen diese Meinung sprechen folgende Gründe:
a) Da der extreme Nominalismus das Vorhandensein wirklich all-

gemeiner Erkenntnisinhalte leugnet, kann er die offensichtliche Tatsache, daß die Welt für unser Bewußtsein nicht als ein chaotisches Durcheinander von immer nur verschiedenen Eindrücken und Empfindungen, sondern als eine strukturierte Einheit erscheint, nicht hinreichend erklären. Wenn ferner nicht einmal demselben Wort ein identischer Erkenntnisinhalt (Begriff) entspricht, so bleibt es unerklärlich, wieso sich die Menschen überhaupt verständigen können.

b) Für den extremen Nominalismus sind die Inhalte unseres Bewußtseins nur anschauliche Vorstellungen. Das ist jedoch ein Irrtum, und zwar *einmal* deshalb, weil der Gedanke und auch der Begriff mit der Vorstellung nicht gleichgesetzt werden dürfen, obwohl die Begriffsbildung und das Denken stets von bildhaften Vorstellungen begleitet werden. Wir wissen z. B., was »das« Dreieck ist und wenn wir an »das« Dreieck denken, so taucht in unserem Bewußtsein meistens das Vorstellungsbild »eines« Dreiecks auf. Dies ist jedoch nicht unbedingt notwendig (oft genügt nämlich die Vorstellung des Wortes »Dreieck«). Außerdem und das ist noch wichtiger: das vorgestellte Dreieck ist immer ein bestimmtes Dreieck (gleichschenklig, gleich- oder ungleichseitig, recht-, spitz- oder stumpfwinklig), aber nie »das« Dreieck, da dies überhaupt nicht vorstellbar ist. *Zum anderen* verfügen wir offensichtlich über allgemeine, auf verschiedene Fälle im gleichen Sinn anwendbare Erkenntnisinhalte, die nicht anschaulich sind. Jeder versteht, was gemeint ist, wenn man sagt: das und das ist notwendig oder wahrscheinlich, und auch, wenn man von Wahrheit redet oder davon, daß gewisse Eindrücke bloß subjektiv sind. Nicht anschaulich sind ferner die negativen Begriffe wie gewichtslos, unendlich usw.

c) Es ist weiter darauf hinzuweisen, daß dieser Nominalismus einen transzendentalen Widerspruch begeht. Einerseits bestreitet er, daß wir jemals allgemeine und notwendige Erkenntnisinhalte hätten, andererseits behauptet er, indem er sich auf die Erklärung der allgemeinen Prädikate überhaupt einläßt, die Wahrheit und damit die Allgemeingültigkeit und Notwendigkeit seiner Theorie.

(2) Nach dem sogenannten *Realismus,* den man auch *Ultrarealismus* nennt, besteht das Universale (also das, was man mit Hilfe der auf mehreres anwendbaren Wörter ausdrückt und was im Bewußtsein als Allgemeinbegriff gegenwärtig ist) in der Wirklichkeit selbst, und zwar – zumindest nach der üblichen Darstellung dieser Auffassung – abgetrennt von den Einzeldingen oder, anders gesagt, »außerhalb« der Einzeldinge als solcher. Da diese Theorie in der Geschichte der Philosophie unlösbar mit dem Namen Platons verbunden ist, wird sie auch als *Platonismus* bezeichnet. Die Fachge-

lehrten sind sich aber bis heute nicht einig, was Platon eigentlich sagen wollte. Er lehrte jedenfalls, daß alle »Dinge« ein ihre Washeit bestimmendes »Wesen« haben, das grundsätzlich dasselbe bleibt, auch wenn die Erscheinungsform des Dinges sich ändert. Der Mensch z. B. bleibt angefangen von seiner Kindheit bis zum Tode Mensch, ungeachtet der vielfältigen und ständigen Veränderungen, die er durchmacht. Deshalb sei das, was den Menschen zum Menschen macht, als etwas Unwandelbares von der sich ständig verändernden »Erscheinung« zu unterscheiden. Wenn man ferner berücksichtigt, daß jene ständig gleichbleibende Wirklichkeit, die den Menschen zum Menschen macht, nicht nur in Hans und Ludwig, sondern auch in Heidi und Karin vorhanden ist, so kann man verstehen, warum Platon in diesem Zusammenhang von »Ideen« (von Urbildern) der Wirklichkeit gesprochen hat, denen gegenüber die an den Ideen nur »teilhabende« vielfältige materielle Wirklichkeit nur eine vergängliche »Erscheinung« ist. Diese platonische Lehre, nach der die ewigen Ideen, die das allgemeine Wesen der Dinge ausdrücken, mit den Erscheinungen, in denen sie verwirklicht werden, nicht ohne weiteres gleichzusetzen sind, hat schon sein Schüler Aristoteles so gedeutet, als würden die Ideen außerhalb der Dinge, von ihnen abgetrennt, existieren (vgl. Met I 6, 987b 4–10). Dem Einfluß von Aristoteles ist es zuzuschreiben, daß Platon im allgemeinen später in dieser Weise interpretiert wurde, auch wenn er selbst niemals eine abgetrennte Existenz der Ideen behauptet hat.

146 Gegen den so verstandenen Realismus können tatsächlich alle Einwände, die bereits Aristoteles vorgebracht hat, geltend gemacht werden. Die These, nach der den Ideen (den Universalien) eine von den Dingen abgetrennte selbständige Existenz zukommt, beraubt die Einzeldinge ihrer Wirklichkeit, da sie ihr »Wesen« in eine von ihnen verschiedene Sphäre versetzt. Ferner bleibt die (als etwas in sich Stehendes gedachte) abgetrennte Existenz des Allgemeinen ganz unverständlich, und sie wird vollends widersprüchlich, insofern man annehmen muß, daß auch die den negativen Eigenschaften entsprechenden Wesenheiten »existieren«. Schließlich leistet die Theorie nicht einmal das, was sie leisten sollte, nämlich die Gemeinsamkeit der verschiedenen an einer Idee teilhabenden Dinge zu erklären. Soll nämlich diese Gemeinsamkeit durch die von den Dingen verschiedene Idee erklärt werden, dann muß die Gemeinsamkeit von Ding und Idee wieder durch etwas anderes erklärt werden, und daraus ergibt sich ein unendlicher Regreß. Das ist das sogenannte Tritos-Anthropos-Argument gegen den Platonismus (vgl. Aristoteles: Met I 9, 990b 17).

147 (3) Der *Konzeptualismus* (conceptus = Begriff) lehnt wie der ex-

treme Nominalismus den Realismus ab, unterscheidet sich jedoch vom extremen Nominalismus, indem er anerkennt, daß wir Menschen über allgemeine Begriffe, d. h. über einheitliche und deshalb nicht anschauliche Erkenntnis- oder Denkinhalte verfügen, die von jeweils verschiedenen, außerhalb unseres Bewußtseins liegenden »Dingen« im selben Sinn (»per identitatem«) ausgesagt werden können. So haben wir z. B. den Begriff »Lebewesen«, der als abstrakter Begriff im selben Sinn sowohl vom Pfifferling, vom Regenwurm und vom Känguruh ausgesagt wird. Dem einen Wort entspricht also laut Konzeptualismus in unserem Denken ein einheitlicher Begriff, doch diesem einen Begriff entspricht in der Wirklichkeit keine Einheit; der gedachten Einheit entspricht vielmehr eine reale Vielheit. – Noch eine Bemerkung zur Terminologie: Viele Theorien, die man als Nominalismus bezeichnet (wie der Nominalismus Ockhams oder Wittgensteins) sind eigentlich Konzeptualismus. Deshalb haben wir auch oben vom *extremen* Nominalismus gesprochen. – Um den Konzeptualismus angemessen kritisieren zu können, müssen wir auf einige Theorien genauer eingehen.

a) Einer der schärfsten Kritiker des Realismus in der Geschichte 148 der Philosophie war *Wilhelm von Ockham* (um 1285–1349). Für ihn ist nur das jeweils Individuelle (als in sich stehendes Ding oder als Eigenschaft gedacht) eine Wirklichkeit. Das Allgemeine verdanke seine Existenz nur dem Verstand; eine dem allgemeinen Begriff entsprechende allgemeine Wirklichkeit »außerhalb der Seele« könne es nicht geben. Zu dieser Meinung kommt er durch folgende Überlegung: »Das Ding, das ein einzelnes ist, ist nicht von einem anderen aussagbar, das jedoch, was allgemein ist, ist von mehreren aussagbar. Also können sie nicht dasselbe sein« (1 Sent d.2 q.7 G). Da aber das Einzelne und das Allgemeine nicht identifiziert werden können, müssen sie etwas jeweils anderes sein. Nun ist aber ein von den individuellen Dingen verschiedenes reales Universale etwas ganz Absurdes. Auf diesen Punkt konzentriert sich Ockham immer wieder und weist die Unmöglichkeit eines von den Individuen verschiedenen realen Allgemeinen scharfsinnig nach. Deshalb bleibt für ihn nur übrig, das Universale als Produkt des Denkens aufzufassen.

Zugleich bemüht er sich aber zu zeigen, daß der allgemeine Begriff nicht ein willkürliches Produkt der Denktätigkeit ist. Deshalb betont er, der Begriff sei ein unter dem Einfluß der Dinge im Verstand entstandenes natürliches Zeichen eben dieser Dinge und unterscheide sich dadurch von den Wörtern, die bloß vom Menschen gebildete Zeichen seien. Als natürliches Zeichen der Dinge könne nun der Begriff in einer Aussage für die jeweils individuellen Dinge stehen, und dieses Faktum sei der Grund, warum ein Begriff ein oder mehrere Einzeldinge bezeichnen könne. Dieser Hinweis mag für den Logiker genügen, der ontologische Grund der Bedeutung des Begriffs ist damit jedoch nicht geklärt. Denn es stellt sich die Frage: Wie kann ein Begriff, der unter der Einwirkung des jeweiligen Einzelgegenstandes auf den Verstand entsteht, etwas Allgemeines ausdrücken, und zwar jenes Allgemeine, welches der Grund dafür ist, daß er genau für die unter ihn fallenden Einzelgegenstände zu stehen vermag? Die Antwort Ockhams lautet: Der anläßlich der Erfahrung entstehende Begriff ist auf alle Gegenstände anwendbar, die einander ähnlich sind. Hinsichtlich dieser Ähnlichkeit, die für Ockham der letzte angebbare Grund dafür ist, daß ein Begriff für Verschiedenes stehen kann, unterstreicht er nun, daß er damit nicht eine von den Einzeldingen verschiedene allgemeine Natur meint, in der die verschiedenen Einzeldinge miteinander übereinkommen; denn die Einzeldinge seien durch das, was *jedem individuell eigen ist,* einander ähnlich (»seipsis ... conveniunt«, ibid. q.6 NN, OO), nicht aber durch etwas Allgemeines (vgl. Moody 1967, 310).

149 Hier kann nun unsere Kritik einsetzen, denn hier zeigt sich die Schwäche der Ockhamschen Position. Da Ockham das reale Universale nur als einen von den individuellen Seienden verschiedenen Gegenstand zu denken vermag, merkt er nicht einmal, daß er, wenn er von etwas, was *jedem* eigen ist, redet, bereits eine auf nicht gegenständliche Weise in der Wirklichkeit bestehende Einheit angenommen hat. Dieses im Vollzug seiner Aussage gesetzten Widerspruchs ist sich Ockham freilich nicht bewußt. Da er das Universale »außerhalb der Seele« nur als etwas vom Einzelnen Verschiedenes denken kann, kommt er gar nicht auf die Idee, mit einer nicht gegenständlichen Einheit der jeweils Einzelnen zu rechnen.

150 Zu bemerken ist noch folgendes: Bei Ockham wirkt der Realismus der aristotelischen Philosophie immer noch nach, was sich darin zeigt, daß für ihn der Begriff ein »signum naturale« der Wirklichkeit ist. Nur weil er den Zusammenhang von Zeichen und Wirklichkeit als etwas Selbstverständliches ansieht, kann er unbefangen über eine von Natur her gegebene Beziehung zwischen begrifflichen Zeichen und Sachen reden. Daß hier ein Problem liegt, bleibt allerdings auch ihm nicht verborgen. Trotzdem nimmt er es als eine weiter nicht hinterfragbare Gegebenheit an, daß wir über allgemeine Begriffe verfügen, die für die miteinander ähnlichen Einzeldinge stehen können. Er begnügt sich mit der Bemerkung: »natura occulte operatur in universalibus«, »die Natur wirkt auf eine verborgene Weise in den Universalien« (ibid. q.7 CC ad 7). Diese Position ist

nun insofern verständlich, als sich für Ockham das erkenntniskritische Problem noch nicht in seiner ganzen Breite gestellt hat.

(b) Als der wichtigste moderne Gegner jeder Art des Universalien- 151
realismus gilt *L. Wittgenstein.* G. Pitcher berichtet, Wittgenstein habe nach Unterschied und Vielfalt gesucht im Gegensatz zu den meisten Philosophen, denen es traditionell um Gleichheit und Einheit ging, und »er habe sich überlegt, als Motto für die *Untersuchungen* eine Zeile aus *König Lear* zu benutzen – ›Ich will Euch Unterschiede lehren‹« (Pitcher 1967, 253).

Die These Wittgensteins zur Mannigfaltigkeit der »Sprachspiele« lautet: »Statt etwas anzugeben, was allem, was wir Sprache nennen, gemeinsam ist, sage ich, es ist diesen Erscheinungen garnicht Eines gemeinsam, weswegen wir für alle das gleiche Wort verwenden, – sondern sie sind miteinander in vielen verschiedenen Weisen *verwandt*« (Philosophische Untersuchungen 65). Diesen Gedanken erläutert er, anschließend an den zitierten Text, am Beispiel der einzelnen Spiele.

66. Betrachte z. B. einmal die Vorgänge, die wir »Spiele« nennen. Ich meine Brettspiele, Kartenspiele, Ballspiele, Kampfspiele usw. Was ist allen diesen gemeinsam? – Sag nicht: »Es *muß* ihnen etwas gemeinsam sein, sonst hießen sie nicht ›Spiele‹« – sondern *schau*, ob ihnen allen etwas gemeinsam ist. – Denn wenn du sie anschaust, wirst du zwar nicht etwas sehen, was *allen* gemeinsam wäre, aber du wirst Ähnlichkeiten, Verwandtschaften, sehen, und zwar eine ganze Reihe. Wie gesagt: denk nicht, sondern schau! – Schau z. B. die Brettspiele an, mit ihren mannigfachen Verwandtschaften. Nun geh zu den Kartenspielen über: hier findest du viele Entsprechungen mit jener ersten Klasse, aber viele gemeinsame Züge verschwinden . . .
Und das Ergebnis dieser Betrachtung lautet nun: Wir sehen ein kompliziertes Netz von Ähnlichkeiten, die einander übergreifen und kreuzen . . .
67. Ich kann diese Ähnlichkeiten nicht besser charakterisieren als durch das Wort »Familienähnlichkeiten«; denn so übergreifen und kreuzen sich die verschiedenen Ähnlichkeiten, die zwischen den Gliedern einer Familie bestehen: Wuchs, Gesichtszüge, Augenfarbe, Gang, Temperament, etc. etc.
. . .
Wenn aber Einer sagen wollte: »Also ist allen diesen Gebilden etwas gemeinsam, – nämlich die Disjunktion aller dieser Gemeinsamkeiten« – so würde ich antworten: hier spielst du nur mit einem Wort. Ebenso könnte man sagen: es läuft ein Etwas durch den ganzen Faden, – nämlich das lükkenlose Übergreifen dieser Fasern.

Dieser Text wurde deshalb so ausführlich zitiert, weil er nicht nur 152
die ausdrücklich geäußerte Meinung Wittgensteins wiedergibt, sondern auch seine stillschweigend gemachten Voraussetzungen verrät. Wittgenstein behauptet, es gäbe in jenen Gegenständen (Dingen, Handlungen, Eigenschaften), die man mit einem gemein-

samen Ausdruck bezeichnet, nichts ihnen allen Gemeinsames. Damit soll aber nicht gesagt sein, daß man ohne Grund denselben Ausdruck für die verschiedenen Dinge gebraucht, denn es bestehe ja zwischen ihnen eine Ähnlichkeit, die allerdings, da sie selbst verschiedenartig ist und sich nicht im selben Sinn überall durchhält, nicht als etwas allen ähnlichen Dingen Eines und Gemeinsames aufgefaßt werden könne, was dann der Grund dafür ist, daß Wittgenstein für sie die besondere Bezeichnung »Familienähnlichkeit« prägt.

153 Obwohl im Text nicht ausdrücklich gesagt, ist aus ihm doch ersichtlich, warum Wittgenstein eine Gemeinsamkeit oder Einheit der mit einem Wort bezeichneten Dinge nicht annehmen kann. Er stellt nämlich fest, daß es unter ihnen keine *eindeutig festlegbare, sich in genau demselben Sinn durchhaltende Gemeinsamkeit oder Einheit* gibt. Er lehnt also (wie übrigens alle Antirealisten) das Allgemeine in der Wirklichkeit deshalb ab, weil er einen Begriff von Einheit bzw. Gemeinsamkeit hat, der sich an der wahrnehmbaren Einheit der materiellen Gegenstände orientiert. Diese Betrachtungsweise wird auch in dem von ihm gewählten Beispiel des Fadens offenkundig: Der Faden ist für ihn keine Einheit, da nichts lückenlos im Faden durchläuft, es sei denn, man würde als Grund der Einheit ein »lückenloses Übergreifen der Fasern« annehmen, was er aber ablehnt. Der vorstellungsmäßige Begriff der Einheit und Gemeinsamkeit verbaut also Wittgenstein den Zugang zu der bei ihm ansatzweise aufleuchtenden richtigen Einsicht. Denn mit der Darstellung der »Familienähnlichkeit« kommt er in die Nähe einer Einheitsauffassung, nach der die bleibende Verschiedenheit der Dinge ihre Einheit untereinander nicht auszuschließen braucht. Er erahnt also, daß es eine solche Einheit geben muß, vermag sie aber nicht darzustellen, weil er Einheit nur als homogene Einheit zu denken vermag.

154 Abschließend muß noch eine Bemerkung zur Frage der Ähnlichkeit gemacht werden: Gibt man als Grund dafür, daß derselbe Ausdruck für verschiedene Dinge stehen kann, die Ähnlichkeit dieser Dinge an, so kann es sich nicht um eine Bestimmung handeln, die die Dinge nicht selbst (also innerlich) betreffen würde. Eine Ähnlichkeit aber, die die Dinge selbst betrifft, bedeutet eine wirkliche Übereinstimmung der verschiedenen Dinge. Anders gesagt: Will man Ähnlichkeit *denken*, und nicht bloß bei einer undurchdachten Vorstellung der Ähnlichkeit verbleiben, dann muß man als Grund der Ähnlichkeit eine wirkliche Übereinstimmung der Dinge untereinander annehmen.

155 (c) Wenn wir vom Konzeptualismus reden, können wir *Kant* nicht

unerwähnt lassen. Denn seine Erkenntnislehre basiert auf der Einsicht, daß das Notwendige und Allgemeine in unserer Erkenntnis nicht aus der (Erfahrung der) Wirklichkeit entnommen werden könne, sondern eine Leistung des menschlichen Erkenntnisvermögens sei, das den schon räumlich und zeitlich geordneten Inhalt der sinnlichen Anschauung durch die dem Verstand a priori zur Verfügung stehenden Kategorien auf die Einheit des Begriffs bringt. Das ist aber Konzeptualismus in Reinkultur. Denn das Wesen des Konzeptualismus besteht in der These, der im Denken vorhandenen begrifflichen Einheit entspreche in der Wirklichkeit gar keine Einheit (oder behutsamer ausgedrückt: man könne über eine Einheit in der Wirklichkeit nichts sagen). Wenn dem aber so ist, dann sind Denken und Sein unüberwindbar voneinander getrennt, d. h. die eigentliche Wirklichkeit ist für uns unerkennbar, was Kant bekanntlich auch ausdrücklich behauptet. Das können wir aber nach allem, was wir dazu oben (z. B. Nr. 78 ff.) gesagt haben, nicht akzeptieren.

(4) Der von mittelalterlichen Aristotelikern, so z. B. auch von Thomas von Aquin vertretene *gemäßigte Realismus* will den Fehler, den Aristoteles Platon vorwirft, dieser hätte die nur im Denken auffindbare Allgemeinheit der Begriffe in die Wirklichkeit projizierend verselbständigt, vermeiden. Deshalb unterscheidet Thomas zwischen dem *Inhalt* des Allgemeinbegriffs und der *Weise, wie* dieser Inhalt jeweils verwirklicht ist, und betont, daß *das, was* der Begriff ausdrückt, sowohl in jedem der mit einem Begriff dargestellten »Dinge« als auch in dem durch das Denken im Bewußtsein entstehenden Begriff anwesend ist. Dabei ist aber die *Weise, wie* der identische Begriffsinhalt in den Gegenständen bzw. im Bewußtsein gegeben ist, jeweils verschieden (vgl. In Met I lect. 10, n.158). In den Einzelgegenständen ist der Inhalt des Begriffs vereinzelt, d. h. als individuell existierende Wirklichkeit anwesend; im Bereich der Gegenstände gibt es also keine wirkliche Einheit, hier können wir nicht von Allgemeinheit reden. Die Allgemeinheit, d. h. die Einheit der gemeinsamen Eigenschaften, besteht nur im Bewußtsein. Der gemäßigte Realismus will sich jedoch nicht nur vom Ultrarealismus, sondern auch vom Konzeptualismus abgrenzen. Deshalb betont er, daß das Bewußtsein nicht willkürlich verfährt, wenn es das Gemeinsame der verschiedenen Einzelgegenstände in einem Allgemeinbegriff zusammenfaßt, denn die Wirklichkeit selbst bietet uns Anhaltspunkte, die es gestatten, individuell Verschiedenes in einem Begriff zusammenzufassen und es mit demselben Wort zu bezeichnen (vgl. Thomas von Aquin: De ente et essentia cap. 3, 1979, 32–41).

Der gemäßigte Realismus möchte eine Vermittlungsposition zwischen dem Ultrarealismus und dem Konzeptualismus einnehmen. Dieser Versuch kann jedoch nicht als gelungen betrachtet werden. Vom Ultrarealismus grenzt er sich durch die Behauptung ab, außerhalb des Bewußtseins gäbe es keine Allgemeinheit. Zugleich macht er im Gegensatz zum Konzeptualismus geltend, in der Wirklichkeit seien gewisse Anhaltspunkte vorhanden, die uns veranlassen, das Verschiedene in manchen Fällen als eine Einheit zu denken. Dies kann jedoch nur so lange befriedigen, als man sich nicht weiter erkundigt, was man unter diesen in der Wirklichkeit vorhandenen Anhaltspunkten, die uns angeblich ermächtigen, das an sich Verschiedene im Denken als Einheit darzustellen, verstehen soll. Wenn man dieser Frage nachgeht, dann erweist sich der Standpunkt des gemäßigten Realismus als ein nur verbaler Kompromiß, der das wesentliche Problem in der Schwebe läßt, der also der Frage: »Gibt es in der Wirklichkeit eine Einheit der Verschiedenen oder gibt es sie nicht?« ausweichen möchte. Wenn nämlich der Hinweis auf die in der Wirklichkeit gegebenen Anhaltspunkte für das Denken des Allgemeinen bedeuten sollte, daß Verschiedenes vorgängig zur Denktätigkeit irgendwie tatsächlich eine Einheit bildet, so müßte das klar ausgesprochen werden. Ist das aber nicht der Fall, gibt es also in der Wirklichkeit keine Einheit der Verschiedenen, so hat der Hinweis auf die Anhaltspunkte keine Bedeutung, denn dann ist die Einheit des Begriffs doch nur eine Konstruktion des Denkens, dann unterscheidet sich der gemäßigte Realismus nur dem Namen nach vom Konzeptualismus. Wenn es aber zutrifft, daß der Begriff eine nicht bestehende Allgemeinheit darstellt, dann können wir der Feststellung nicht ausweichen: Unsere Begriffe entsprechen nicht der Wirklichkeit, sie verfälschen sie sogar. Hier hilft dann auch die Unterscheidung zwischen dem Inhalt und der Darstellungsweise dieses Inhalts nichts, weil zwischen Inhalt und der Weise, wie dieser Inhalt dargestellt wird, eine gegenseitige Abhängigkeit besteht. Die jeweils verschiedene Weise der Verwirklichung desselben Inhalts betrifft den Inhalt selbst; nur wenn man den Inhalt abstrakt betrachtet, kann von einer unterschiedslosen Identität die Rede sein.

Literatur:

Vignaux 1931; 1948.   Baudry 1958, 258–262; 278–284.

c) Die die Verschiedenheit nicht ausschließende Einheit

157 Alle bisher behandelten Lösungsversuche machten eine gemeinsa-

me, niemals näher untersuchte Voraussetzung: Sie gingen davon aus, daß Individualität und Allgemeinheit (Verschiedenheit und Einheit) sich in jedem Fall ausschließen, daß also Verschiedenes niemals identisch und Identisches niemals verschieden sein könne. Wenn man das voraussetzt und zugleich die Verschiedenheit der mit demselben Begriff ausgedrückten Gegenstände ernst nimmt, so gibt es tatsächlich nur zwei konsequente Standpunkte: Man muß entweder mit dem Konzeptualismus jede Einheit in der Wirklichkeit leugnen oder man muß sie, will man dennoch eine Einheit anerkennen, gemäß dem von Aristoteles interpretierten Platonismus außerhalb der aus Einzelgegenständen bestehenden Wirklichkeit suchen.

Aus dieser Sackgasse gibt es nur einen Ausweg: Wir müssen die er- 158 wähnte stillschweigende Voraussetzung fallenlassen. Dabei können wir uns der Führung des originären Platon anvertrauen, der, eben weil er diese Voraussetzung nicht gemacht hat, oft nicht verstanden wurde. Das Unverständnis Platon gegenüber ist freilich auch davon mitbedingt, daß in seinen Schriften Ausdrücke und Beispiele vorkommen, die den Eindruck erwecken können, er sei Ultrarealist. Das aber ist nicht überraschend. Platon mußte Neuland für das Denken erschließen, er hatte also mit der Ausdrucksweise zu ringen, zumal es um jene Dimension der Wirklichkeit ging, die die Sprache nur mit Hilfe von Analogien und Metaphern darstellen kann. Es ist also nicht verwunderlich, wenn er manchmal mißverständlich ist. Dennoch muß man seine Ausdrücke und Beispiele, mit denen er seine Ideenlehre verdeutlicht, nur dann im Sinne einer »Zweiweltentheorie« (hier die sinnliche Welt, darüber die Welt der Ideen) interpretieren, wenn man davon ausgeht, daß das Reale eigentlich nur das Einzelding sei, mit der Konsequenz, daß man auch das Allgemeine als Realität nach diesem Modell denkt (genauer gesagt: sich vorstellt).

Nach diesen Vorüberlegungen stellen wir folgende These auf: Dem 159 einen (irgendwelchen positiven Inhalt ausdrückenden) Begriff (bzw. der Einheit eines solchen Begriffs) entspricht in der Wirklichkeit eine reale (allerdings nicht »dingliche«) Einheit der durch diesen Begriff bezeichneten (individuell verschiedenen) Gegenstände, die aber deren reale Verschiedenheit nicht beseitigt (und die von der realen Verschiedenheit auch nicht angetastet wird). – Die These begründen wir dadurch, daß wir auf die unausweichlich gemachten Voraussetzungen unserer wahren (also wirklichkeitsgemäßen) Aussagen aufmerksam machen.

Das Wort »Mensch« drückt ohne Zweifel denselben Begriffsinhalt 160 aus, der von jedem Menschen in demselben Sinn gilt, d. h., er kann von jedem Menschen wahrheitsgemäß ausgesagt werden. Nun stellt sich die Frage: Mit welchem Recht sagen wir *dasselbe* (nämlich »Mensch«) sowohl von Hans als auch von Thomas aus, obwohl sie offensichtlich voneinander verschieden sind? Wohl nur deshalb, weil sie ungeachtet ihrer jeweiligen Eigenständigkeit in dem, daß jeder von ihnen Mensch ist, übereinkommen.

Eine Aussage ist dann und nur dann wahr, wenn sie der Wirklichkeit entspricht. Wenn nun die durch die urteilende Tätigkeit des Verstandes gesetzte Einheit oder Identität von Hans und Thomas (von beiden sagen wir ja dasselbe aus: »Mensch«) *nur* eine Konstruktion, *nur* eine Setzung des Verstandes wäre, wenn ihr also in der Wirklichkeit keine Einheit oder Identität entspräche, dann müßte man (da diese Identifizierung oder Einheitssetzung ein wesentlicher Zug unserer Erkenntnis ist) folgern: unser Erkennen ist grundsätzlich falsch, denn es täuscht eine Einheit vor, die es nicht gibt. Wollen wir diesen Schluß nicht ziehen, dann müssen wir auch daran festhalten, daß als Grund der begrifflichen Einheit oder Allgemeinheit eine ihr vorgängige Einheit oder Allgemeinheit in der Wirklichkeit besteht.

161 Die Wahrheit unserer Urteile vorausgesetzt, ist also zu sagen: die verschiedenen Menschen kommen in ihrem Menschsein überein. Diese Feststellung darf allerdings nicht abstrakt verstanden werden. Das Menschsein von Hans und Thomas ist, so wie wir es hier verstehen, keine abstrakte Größe, sondern ist genau das, was ihre jeweils individuelle, konkrete Wirklichkeit ausmacht: es ist das Gesamte dessen, wodurch sie lebendige, empfindende, zu irgendeiner Gemeinschaft gehörende, individuelle Menschen sind. Daraus folgt, etwas zugespitzt ausgedrückt, daß die Menschen auch darin miteinander übereinstimmen, daß sie jeweils individuelle Menschen sind. Dies ist nun offensichtlich kein Ultrarealismus. Denn die Einheit, von der hier die Rede ist, besteht nicht irgendwo »außerhalb« der einzelnen konkreten Menschen, sondern ist eben die Einheit der verschiedenen Menschen untereinander. Außerdem betonen wir ausdrücklich, daß es zu dieser Einheit gehört, daß die Menschen auch in ihrem Individuell-Verschiedensein miteinander übereinkommen. Dadurch also, daß wir die Einheit der Menschen untereinander behaupten, leugnen wir nicht ihre Verschiedenheit voneinander. Aus der Behauptung der realen Einheit der Menschen würde nur dann die Leugnung ihrer realen Verschiedenheit folgen, wenn die zwischen ihnen aufgrund all dessen, was sie zu Menschen macht, bestehende Einheit als eine nach dem Modell des materiellen Einzeldinges vorgestellte (also »dingliche«) Einheit aufzufassen wäre.

Dem richtigen Verständnis der gemeinten Einheit oder Identität 162
dienen folgende Bemerkungen: Wenn hier von einer Einheit die
Rede ist, die sogar eine Identität sein soll, dann müssen wir uns da-
vor hüten, nur die anschauliche, also die sichtbare und ertastbare
Einheit der materiellen Gegenstände als Einheit zuzulassen. Im
Lichte einer auch nur flüchtigen Reflexion zeigt sich nämlich, daß
diese Einheit (z. B. die Einheit einer Tischplatte) das, was Einheit
eigentlich bedeutet, am wenigsten verwirklicht, denn sie ist nur die
ununterbrochene Kontinuität der sich nebeneinander befindlichen
Teile (die sich außerdem nur für unsere Sinneswahrnehmung als
lückenloses Kontinuum darstellen). Bei dieser Einheit ist kaum davon die Rede, daß die nebeneinander liegenden Teile sich gegenseitig durchdringen würden, miteinander identisch wären, obwohl
dies für eine Einheit, die ihren Namen verdient, unerläßlich ist.
Was Einheit eigentlich ist, ist für uns eine apriorische Gegebenheit,
die in uns durch den Kontakt mit der Wirklichkeit entsteht, die
aber, weil sie normalerweise nur miterfahren wird, entfaltet werden
muß. Dazu drei Hinweise: (1) Wir erleben unseren Körper als eine
Einheit: *Ich* habe Zahnschmerzen, und *mir* tun die Füße weh, obwohl Zähne und Füße verschiedene Teile meines Körpers sind.
Wichtig ist dabei, daß diese Einheit, die wir in unserem Bewußtsein
erleben, etwas ganz anderes ist als die Einheit einer Maschine, d. h.
einer Einheit, in der die Teile nur einen äußeren (z. B. mechani-
schen oder elektronischen) Kontakt miteinander haben. – (2) In unserem Bewußtsein erleben wir aber nicht nur die Einheit unseres
Körpers, sondern auch die überräumliche und überzeitliche Einheit
aller jener Gegenstände, die wir erkennen. Im Bewußtsein ist nämlich auch das Vergangene präsent, und die räumlich voneinander
getrennten »Dinge« sind als Erkannte in einer nichträumlichen
Weise (als von mir erkannte Gegenstände) anwesend. – (3) Hier
zeigt sich dann, daß die räumlich und zeitlich verschiedenen Gegenstände im Erkennen deshalb in eine Einheit kommen, weil im
Erkennen zwischen ihnen und dem erkennenden Bewußtsein eine
Identität entsteht. Ohne diese Identität des Erkannten mit dem Erkennenden gäbe es überhaupt keine Erkenntnis. Diese Einheit, die
Identität ist, ist die Möglichkeitsbedingung des Erkennens, sie ist
also real, sie ist eine wirkliche Einheit bzw. Identität, obwohl sie
keineswegs die physische Verschmelzung des Erkennenden und
des Erkannten bedeutet. Was Einheit eigentlich ist, muß von diesen
Erfahrungen her verstanden werden.
Wenn man also meint, die reale Einheit der individuell Verschiede- 163
nen (wie Hans und Thomas) wegen ihrer realen Verschiedenheit
leugnen zu müssen, so macht man jene nur modellhafte, aus der Er-

fahrung der materiellen Gegenstände genommene, anschauliche Einheit zum Maßstab der Einheit überhaupt und vergißt dabei, daß die Möglichkeitsbedingung auch der Erfassung der dinglichen Einheit die in unserem Bewußtsein hintergründig unmittelbar erfaßte Einheit des Erkennenden und Erkannten ist (letztlich also die Identität des Ich als Subjekt und Objekt im Selbstbewußtsein).

Aufgrund dieser Überlegungen können wir nun sagen: Die Menschen kommen miteinander in ihrem konkreten jeweiligen Menschsein überein und unterscheiden sich voneinander in ihrem konkreten Menschsein. *Das, was* ihr Menschsein ausmacht, ist nicht nur einander gleich, sondern auch identisch (wenn nämlich die Gleichen kein Identitätsmoment miteinander haben, dann sind sie ungleich!), auch wenn von dieser Identität gilt, daß sie unvollkommen ist (vgl. unten Nr. 217f.). Zugleich ist aber die *Weise, wie* dieses Menschsein verwirklicht ist, jeweils verschieden. Dabei ist zu beachten: Die beiden Aspekte, d.h. der Inhalt ihres Menschseins (»das, was« ihr Menschsein ausmacht) und die »Weise, wie« das Menschsein jeweils verwirklicht wird, können nur im abstrakten Erkennen eindeutig voneinander abgehoben werden, in der Wirklichkeit und auch in der die Modellhaftigkeit übersteigenden, metaphysischen Erkenntnis durchdringen sie sich gegenseitig.

164 Hiermit ist nur die grundsätzliche Lösungsrichtung des Universalienproblems angegeben. Denn es bleiben mehrere Fragen offen. Unsere oben (Nr. 159) formulierte These berücksichtigt nur die einen positiven Inhalt ausdrückenden Allgemeinbegriffe. Über die Frage, welche Realität jenen Allgemeinbegriffen zugeordnet werden kann, die einen Mangel an etwas ausdrücken, ist noch nichts gesagt worden. Ferner stellt sich noch die Frage, wie die verschiedenen Allgemeinbegriffe bzw. die ihnen entsprechenden Realitäten ineinandergreifen. Damit ist die Frage nach der ontologischen Bedeutung der allgemeinen Klassen überhaupt gestellt. Sie ist nur im Rahmen weiterer Überlegungen, insbesondere durch die Klärung des ontologischen Status dessen, was man in der philosophischen Tradition »Wesen« genannt hat, zu beantworten.

Literatur:

Ritter 1931, 115−190.
Ross 1966.

Flasch 1973, 39−47.
Martin 1973.

4. Die Analogie der Seienden

Die vorausgehenden Überlegungen ergaben, daß »Seiendes« alle Ka- 165
tegorien überschreitet, und daß es letztlich nicht möglich ist, die
Rücksicht, unter der alles, was verschieden ist, miteinander übereinkommt, von jener Rücksicht, unter der miteinander Übereinkom-
mendes sich unterscheidet, klar abzugrenzen. Der genaueren Erörte-
rung der hier aufbrechenden Fragen, die traditionell unter dem Stich-
wort »Analogie« behandelt wurden, wollen wir uns nun zuwenden.

a) Was versteht man unter Analogie?

Das Wort »Analogie« stammt aus dem Griechischen und bedeutet 166
ursprünglich Verhältnis, Ähnlichkeit. Das Wort wurde als Fach-
ausdruck für die Bezeichnung der mathematischen Verhältnisse
(Proportionen) verwendet und später auch für die Bezeichnung jener Verhältnisse, die nicht streng quantitativer Art sind. In der
Philosophie des Mittelalters bedeutete dann »analog« vor allem
eine gewisse Weise des Gebrauchs der Prädikate. Die Analogielehre
bezog sich hier in erster Linie auf semantische Probleme, und ihr
Ergebnis war zunächst eine Theorie der Bedeutungsübertragung.
Ihr Ausgangspunkt war die Beobachtung: In jeder Sprache gibt es 167
Ausdrücke und Wörter, die im übertragenen Sinn gebraucht werden. Eine solche Verwendung eines Wortes setzt freilich voraus,
daß das entsprechende Wort eine ursprüngliche, den anderen gegenüber primäre Bedeutung hat. So bedeutet z.B. das Wort »gesund« ursprünglich eine Eigenschaft eines Lebewesens und besagt,
daß seine Lebensfunktionen sich ungestört vollziehen. Wenn wir
von einem gesunden Kind oder von einem gesunden Fohlen reden,
dann gebrauchen wir das Wort in diesem ursprünglichen Sinn.
Doch kommt das Wort auch in anderen Zusammenhängen vor. So
reden wir von einer gesunden Lebensweise, von gesunder Gesichtsfarbe und davon, daß Haferflocken gesund sind. Zu dieser Aussage
werden wir dadurch veranlaßt, daß eine gewisse Lebensweise für
den ungestörten Ablauf der Lebensfunktionen günstig ist, daß ein
braungebranntes Gesicht auf die Gesundheit des Betreffenden hinweist und daß Haferflocken, da sie nahrhaft und bekömmlich sind,
die Gesundheit zu fördern vermögen.
Im Falle der analogen Verwendung eines Wortes ist also die Bedeutung dieses Wortes zwar jeweils verschieden, trotzdem besteht
zwischen den verschiedenen Verwendungen ein innerer Zusammenhang, eine innere Einheit, die sich daraus ergibt, daß die mit
demselben Wort (»gesund«) bezeichneten »Gegenstände« (Lebens-

weise, Gesichtsfarbe, Haferflocken) in einem mehr oder weniger engen Verhältnis zu jener Wirklichkeit stehen (das richtige Funktionieren des Organismus), auf die sich das Wort ursprünglich bezieht.

168 Von der analogen Verwendung eines Wortes, in der man es in den verschiedenen Fällen in einem miteinander zusammenhängenden, dennoch jeweils verschiedenen Sinn gebraucht, muß die sogenannte »Univokation«, die eindeutige Verwendung des Wortes, unterschieden werden. Die liegt dann vor, wenn ein Wort in verschiedenen Fällen in vollkommen demselben Sinn gebraucht wird. Im Falle des »univoken« oder eindeutigen Wortgebrauchs richtet man seine Aufmerksamkeit auf den identischen Inhalt des durch das Wort bezeichneten Begriffs, und man sieht davon ab, daß der identische Begriffsinhalt in jedem konkreten Einzelfall in einer etwas anderen Weise verwirklicht wird. Wenn man z. B. das Wort »Leben« (das von jedem Lebewesen ausgesagt werden kann) so gebraucht, daß man nur darauf achtet, was in allen Lebewesen gemeinsam vorhanden ist, so hat man »Leben« eindeutig (im genau selben Sinn, »univok«) verwendet. Der eindeutigen Verwendung eines Wortes entspricht der abstrakte, durch Definition festgelegte Begriff.

169 Den analogen Wortgebrauch pflegt man aber nicht nur von der »Univokation«, sondern auch von der »Äquivokation« abzugrenzen. Die Äquivokation, die man am besten als Lautgleichheit übersetzen kann und die nur in gewissen Fällen vorkommt bzw. stets Sache des Zufalls ist, besteht dann, wenn ein und dasselbe Wort (genauer gesagt, dasselbe Lautgebilde) ganz verschiedene, miteinander nichts zu tun habende Gegenstände bezeichnet. So kann z. B. das Wort »Lama« sowohl das südamerikanische Lasttier als auch den tibetanischen Mönch bezeichnen. Demselben Lautgebilde bzw. der äquivoken Verwendung desselben Wortes entsprechen jeweils ganz verschiedene Erkenntnisinhalte oder Begriffe.

170 Bereits die mittelalterlichen Philosophen, die sich mit der analogen Verwendung der Wörter und mit der Frage der Univokation beschäftigten, wußten freilich, daß hinter den semantischen Fragen erkenntnistheoretische und ontologische Probleme verborgen sind. Die wirkliche Tragweite der hier aufbrechenden Fragen haben sie allerdings, wohl wegen der stark konzeptualistisch-essentialistischen Einstellung der scholastischen Philosophie, nicht erkannt. Deshalb wurde das Problem der Analogie fast nur in jenem Kontext erörtert, in dem es offensichtlich ist, daß die Enge unserer aus der innerweltlichen Erfahrung herstammenden Begriffe aufgebrochen werden muß, nämlich im Zusammenhang mit der Möglichkeit der vernünftigen Rede über Gott. Darüber hinaus wurde die Analogielehre höchstens noch dort angewandt, wo es um die verschie-

dene Verwirklichung des Seins in Substanz und Akzidens geht. Daß man im Grunde alle Prädikate analog verwendet, hat man aber nicht erkannt. Die hier folgenden Überlegungen sind deshalb mit keiner der traditionellen Analogieauffassungen identisch, sondern versuchen, einige bei Thomas von Aquin vorhandene Grundeinsichten weiterzuentwickeln.

Wir meinen nämlich, daß der analoge Gebrauch der Wörter sich nicht auf jene Fälle beschränkt, in denen ein Wort klar erkenntlich in einem übertragenen Sinn gebraucht wird, sondern eine allgemeine Eigenschaft der menschlichen Sprache ist. Dies soll nun gezeigt werden, und die sich daraus ergebenden Konsequenzen sind zu erläutern.

Der Univokation, dem in verschiedenen Fällen im genau selben 171 Sinn vorgenommenen Gebrauch eines Wortes, entspricht – wie wir sahen – der Allgemeinbegriff. Wenn wir von den individuellen Unterschieden, die zwischen Hans und Thomas bestehen, absehen, dann, aber nur dann, sagen wir von ihnen das Prädikat »Mensch« ganz genau in demselben Sinn (also »univok«) aus. Der abstrakte Begriff drückt das, worin die verschiedenen Gegenstände jeweils übereinkommen, klar, scharf, eindeutig aus; der Preis dieser Eindeutigkeit ist aber die Modellhaftigkeit des Begriffs, d. h. der unvermeidliche Abstand von der konkreten Wirklichkeit. Der abstrakte Allgemeinbegriff entspricht nur dort der Wirklichkeit ganz, wo es um eine von uns (von unserem Denken) konstruierte Wirklichkeit geht, z. B. um einen mathematischen Punkt, um eine Linie usw. Genau diese Einsicht, daß zwischen begrifflicher Erkenntnis und Wirklichkeit ein Gegensatz besteht, ließ die erkenntniskritische Frage aufkommen.

Trotzdem weiß der erkennende Mensch, daß die durch einen Be- 172 griff zusammengefaßten Gegenstände (z. B. Hans und Thomas) wirklich verschieden sind, obwohl der von ihnen gebildete Begriff (»Mensch«) seinem klar und deutlich angebbaren Inhalt nach betrachtet nur das enthält, worin sie übereinstimmen, nicht aber das, worin sie sich unterscheiden. Ihre Nichtidentität besteht aber nicht nur darin, daß sie eine bloß zweimal vorkommende »Ausgabe« derselben »Idee« wären (wie zwei von demselben Fließband abrollende Kraftfahrzeuge prinzipiell haargenau denselben Plan verwirklichen, nur eben nacheinander und von anderem »Stoff« Gebrauch machend), sondern darin, daß sie ungeachtet ihrer Übereinstimmung miteinander sich zugleich durch die weitgehend jeweils andersartige Weise, wie sie die ihnen zukommenden Eigenschaften verwirklichen, voneinander unterscheiden. Diesen alles durchdringenden Unterschied drückt der Begriff als solcher nicht aus, dennoch wissen wir um ihn in unserem konkreten Erkenntnisvollzug, d. h., wir sind uns der Unterschiede bewußt, auch wenn sie nicht ausdrücklich thematisiert werden. Der Mensch erfaßt also, insofern er seine Begriffe (genauer: die Wörter) innerhalb von Sätzen gebraucht und damit die abstrakte, nur begriffliche Erkenntnis immer schon überschreitet, nicht nur die Einheit (die Übereinstimmung, die Identität) der Dinge, sondern zugleich auch ihre sie innerlich differenzierende Verschiedenheit. Er weiß mit anderen Worten um die Analogie der Seienden.

173 Wir gebrauchen also im Grunde jede Bezeichnung (insofern sie sich auf etwas nicht von uns Konstruiertes bezieht) analog, d. h., das Wissen um die seinsmäßige Analogie der Dinge, die gleichzeitige Erfassung ihrer Einheit und Verschiedenheit ist die ursprüngliche Erkenntnis, der gegenüber das abstrakte, begriffliche Erkennen nur sekundär ist. Denn in der alltäglichen Rede ist die Bedeutung desselben Wortes, das man auf verschiedene zu seinem Bedeutungsfeld gehörende Dinge anwendet, entsprechend der Verschiedenheit der gemeinten konkreten Dinge jeweils verschieden, was aber nicht heißt, daß die durch dasselbe Wort zum Ausdruck kommende Einheit der verschiedenen Dinge außer Geltung gesetzt würde. Die analoge (nach dem jeweiligen Kontext jeweils einigermaßen verschiedene) Verwendung desselben Prädikates wird nur in der wissenschaftlichen, die Bedeutungen möglichst eindeutig normierenden Sprache in den Hintergrund gedrängt. Die volle Eindeutigkeit ist aber selbst in der Sprache der Wissenschaft nur begrenzt vorhanden.

174 Der für die Sprache charakteristische *analoge Wortgebrauch* entspricht der analogen, besser gesagt, der *überbegrifflichen Erkenntnis*, und diese entspricht der *in der Wirklichkeit waltenden Analogie*, die dadurch gegeben ist, daß dasjenige, in dem die Dinge übereinkommen, und dasjenige, in dem sie sich unterscheiden, sich gegenseitig durchdringen. Damit sind wir bei der Analogie als einer fundamentalen Bestimmung des Wirklichen angelangt.

b) Die Analogie als eine grundlegende Eigenschaft der Seienden

175 Um zu verstehen, was es bedeutet, wenn wir von einer in der Wirklichkeit gegebenen Analogie reden, müssen wir auf das zurückgreifen, was wir oben (Nr. 132–136) anläßlich der Überkategorialität des »Begriffs« des Seienden festgestellt haben.
Seiendes ist keine Gattung, wurde gesagt, denn alles, was in welcher Weise auch immer ist, ist Seiendes. Wenn aber auch die äußersten Unterschiede und sogar die individuellen Seinsweisen Seiendes

sind, so folgt, daß nicht nur das den Seienden Gemeinsame, sondern auch das die Seienden Unterscheidende im Sein begründet ist, vom Sein herstammt, außerhalb dessen ja nichts ist. Ist aber das Sein nicht nur das, was Gemeinsamkeit, Einheit, ja sogar Identität stiftet (vgl. Nr. 119), sondern auch das, was differenziert, so sind alle Seienden *aufgrund ihres Seins* miteinander eins und voneinander verschieden; d. h. sie sind miteinander eins und voneinander verschieden *unter derselben »Rücksicht«*, wobei Sein eben keine besondere Rücksicht besagt, sondern die gesamte jeweilige Inhaltlichkeit des Seienden bedeutet. Seiendes ist also aufgrund seines jeweiligen Seinsbestandes sowohl mit anderem identisch als auch von anderem verschieden.

Den Sinn und die Tragweite dieser Aussagen kann man freilich nur 176 erfassen, wenn man verstanden hat, was hier mit »Sein« gemeint ist. Dafür sei einmal daran erinnert, was wir diesbezüglich oben (Nr. 95 f.) gesagt haben, zum anderen sei aber auf jene Einsicht hingewiesen, die bei Thomas von Aquin in seiner späteren Zeit durchbricht, daß nämlich das Sein die grundlegende Vollkommenheit von allem ist. Diese Seinsauffassung meldet sich vor allem in den folgenden, aus der Summa theologiae genommenen Zitaten: »Das Sein ist von allem das Vollkommenste, denn es verhält sich zu allem als das wirklichkeitsverleihende Prinzip (ut actus). Nur in dem Maße hat nämlich etwas Wirklichkeit (actualitas), als es ist; deshalb ist das Sein die Wirklichkeit (actualitas) aller Dinge, auch der Formen« (I q.4 a.1 ad 3). – »Das nun, was bei allen Dingen das am meisten Bestimmende (maxime formale) ist, ist das Sein selbst« (I q.7 a.1). – »Das Sein ist das Innerste von allen Dingen und was zutiefst in allem anwesend ist: da es in bezug auf alles, was es in einem Ding [sonst noch] gibt, das Formgebende [das Wesenbestimmende] ist« (I q.8 a.1).

Wenn also Seiende im Sein selbst übereinstimmen, so stimmen sie in dem überein, was an ihnen das Allerwesentlichste ist, und zugleich ist diese Übereinstimmung die innigst mögliche; da nämlich Sein »haben« soviel ist wie »sein«, ist »Seinsgemeinsamkeit haben« gleichzusetzen mit »dasselbe sein« oder »identisch sein«. Entsprechend gilt: Wenn Seiende im Sein selbst verschieden sind, so sind sie in dem voneinander verschieden, was an ihnen das Grundlegendste ist, und zugleich ist diese Verschiedenheit die radikalste, die es nur geben kann.

Daß jedes Seiende letztlich in demselben, nämlich im Sein, mit je- 177 dem anderen Seienden übereinstimmt *und* von jedem anderen Seienden verschieden ist, ist das, was man als *Analogie der Seienden im ontologischen Sinn* bezeichnet. Analog sind von einem ontologischen Standpunkt her betrachtet diejenigen, die *in dem* übereinstimmen, *worin* sie sich unterscheiden. Für das begriffliche Denken, in dem Übereinstimmendes und Verschiedenes voneinander stets eindeutig abgehoben werden müssen, ist eine solche Aussage freilich skandalös, es sieht in ihr eine Verletzung des Satzes vom Widerspruch. Deshalb werden wir weiter unten (Nr. 244—263) auf diese Frage ausführlich eingehen. Hier sei nur bemerkt, daß die Analogie der Seienden im Sein nur der überbegrifflichen, metaphysischen Erkenntnis zugänglich ist. Dies dürfte selbstverständlich sein, denn unser Wissen um Sein ist immer durch transzendentale Reflexion vermittelt. Aus demselben Grund kann auch nie veranschaulicht werden, was Analogie ist. Deshalb entbehren die üblichen Erklärungen, die ein Verständnis der Analogie von der Proportionalität oder Attribution her vermitteln wollen, nicht einer gewissen Gefahr. Sie können immer wieder im Sinne einer Univozität mißverstanden werden. Aber auch wenn man Analogie nicht veranschaulichen kann, kann man doch verstehen, was mit ihr gemeint ist. Mit dem Verständnis der Analogie steht oder fällt sogar das Verständnis des Seins und folglich auch das der Metaphysik. Um die Analogie zu verstehen, muß man nur die im begrifflichen Denken immer auseinanderfallenden Aspekte – die sich in der Wirklichkeit durchdringen – zusammenhalten. Es ist ja immer *dasselbe* allesdurchdringende Sein, das in den verschiedenen Seienden stets analog verwirklicht ist, d. h. in jedem Seienden auf die *je ihm eigene, von anderen verschiedene Weise.* Denn das Sein ist alles durchwaltend. Wegen dieser alles durchwaltenden, »perichoretischen« Grundstruktur des Seins gilt: Was immer auch da *ist,* was immer auch *seiend* ist, ist in ein und demselben, nämlich im Sein, mit allen anderen Seienden eins und zugleich in ein und demselben, nämlich im Sein, von allen anderen verschieden. In der Realität und deshalb auch in der überbegrifflichen Erkenntnis durchdringen sich Übereinstimmung (Identität) miteinander und Verschiedenheit (Differenz) voneinander gegenseitig.

178 Um die Aussage: Seiendes stimmt miteinander im Sein überein und unterscheidet sich in demselben Sein, nicht falsch zu verstehen, muß man darauf achten, daß jedes mit jedem anders übereinstimmt, bzw. daß jedes von jedem anders verschieden ist. Man darf also nicht vergessen, daß die ontologische Analogie selbst stets analog zu verstehen ist, daß jede zwischen Seienden bestehende Analogie (Verschiedenheit in Übereinstimmung und Übereinstimmung in Verschiedenheit) als solche eine andere ist. Es wäre verhängnisvoll, wenn man daraus, daß im Sein alles übereinkommt (bzw. sich unterscheidet), folgern würde: Jede Übereinstimmung (bzw. jede

Verschiedenheit) ist genau die gleiche. Vielmehr ist das Gegenteil der Fall, und zwar deshalb, weil »Sein« nicht etwas univok Abstraktes ist, sondern das konkret Wirkliche, in dem Übereinstimmung und Verschiedenheit (oder Identität und Differenz) sich gegenseitig durchdringen.

Mit diesen Überlegungen ist die ontologische Bedeutung der Analogie noch nicht allseitig entfaltet. Eine der Gesamtproblematik Rechnung tragende Darlegung wird im folgenden Abschnitt angestrebt. 179

Literatur:

Przywara 1932 (1962).
van Leeuwen 1936.
Coreth 1951.
Klubertanz 1960.
Montagnes 1963.

Krings 1964.
Beck 1965.
Siewerth 1965.
Welte 1965.

5. Identität und Differenz der Seienden im Sein

In der Frage der Einheit und Verschiedenheit der Seienden ergeben sich aufgrund einer Reihe von Erfahrungen zwei einander entgegengesetzte Standpunkte. Ausgehend vom alltäglichen Umgang mit den einzelnen Gegenständen (zu denen als leibliche Wesen auch wir selbst gehören) drängt sich einmal die Einsicht auf, daß Einheit und Verschiedenheit miteinander in Gegensatz stehende, sich ausschließende Bestimmungen sind. Demzufolge ist Eines das, was wie ein einziges Ding in sich geschlossen, ungeteilt da ist; und verschieden sind diejenigen Dinge, die sich wie ein Ding vom anderen Ding unterscheiden. Schon im Bereich der einfachsten Lebewesen, also dort, wo die dem einzelnen eigene Aktivität eine nicht zu vernachlässigende Rolle zu spielen beginnt, macht sich jedoch eine andere Art von Einheit und Verschiedenheit bemerkbar. In der Tatsache, daß jedes Lebewesen auf das von ihm verschiedene Andere vielfältig angewiesen ist, wird eine Zusammengehörigkeit der Verschiedenen deutlich. Es entsteht also eine Form der Einheit, die die Verschiedenheit nicht ausschließt, sondern vielmehr voraussetzt, woraus dann folgt, daß auch die entsprechende Verschiedenheit nicht einfachhin der Gegensatz der Einheit ist. Am deutlichsten zeigt sich dieser Sachverhalt freilich auf dem Gebiet der geistigen Vollzüge, wie das oben (vgl. Nr. 162) schon angedeutet wurde. Vor allem aber gilt für die interpersonalen Beziehungen (zumindest in ihrer positiven Gestalt als Freundschaft oder Liebe) das Gesetz: »Je 180 größer die Einheit, desto größer die Verschiedenheit«, d. h., je mehr die miteinander verbundenen Personen aus sich heraustreten, desto mehr verwirklichen sie sich selbst. Dasselbe Gesetz ist auch im Erkenntnisvollzug wiederzufinden. Erkenntnis besteht nämlich in einer Identität von Subjekt und Objekt, in der deren Unterschied nicht beseitigt wird, sondern zusammen mit der Identität bestehenbleibt. Diese Struktur ist sogar in jener Erkenntnis anwesend, die man immer dann anführt, wenn die Bedeutung der Identität für die Erkenntnis als solcher unterstrichen werden soll, nämlich im Selbstbewußtsein. Denn auch von ihm gilt (und damit möchten wir jenen widersprechen, die im Selbstbewußtsein nur das Identitätsmoment der Erkenntnis zu entdecken vermögen), daß das Selbstbewußtsein nicht nur dadurch charakterisiert ist, daß das Ich sich mit sich selbst identifiziert, sondern auch dadurch, daß es sich zugleich (d. h. ohne sein Bei-sich-Sein aufzugeben) von sich selbst distanziert.

181 Wie steht es also mit der Einheit und der Verschiedenheit? Schließen sie sich etwa aus, wie es eine gegenständlich-dingliche Betrachtungsweise nahelegt, oder bedingen sie sich gegenseitig, wie man das von einem geistig-personalen Wirklichkeitsverständnis her vermuten könnte? Geht es dabei überhaupt um unversöhnliche Gegensätze, oder sind die verschiedenen Weisen der Einheit und Verschiedenheit als Aspekte in einem größeren Zusammenhang zu sehen? Im folgenden soll gezeigt werden, daß letzteres der Fall ist. Da jedoch solche Überlegungen dann am einfachsten mitvollzogen werden können, wenn man angibt, von welchen Meinungen man sich distanzieren möchte (und da es außerdem zur Aufgabe eines Grundkurses der Ontologie gehört, dem Leser die wirkungsgeschichtlich wichtigsten Lösungen der Probleme vorzustellen), sollen zunächst die in der klassischen Wesensmetaphysik zum Ausdruck gekommenen Einsichten zur Einheit-Vielheit-Problematik kurz dargestellt werden. Von der anschließenden Auseinandersetzung mit diesen Auffassungen führt dann der Weg zu der hier darzustellenden Lösung und der Entfaltung der aus ihr folgenden Konsequenzen.

Literatur:
Haeffner 1982, 23–28.

a) Identität und Differenz in der Sicht der klassischen
   Wesensmetaphysik

182 Unter »klassischer Wesensmetaphysik« verstehen wir die Philoso-

phie des Aristoteles, so wie sie in der scholastischen Philosophie rezipiert wurde, und den philosophischen Lehrbetrieb im Hoch-
mittelalter und weit darüber hinaus (auch dort, wo man sich von
ihr abgesetzt hat) bestimmt hat. In dieser Philosophie hat der von
Platon in das philosophische Vokabular eingeführte Begriff der
»οὐσία« (übersetzt als »Wesen« oder als »Substanz«) eine zentrale
Rolle gespielt. Deshalb bezeichnet man sie mit Recht als »Wesens-
oder Substanzphilosophie«.

Im folgenden sollen die für diese philosophische Richtung cha- 183
rakteristischen Auffassungen hinsichtlich der Einheit-Vielheit-
Problematik kurz und deshalb unvermeidlich etwas vereinfacht
dargestellt werden. Da aber auch eine solche Darstellung nicht
im Allgemeinen geschehen kann, beschränken wir uns auf einen
hervorragenden Repräsentanten der Wesensmetaphysik, nämlich
auf Thomas von Aquin. Manche werden hier freilich protestieren
mit der Begründung, Thomas habe ja die Wesensmetaphysik
überwunden und sei zu einer wahren Seinsmetaphysik vorgesto-
ßen. Wir wollen gerne zugeben, daß der Aquinate – wie jeder
große Philosoph – wesentlich vielseitiger ist als die Schultradi-
tion, die sich auf ihn beruft, und auch, daß in seinem Spätwerk
grundlegende Seinseinsichten aufbrechen (vgl. Nr. 176). Trotzdem sind wir der Meinung, daß diese neuen Einsichten die ihnen
innewohnende systemumformende Kraft nicht entfalten konnten
und deshalb (wie wichtig sie auch sein mögen) für das Gesamt
der ausgearbeitet vorliegenden thomasischen Lehre nicht bestim-
mend geworden sind.

Wenn wir nun die Position des Aquinaten zur Frage der Einheit 184
und Verschiedenheit in der Wirklichkeit darlegen, können wir daran anknüpfen, was wir oben (Nr. 156) zum gemäßigten Realismus
gesagt haben. Als Aristoteliker geht Thomas davon aus, daß das eigentlich Seiende, das im primären Sinn Wirkliche, die Substanz ist,
also das selbständig Vorkommende. Mit diesem Ansatz ist der Platonismus, für den das eigentlich Wirkliche im Allgemeinen besteht,
grundsätzlich unvereinbar, da das substantielle Seiende immer ein
einzelnes (ein Stein, ein Schmetterling, ein Mensch) ist. Die Ablehnung des Platonismus ist also bereits im Ansatz begründet. Aus
ihm ergibt sich dann, daß man von einer realen oder wirklichen
Einheit nur hinsichtlich der Einzelsubstanz reden kann. Da die
Einzelsubstanzen abzählbar sind, besteht hier eine *numerische Einheit* der einzelnen substantiellen Seienden (sie sind *»unum nume-
ro«*). Damit ist jedoch nicht gesagt, daß die einzelnen in sich stehenden Seienden, mit denen wir es in der Welt zu tun haben, voneinander isoliert existieren. Die verschiedenen Substanzen lassen

sich vielmehr ohne Schwierigkeit in Gruppen einteilen, deren Glieder vieles miteinander gemeinsam haben und sich zugleich von den Gliedern anderer Gruppen unterscheiden. In dieser Gruppeneinteilung spielt jene Gruppe, die man Art (»species«) nennt, eine zentrale Rolle. Sie ist nämlich die Gruppe jener Seienden, die mit derselben Definition bezeichnet werden können bzw. müssen. Da nun nach aristotelischer Lehre die Definition das Wesen eines Dinges ausdrückt (sie gibt ja Antwort auf die Frage, was das einzelne eigentlich sei), kommen die zur selben Art gehörenden Einzelsubstanzen miteinander in ihrem Wesen überein. Deshalb gibt es unter den »Artgenossen« eine Einheit, die man *arthafte Einheit* nennen kann (die Individuen einer Art sind *»unum specie«*). Andere Substanzen kommen dagegen miteinander nur in einem Teil ihrer Definition überein; sie sind miteinander nur durch die nächsthöchste (bzw. durch jeweils höhere) Gattungsbestimmungen verbunden. Man redet hier von einer *Gattungseinheit* (sie sind *»unum genere«*). Die Einheit der Art und die der Gattung können freilich aufgrund des Gesagten nicht als eine reale Einheit betrachtet werden, und sie werden auch nicht so betrachtet. Ihre Einheit ist vielmehr eine Leistung des Denkens, durch die das in den Seienden jeweils Gemeinsame von ihnen abstrahiert und in eine Einheit zusammengefaßt wird (vgl. z. B. Summa theol. I q.85 a.2 ad 2; 85,3).

185 Diese Feststellung, nach der die Einheit der Art (bzw. der Gattung) letztlich nur im Begriff bestehen würde, drückt jedoch die Meinung des Aquinaten nicht voll und ganz aus. Denn das gemeinsame Wesen, die gemeinsame Natur wird von Thomas (im Anschluß an Aristoteles, der sich von Platon im Grunde nicht zu lösen vermochte) als etwas durchaus Reales betrachtet. Es (bzw. sie) ist nämlich das bestimmende Prinzip, d. h. die »Form« des Seienden, durch das jedes Seiende das ist, was es ist, das sogar dem Seienden das Sein verleiht (»forma dat esse rei«). Die Wesensform der materiellen Dinge ist für Thomas so sehr eine Realität, daß die Individualität des einzelnen eigens einer Erklärung bedarf. Daher die Frage nach dem »Individuationsprinzip«, das in der »materia quantitate signata« angegeben wird. Hier und eigentlich in allen Fällen, in denen es um das Verhältnis von Art und Individuen geht (so z. B. in der bekannten Lehre des Aquinaten, daß jedes reine Geistwesen eine eigene Art ist, weshalb gilt: »tot species quot angeli«), wird offensichtlich von der Form her gedacht, die dann als etwas Vorgegebenes betrachtet wird. Die allgemeine Natur »gibt« es also, wenngleich nur vereinzelt durch die individuelle Materie: »Das, was in den Einzelsubstanzen *außer der gemeinsamen Natur* existiert, ist die individuelle Materie, welche das Prinzip der Vereinzelung ist und folg-

lich die individuellen Akzidentien, die die erwähnte Materie bestimmen« (De Pot q.9 a.1). Die Einheit der verschiedenen Arten ist demnach keine bloß begriffliche Einheit. Die gemeinsamen formalen Bestimmungen der Einzeldinge werden im Sinne des Hylemorphismus (siehe unten: Nr. 275f.) als Seinsprinzipien betrachtet; sie sind das Bestimmende (das Aktuelle) gegenüber dem vollkommen Unbestimmten, aber beliebig Bestimmbaren (also dem Potentiellen), das »materia prima«, »Urstoff« heißt. Durch diese Konzeption wird das einzelne (das Viele) deutlich dem Allgemeinen (dem Einen) untergeordnet. Wie diese Philosophie Einheit und Verschiedenheit eigentlich bewertet, kommt auch darin zum Ausdruck, daß für sie die Verschiedenheit der Seienden immer durch die Begrenzung des aktuellen Prinzips, also durch einen Seinsmangel entsteht, und das heißt: Verschiedenheit bedeutet stets Unvollkommenheit.

Der Aquinate bleibt jedoch bei dieser Erklärung der Einheit der all- 186 gemeinen Natur nicht stehen. Anscheinend empfindet er ihre Widersprüchlichkeit, da sie einerseits eine nur gedachte Einheit, andererseits aber eine den realen Dingen vorausgehende Einheit sein soll. Darum führt er die jeweilige Einheit der verschiedenen gemeinsamen Naturen letztlich auf das Wesen Gottes zurück. In Gott haben sie als (mit dem göttlichen Wesen identische) ewige Ideen Bestand und sind dennoch verschieden, insofern sie die verschiedenen Weisen bedeuten, nach welchen die unendliche göttliche Vollkommenheit nachgeahmt werden kann. Dadurch synthetisiert Thomas die aristotelische Formlehre mit dem platonisch-augustinischen Partizipationsgedanken »nicht in Widerspruch zu Aristoteles, sondern in einer historisch zwar nicht durchschauten, dafür aber kongenial erschauten Wiedergabe und Erneuerung seiner platonischen Grundmotive« (Hirschberger 1979, 492).

Die Einsicht, daß die Form oder die Wesenheit an sich, d. h. ohne 187 in der Welt verwirklicht zu sein, gar nichts ist (die von Thomas vielleicht am deutlichsten in De Potentia q.3 a.5 ad 2 ausgesprochen wird), ist deshalb so wichtig, weil sie die rein abstrakte Betrachtung der Wesenheiten für die Metaphysik verbietet und dadurch einem Grundübel, dem die klassische metaphysische Tradition immer wieder erlegen ist, Einhalt gebietet. Dieses Übel besteht darin, daß man das im begrifflichen Denken Dargestellte ohne weiteres mit der Wirklichkeit gleichsetzt, was dann die Metaphysik in Mißkredit bringt und Anlaß zu einer berechtigten Kritik gibt. Leider kommen aber auch bei Thomas Gedankengänge vor, in denen stillschweigend vorausgesetzt wird, daß die Wesenheit (die Form) etwas an sich Seiendes ist.

Eine Überlegung, in der diese Voraussetzung gemacht wird, wurde 188 schon erwähnt: Die Form der materiellen Dinge wird als eine Realität betrachtet, die vereinzelt (d. h. sowohl individualisiert als auch auf das einzelne begrenzt) werden muß. Ein anderer für das System des Aquinaten wichtiger Gedanke, der die für die Metaphysik verhängnisvolle Ontologisierung des Abstrakten impliziert, ist die Lehre, daß das Wesen dasjenige ist, was in der Weise des potentiellen Prinzips das als das aktuelle Prinzip aufgefaßte Sein begrenzt und sich demzufolge vom Sein als das dem Sein Entgegengesetzte unterscheidet.

189 An diesem Gedanken ist freilich richtig, daß kein endliches Seiendes das Sein schlechthin ist, daß es also keine schlechthinnige Identität zwischen einem endlichen Seienden und dem Sein als solchem geben kann. Denn es ist ohne Widerspruch denkbar, daß es dieses oder jenes endliche Seiende nicht gibt. Da also kein endliches Seiendes »das Sein selbst« ist, da – positiv gewendet – endliches Seiendes immer ein durch irgendwelche Begrenzung des Seins bestimmtes Seiendes ist, muß man im Falle der endlichen Seienden zwischen Sein und Wesen insofern unterscheiden, als das (endliche) Wesen stets eine begrenzte Weise des Seins bedeutet.

190 Vom *Wesen als einer begrenzten Weise des Seins* gelangt man aber sehr leicht zum *Wesen als etwas, was das Sein begrenzt und ihm entgegengesetzt ist,* dem also eine gewisse nicht leicht bestimmbare Selbständigkeit zuzusprechen ist. Diesen anscheinend selbstverständlichen, aber für die Metaphysik verhängnisvollen Schritt vollzieht auch Thomas, und zwar macht er dafür vor allem zwei Gründe geltend: *Erstens* geht er davon aus, daß das Sein, da es seinem Begriff nach keine Begrenzung besagt und deshalb als Unbegrenztes anzusehen ist, durch etwas ihm gegenüber Anderes begrenzt werden muß. Damit wird im Grunde nur das in der thomasischen Philosophie oft vorkommende Prinzip (in der die Ontologisierung des Abstrakten schon vollzogen ist): »actus in nullo existens a nullo terminatur«, »eine in keinem [anderen] verwirklichte Vollkommenheit wird durch nichts begrenzt« (Contra Gent. I 43, 360), auf das Sein angewandt. Dieses dem Sein gegenüber andere ist nun das Wesen, das als eine begrenzte »Möglichkeit zu sein« das Sein in der Weise einer »potentia« rezipiert (vgl. z. B. De ente et essentia cap. 4 [1979, 48–51], aber auch viele Stellen in den Spätwerken). *Zweitens* beschreibt Thomas vor allem in seiner früheren Periode (und darin ist er von Avicenna beeinflußt) das Sein als etwas, das zum Wesen hinzukommt. In »De ente et essentia« lesen wir: »Was . . . nicht zum Begriff des Wesens oder der Washeit gehört, das ist etwas, das von außen kommt und eine Zusammensetzung mit dem Wesen bildet, weil kein Wesen ohne das, was die Teile des Wesens sind, ge-

dacht werden kann. Jedes Wesen oder jede Washeit aber kann gedacht werden, ohne daß man etwas über sein (ihr) Sein weiß: Ich kann nämlich wissen, was ein Mensch oder ein Phönix ist, und dennoch nicht wissen, ob er Sein im Reich der Wirklichkeit hat. Also ist offenbar, daß das Sein etwas anderes ist als Wesen oder Washeit« (cap. 4 1979, 48—49). Das Ergebnis dieser Überlegungen ist die von Thomas zwar nicht ausdrücklich gelehrte, aber in seinen Schriften begründete und in der Thomistenschule zur Grundthese erhobene Realdistinktion zwischen Sein und Wesen, die ihre Plausibilität aus der schon erwähnten Einsicht bezieht, daß das endliche Wesen stets eine begrenzte Weise des Seins besagt.

Die These der Realdistinktion steht jedoch im Gegensatz zu der 191 wichtigen, schon erwähnten Einsicht des Aquinaten, nach der das Sein, als die Vollkommenheit aller Vollkommenheiten und als das am meisten Innerliche von allem, Inhaltlichkeit und Fülle bedeutet (vgl. Nr. 176). Der Gedanke der Realdistinktion setzt nämlich nicht nur voraus, daß das Wesen auch ohne das Sein als eine »objektive Möglichkeit zu sein« einen gewissen ontologischen Status hat, sondern auch, daß das so aufgefaßte Wesen schon alle Bestimmungen, die zu seinem Inhalt gehören, enthält. Deshalb bleibt dem Sein nur die Aufgabe, das als an sich bestehende Möglichkeit aufgefaßte Wesen aus der Modalität der Möglichkeit in die Modalität der Wirklichkeit zu transponieren, ohne ihm inhaltlich auch nur das Geringste hinzuzufügen. Damit aber wird das Sein zu etwas vollkommen Inhaltslosem und Leerem erklärt, woraus sich die Auffassung des Seins als bloße Existenz ergibt, die in der Philosophie der Spätscholastik und bei Suárez vorherrschend ist, und die durch die deutsche Schulphilosophie noch die Überlegungen Kants zum sog. ontologischen Gottesbeweis bestimmt hat (vgl. KrV B 628).

b) Kritische Bemerkungen zur Wesensmetaphysik

Der Versuch, die wichtigsten Aussagen über Identität und Diffe- 192 renz in der als Beispiel für die Wesensmetaphysik gewählten philosophischen Synthese des Thomas darzustellen, mündete in eine Darlegung der Seins- und Wesenskonzeption in diesem philosophischen System, zu der schon einige wertende Bemerkungen gemacht worden sind. Als Vorbereitung für die Lösung der sich hier stellenden Probleme sollen nun die wichtigsten Einwände gegen die Wesensmetaphysik angegeben werden. Eine umfassende, systematische Kritik der Wesensphilosophie, die die Gründe ihrer Mängel und deren inneren Zusammenhang allseitig entfaltet, wird also nicht angestrebt. Wir begnügen uns in einem ersten Schritt mit einer Zusammenfassung der in der vorausgehenden Darlegung bereits sichtbar gewordenen Schwächen dieser Philosophie. Anschließend soll dann einer der entscheidendsten Mängel der Wesensmetaphysik herausgestellt und mit mehreren Beispielen erläutert werden.

193 (1) Die Wesensmetaphysik ist schon von Aristoteles her mit der Hypothek eines doppelten Ausgangspunktes belastet. Wesen (»οὐσία«) wird in der Kategorienschrift (cap. 5, 2 a 11–15) einmal als das einzelne, selbständige Ding bestimmt, das weder einem anderen als einem Subjekt anhaftet noch von einem anderen ausgesagt werden kann (»erste Substanz«), zum anderen wird es als die allgemeine Form aufgefaßt, also als das Identische in den Individuen einer Art, das die Definition ausdrückt (»zweite Substanz«). Obwohl die Bezeichnung »erste bzw. zweite Substanz« in den späteren Werken des Aristoteles nicht vorkommt, bleibt diese Doppeldeutigkeit des Wesensbegriffs bestehen. In ihr zeigt sich eine schon im Ansatz vorhandene Unentschiedenheit zwischen einer empiristischen Grundkonzeption, für die das, was Wirklichkeit überhaupt ist, vom sinnlich wahrgenommenen Einzelding her bestimmt wird, und einer rationalistisch-begriffsrealistischen Auffassung, deren Paradigma für Wirklichkeit das im Denken erfaßte Allgemeine ist. Deshalb ist dann das »Wesen« einerseits das in dinglicher Selbständigkeit existierende einzelne, andererseits aber die »Form«, die im Grunde die Ontologisierung des vom Denken hervorgebrachten Allgemeinbegriffs ist, die aber in solchem Maße als Realität gilt, daß sie »vereinzelt« werden muß. Entsprechend ist die Einheit des Allgemeinen einmal etwas bloß Gedachtes, das andere Mal jedoch etwas, was dem Denken vorausgeht, ohne jedoch einfachhin als »real« bezeichnet zu werden.

194 (2) Trotz des zunächst empiristischen Ausgangspunktes erringt im Ganzen dieser Philosophie die begrifflich-rationalistische Komponente die Vorherrschaft. Das einzelne wird nämlich grundsätzlich dem Allgemeinen untergeordnet. Das Allgemeine wird als das »Eigentliche« verstanden, über das allein Wissenschaft möglich ist. Die Individualität, die man immer so darstellt, als entstünde sie nur durch Begrenzung, bedeutet stets Unvollkommenheit.

195 (3) Die Vorherrschaft des vom konkret Wirklichen abgelösten Allgemeinen bedingt das Verständnis der Metaphysik als der Wissenschaft vom »an sich Möglichen«. Zugleich führt die Auffassung, das allgemeine Wesen sei etwas an sich Gegebenes, zu einem entleerten Seinsverständnis, nach dem das Sein bloße »Existenz« ohne jeden Inhalt ist.

196 Alle diese problematischen Thesen der Wesensmetaphysik gehen

aber auf einen fundamentaleren Mangel zurück, der auch der Ontologisierung des Abstrakten zugrunde liegt und der sogar den doppeldeutigen Ansatz bestimmt. Dieser Mangel besteht *in der Gleichsetzung des vom begrifflichen Denken gelieferten Modells der Wirklichkeit* (in dem es nicht vorkommen kann, daß Aspekte, die verschieden sind, sich gegenseitig einschließen) *mit der Wirklichkeit selbst* (in der im Maße der Vollkommenheit der Seienden das Verschiedene und das Identische sich gegenseitig durchdringen). Der Grundfehler der Wesensmetaphysik ist also die Nichtberücksichtigung der Analogie der Seienden im Sein. Denn der Analogie ist es zu verdanken, ja sie besteht genau darin, daß Seiendes letztlich in dem übereinkommt, worin es sich unterscheidet, und sie ist auch der eigentliche Grund dafür, daß das auf Eindeutigkeit (auf klare Unterschiede) ausgerichtete begriffliche Denken der stets analogen Wirklichkeit gegenüber unausweichlich auf Distanz bleibt und deshalb mit der Realität nie ganz übereinstimmen kann. Im folgenden soll an einigen Beispielen verdeutlicht werden, daß sich die für die Wesensmetaphysik charakteristischen Aporien tatsächlich aus der Gleichsetzung des begrifflichen Modells der Wirklichkeit mit der Wirklichkeit selbst ergeben.

aa) Die Abhebung des Identischen und des Verschiedenen voneinander

Da das begriffliche Denken immer eindeutige Unterscheidungen 197 herbeiführen möchte, kann es das gegenseitige Durchdringen des Identischen und des Verschiedenen nicht darstellen. Deshalb verteilt es das Identische und das Verschiedene auf entgegengesetzte, sich im Grunde ausschließende »Bestandteile« des Seienden, die dann »Seinsprinzipien« heißen. Ihre Zusammengehörigkeit wird zwar betont, aber oft bleibt das nur ein Lippenbekenntnis. Man kann das auch so ausdrücken: Die durch die Gesamtheit des Seinsbestandes begründete *sich durchdringende Identität und Differenz* der jeweiligen Seienden, also ihre ontologische Analogie, wird in unseren Begriffen als *partielle univoke Identität* und als *partielle äquivoke Differenz* dargestellt. Damit wird aber das Analoge in einen univoken und in einen äquivoken Teil gespalten. Was damit gemeint ist, läßt sich am Begriff »Mensch« erläutern: Hans und Thomas sind beide Menschen, sie sind aufgrund ihres konkreten Menschseins miteinander identisch und zugleich aufgrund ihres Menschseins voneinander verschieden (vgl. Nr. 160).

Um Mißverständnissen vorzubeugen, sei hier bemerkt: Die Identität und die Differenz zweier Menschen sind *total* in dem Sinn, daß sie jeweils die Gesamtheit des Seinsbestandes beider Menschen betreffen und nicht nur einen Teil davon, doch sind sie keine *schlechthinnige* Identität und Differenz. Sie sind vielmehr jeweils als Identität und als Differenz innerlich gebrochen oder begrenzt, da das Menschsein eine begrenzte Weise des Seins und nicht das Sein schlechthin ist. Dieser wichtige Sachverhalt und die sich aus ihm ergebenden Konsequenzen werden weiter unten (Nr. 218–223) noch genauer besprochen werden.

Uns geht es nun darum, daß die zwischen Hans und Thomas aufgrund ihres ganzen Menschseins bestehende Identität *und* Differenz im begrifflichen Denken als eine Identität erscheint, deren Grund die das Wesen von beiden konstituierende, ihnen unterschiedslos zukommende »Menschennatur« sein soll, von der sich dann ihre Verschiedenheit dadurch abhebt, daß sie sich jeweils auf das bezieht, was in ihnen, ohne irgendwelche Gemeinsamkeit mit dem anderen zu haben, außerhalb des Wesens steht. Diese begrifflich klare Konzeption kann aber nicht durchgehalten werden, denn sie führt zu Aporien. Was soll nämlich die den beiden (und allen Menschen) gemeinsame, gleiche »Menschennatur« sein? Ist mit ihr eine immaterielle »Wesensform« gemeint, also im Falle des Menschen die menschliche Seele, die durch das ihr entgegengesetzte Prinzip, nämlich durch die »materia prima«, begrenzt und vereinzelt wird? Dieses Modell wird tatsächlich verwendet und hat auch, vor allem dort, wo es um die Erklärung der Leib-Seele-Einheit des Menschen geht, eine gewisse Aussagekraft. Doch ist es mit vielen Problemen belastet. Denn die als »forma corporis« aufgefaßte Geistseele kann nicht ohne weiteres mit dem »Wesen« des Menschen gleichgesetzt werden. Man kann nämlich die Materialität nicht aus dem Wesen des Menschen ausgliedern. Außerdem müßte man nach diesem Modell behaupten, daß die Seelen an sich völlig gleich sind, daß also die zwischen den Menschen bestehenden Unterschiede nur von den der menschlichen Natur äußerlichen und kontingenten Bestimmungen (die sollen ja durch den Begriff der Materie ausgedrückt werden!) herrühren. Eine solche Behauptung kann zwar auf den ersten Blick bestechend sein, da durch sie anscheinend die Gleichheit aller Menschen theoretisch abgesichert wird, doch tatsächlich ist sie sehr problematisch, da nach ihr die Individualität der Person nur als etwas durch Begrenzung Entstandenes und von außen Bestimmtes aufzufassen ist. Wenn man aber wegen dieser Probleme unter »Menschennatur« eine solche Wesensform versteht, zu deren Inhalt auch die Materialität gehört, ergeben sich andere Schwierigkeiten. Zunächst ist die Behauptung einer »immateriellen Materialität« für das begriffliche Denken abwegig. Sie muß jedoch angenommen werden, da die Wesensform als solche nicht materiell sein kann. Hier hilft man sich zwar mit der Unterscheidung zwischen einer »materia communis«, die als nicht konkrete Materie (was immer auch das sein soll) zum Wesen selbst gehört, und der »materia individualis« (bzw. der »materia quantitate signata«), die dann als das dem Wesen entgegengesetzte Prinzip das Wesen angeblich begrenzen und individualisieren kann (vgl. De ente et essentia cap. 2 1979, 14–15). Diese spitzfindige Unterscheidung bringt aber eine nur verbale, nicht jedoch überzeugende Lösung des Problems, außerdem stellt sie für das begriffliche Denken eigentlich eine Kapitulation dar. Man nimmt hier nämlich am Ende einer Kette von begrifflich mehr oder weniger klaren Unterscheidungen Zuflucht zu Aussagen, in denen die Identität *in* Differenz, wenngleich durch terminologische Kunstgriffe verschleiert, im Grunde behauptet wird.

bb) Wesen ohne Sein

Auch die schon erwähnte These der Realdistinktion zwischen Sein 198 und Wesen ist das Ergebnis der Verwechslung des begrifflichen Denkens mit der Wirklichkeit. Denn man kann nur dann zwischen Sein und Wesen eine Realdistinktion behaupten ohne eine gleichzeitige Behauptung ihrer Realidentität, wenn man das Wesen als »einen verstehbaren Gehalt an sich« (Brugger 1979, 182) denkt, der, ohne zu sein, nicht Nichts ist. Darin manifestiert sich die Neigung der Wesensmetaphysik zur Ontologisierung des Abstrakten. Für diese Neigung gibt es zwei Gründe: *Einmal* die Kontingenz (das Nichtsein-Können) der endlichen Seienden. Ihretwegen müssen die Fragen »ob etwas ist« und »was etwas ist« unterschieden werden, d. h. man kann durch die Beantwortung der einen Frage nicht die andere beantworten. Dadurch entsteht der Eindruck, man habe durch die Behauptung, *daß* etwas existiert, noch nichts über sein *Was* gesagt, bzw. man habe durch die Aussage, welche erklärt, was etwas ist, noch gar nichts über dessen Existenz, über dessen Sein behauptet. *Zum anderen* die Tatsache, daß sich unsere Aufmerksamkeit gewöhnlich auf das *Was,* auf die inhaltliche Bestimmtheit der Gegenstände richtet, wobei ihre Existenz als selbstverständlich vorausgesetzt wird (vgl. De Petter 1972, 123, 99f.). Auch das erweckt den Eindruck, man könnte vom Sein ebenso abstrahieren wie man von Einzelbestimmungen des Seienden abstrahieren kann; wie man z. B. einen Ball denken kann, ohne seine Farbe zu betrachten. Mit der Problematik der aus diesen Gründen angenommenen angeblich seinslosen Wesenheit müssen wir uns auseinandersetzen.

Die wesentliche Zusammengehörigkeit von Wesen und Sein zeigt 199 sich schon darin, daß sich die Fragen: »Gibt es das?« oder »Existiert das?« und »Was ist das?« gegenseitig implizieren. Fragt man nämlich nach der Existenz von etwas, dann hat die Frage nur insofern einen Sinn, als es um ein »Etwas« geht, also um einen bestimmten Gehalt, ein bestimmtes Wesen. Ein leeres Sein, eine inhaltlose Existenz wäre vom Nichts nicht zu unterscheiden. Entsprechend bezieht sich die Frage: »Was ist das?« zunächst einmal unbezweifelbar auf etwas, was im eigentlichen Sinn des Wortes *ist* (vgl. De Petter 1972, 98 f.). Wenn man nun den Versuch macht, vom Sein zu abstrahieren, treten ganz eigenartige Schwierigkeiten auf. Das Denken kommt dann an einen Abgrund. *Denn vom Sein abstrahieren bedeutet: etwas als Nichtexistierendes zu denken.* Was soll das aber heißen? Man könnte meinen, es werde etwas dadurch als Nichtexistierendes gedacht, daß man es als eine nicht verwirklichte, bloße Möglichkeit denkt. Vom Sein abstrahieren sollte dann bedeuten, einen verstehbaren Gehalt als bloß möglichen aufzufassen. Viele bedeutende Philosophen waren und sind der Ansicht, in diesem Fall denke man etwas, dem kein Sein zukommt. Dies ist jedoch ein Irrtum, der einem Logiker zwar zu verzeihen ist, da er sich sowieso nur mit einem abstrakten Modell der Wirklichkeit beschäftigt, dem Metaphysiker aber nicht nachgesehen werden kann. Man erliegt nämlich einer Illusion, wenn man meint, man könne überhaupt etwas denken, ohne diesem Etwas Sein oder Existenz zugeschrieben zu haben. Denn auch dann, wenn ein Gehalt als nichtexistierender (genauer: als nicht außerhalb des Bewußtseins existierender) *gedacht* wird, hat man ihm schon Sein zugeschrieben, nämlich gedachtes oder bewußtseinsabhängiges Sein. »Wesen« ist demnach immer mit dem Sein in eine Synthese gebracht: das bewußtseinsunabhängige Wesen mit bewußtseinsunabhängigem Sein, das gedachte Wesen mit gedachtem Sein. *Ein Wesen, dem weder bewußtseinstranszendentes noch vom Bewußtsein ihm verliehenes Sein zukommt, ist nichts. Man kann in diesem Fall auch nicht vom »Wesen« reden.* Dafür, daß dieser offensichtliche Sachverhalt so oft nicht gesehen wurde, gibt es mindestens die folgenden drei Gründe, die alle auf ein Mißverständnis dessen, was »Möglichkeit« ist, hinauslaufen, und deren gemeinsame Wurzel wiederum die für die Wesensmetaphysik so typische Verwechslung des begrifflichen Modells der Wirklichkeit mit der Wirklichkeit selbst ist.

200 (a) Man meint, von einem seinslosen »an sich Möglichen« deshalb reden zu können, weil man es so denkt (genauer gesagt: sich so vorstellt), als befände sich das an sich Mögliche auf halbem Wege zwischen dem Nichts und dem Wirklichen. Eine solche Vorstel-

lung ist aber nur deswegen möglich, weil man das Nichts, ohne darauf zu reflektieren, als *etwas* denkt. Ein solcher Gedanke ist jedoch ein vollzogener Widerspruch, da es das absolute Nichts nicht gibt. Deshalb ist auch die vom Seienden abgelöste, zwischen dem Sein und dem Nichts »lokalisierte« Möglichkeit etwas Widersprüchliches.

Weil die Ablehnung des an sich Möglichen hier eine Folge dessen 201 ist, daß es das absolute Nichts nicht gibt, sei zu dieser Frage noch folgendes bemerkt: Im Gegensatz zum absoluten Nichts ist das relative Nichts (die Endlichkeit oder der Mangel) durchaus etwas, allerdings nur insofern, als es eine Bestimmung eines *Seienden* ist. Ein Einwand ist hier freilich noch möglich: Wenn man das absolute Nichts denkt, dann hat man ihm bewußtseinsmäßiges Sein verliehen, dann »gibt es« das absolute Nichts als Bewußtseinsinhalt ebenso, wie es z. B. eine gedachte, aber nicht vorhandene Raumstation »gibt«. Die Antwort darauf lautet: Die beiden Fälle sind nicht gleich. Wenn man ein mögliches Wesen denkt, dann denkt man etwas, das sein kann. Beim Denken des absoluten Nichts ist das jedoch nicht der Fall. Das Denken des absoluten Nichts besteht nicht im Denken von etwas, sondern einzig und allein darin, daß ein Denkakt gesetzt wird, der darauf abzielt, die Wirklichkeit vollständig zu leugnen. Weil das Denken der Negation fähig ist, kann es auch als äußerste Grenze der Negation die Eliminierung jedes Seinsgehaltes anstreben und dadurch das absolute Nichts »ins Auge fassen«, ohne es jedoch jemals erreichen zu können. Das absolute Nichts ist nur als Limes-Begriff konzipierbar, wirklich denkbar ist es nicht.

(b) Ein weiterer Grund, der scheinbar für die Annahme »an sich 202 möglicher Wesenheiten« spricht, ist die Meinung, es gäbe außer dem Realmöglichen noch das bloß Denkmögliche. Diese Unterscheidung ist jedoch zumindest irreführend. Denn *möglich ist das, was nicht ist, aber sein kann,* was also verwirklicht werden kann. Was aber sein kann, ist möglich im Sinne des Realmöglichen. Und was überhaupt nicht sein kann, was gar nicht verwirklicht werden kann, ist unmöglich. Was jedoch unmöglich ist, kann auch nicht gedacht werden. Weil es also zwischen dem Möglichen und dem Unmöglichen kein Drittes gibt, kann es auch kein vom (Real-) Möglichen verschiedenes Denkmögliches geben. Die Annahme dieser Konklusion hängt freilich davon ab, ob man der Aussage zustimmt: *Was unmöglich ist, kann auch nicht gedacht werden.* Und es ist zuzugeben, daß man in diesem Fall tatsächlich Schwierigkeiten empfinden kann. Denn man kann den Eindruck haben, es wäre möglich, etwas zu denken, was es nicht geben kann, was also unmöglich ist. Es scheint nämlich, daß das Denken dasjenige, was möglich ist, was verwirklicht werden kann, zu übersteigen vermag, und zwar in zweifacher Weise. Einmal dadurch, daß es widersprüchliche, sich ausschließende Denkinhalte miteinander verknüpft und so z. B. einen viereckigen Kreis denkt; zum anderen dadurch, daß es etwas denkt, was es deshalb nicht geben kann, weil es die entsprechenden Bedingungen nicht gibt, die zur Verwirklichung des Gedachten nötig wären. Man kann z. B. eine so große aus Zehnpfennigstücken bestehende Geldmenge denken, die es in unserem nach heutigen Auffassungen nicht unendlichen Weltall mangels der benötigten Materie nicht geben kann.

203 Wenn wir uns zunächst auf den ersten Fall beschränken, dann ist zu sagen, daß man jenes Denken des Widersprüchlichen (des Unmöglichen), *in dem das Widersprüchliche bejaht wird,* besser nicht Denken nennen sollte. Denn das irrtumbehaftete Denken als solches ist kein Denken. Oder genauer: Das Denken, insofern es sich auf das Widersprüchliche festlegt, ist eben kein Denken. Diese Feststellung ist mehr als eine nur willkürliche Beschränkung des Begriffs des Denkens auf das »Denken des Wahren, des Wirklichen«. Wenn man nämlich das Denken nicht durch seine grundsätzliche Bezogenheit auf das Seiende und damit auf das Wahre bestimmt sein läßt, sondern die Meinung vertritt, das Denken verhalte sich zum Wahren genauso wie zum Falschen, dann hat man die fundamentale »Asymmetrie« von Wahrem und Falschem (vgl. Nr. 75 f.) nicht berücksichtigt. Weil das aber ein schwerwiegender Irrtum ist, steht fest: Was aufgrund seiner Widersprüchlichkeit unmöglich ist, kann auch nicht zustimmend gedacht werden. In diesem Zusammenhang sind freilich zwei etwas verwirrende Tatsachen zu bedenken.

204 Zunächst einmal, daß das Denken, indem es sich Ausschließendes miteinander bejahend zu verknüpfen vermag, zu einem Nicht-Denken werden kann, ohne daß das denkende Subjekt sich dessen bewußt wird, d. h. ohne daß es das Abfallen von seiner ureigensten Norm bemerkt. Dies zu betonen, ist vor allem deshalb wichtig, weil es längst nicht immer so offensichtlich ist wie im angeführten Beispiel des viereckigen Kreises, daß unvereinbare Denkinhalte zusammengefügt wurden. Der letzte Grund dafür, daß sich unser begriffliches Denken immer wieder, ohne daß wir es merken, in ein Nicht-Denken zu verwandeln vermag, liegt in der »Zweischichtigkeit« unseres Denkens (vgl. Nr. 74, 83), d. h. darin, daß sich unser Denken, insofern es sich in Begriffen artikulieren muß, nicht identisch ist mit dem »irrtumsimmunen« Denken, also mit der Seinserfahrung, die den Wirklichkeitsbezug unseres begrifflichen Denkens

gewährleistet. Indem unser begriffliches Denken seinen Seinsbezug vernachlässigt, indem es sich also von der Seinserfahrung loslöst, wird es falsch und dadurch zu einem »Nicht-Denken«. Damit schließt sich dann der Kreis, denn genau das wird getan, wenn man Wesen ohne Sein denkt.

Es muß aber noch eine andere merkwürdige Tatsache bedacht wer- 205 den. Man kann nämlich das Unmögliche in gewissem Sinn tatsächlich denken, insofern man es nämlich als solches erkennt und damit ablehnt. Jenes Denken des Widersprüchlichen, *in dem das Widersprüchliche verneint wird,* ist also ein wirkliches, ein wahres Denken. Wenn man nämlich das Widersprüchliche als etwas denkt, was man verneint, hat man es nicht als solches gedacht, sondern man hat es in seiner Widersprüchlichkeit, d. h. als Nichtseinkönnendes erkannt. Somit ist das Denken des Widersprüchlichen ebenso wie das Denken des absoluten Nichts ein Limes-Begriff.

Hier müssen wir auch auf die bereits (Nr. 190) zitierte Behauptung 206 des Aquinaten eingehen, man könne einen Phönix denken und dabei in Unkenntnis darüber bleiben, ob er in der Wirklichkeit existiere oder nicht. Es ist nämlich falsch, mit Thomas anzunehmen, man könne überhaupt einen Begriff gewinnen, ohne dessen Inhalt erfahren zu haben, d. h. ohne ihn durch einen Kontakt mit der Wirklichkeit gebildet zu haben. Um einen Phönix denken zu können, muß man ihn zwar nicht im Tierpark gesehen haben. Man muß aber imstande sein, einen Vogel zu denken, der sich verbrennt und aus der Asche verjüngt emporsteigt. Das ist aber nur dann möglich, wenn man aus Erfahrung weiß, was ein Vogel ist, was Feuer ist und was im Gegensatz zu »Altern« »Verjüngen« bedeutet. Aber selbst das genügt noch nicht. Denn auch wenn man die Bestandteile der *Vorstellung* »Phönix« versteht, ist es noch längst nicht sicher, daß diese von verschiedenen Einzelseienden herstammenden Merkmale wirklich zu einem kohärenten *Begriff* »Phönix« zusammengefügt werden können, daß man also einen Phönix wirklich zu denken vermag.

Die sich hier stellenden Probleme können mit Hilfe einer Unter- 207 scheidung gelöst werden: (1) Wenn man sich auf einen Standpunkt stellt, der auf die exakte begriffliche Bestimmung dessen, was ein Phönix sein soll, großen Wert legt, dann ist der Phönix überhaupt nicht zu denken, da die begrifflichen Bestandteile des angenommenen Begriffs »Phönix« miteinander nicht zu vereinbaren sind. (2) Wenn man jedoch nicht den von vornherein zum Scheitern verurteilten Versuch macht, den Phönix als ein mit naturwissenschaftlicher Exaktheit beschreibbares Phänomen zu denken, sondern ihn so denkt, wie er in der Mythologie vorkommt, nämlich als Symbol der Unsterblichkeit, dann hat man etwas gedacht, was – weil es Ausdruck einer gewissen Erfahrung ist – wirklich gedacht werden kann. Denn der Phönix ist dann die Darstellung der Erfahrung, daß sich der Mensch mit dem Gedanken der vollständigen Vergänglichkeit nicht abfinden kann. In diesem Fall wird also nichts gedacht, was von der Seinserfahrung abgelöst ist, und es wird auch nichts Widersprüchliches gedacht, da es von vornherein nicht auf den biologischen Lebensrhythmus eines merkwürdigen Vogels ankommt. Man kann also sagen: Insofern es Unsterblichkeitshoffnung »gibt«, »gibt« es auch den Phönix. – In ähnlicher Weise wären auch die in der Analytischen Philosophie eine so große Rolle spielenden Aussagen über den Pegasus zu analysieren.

208 (c) Schließlich meint man noch zugunsten der seinslosen Wesenheiten im Sinne der Möglichkeiten an sich in folgender Weise argumentieren zu können: Sehr vieles ist denkbar, was, ohne widersprüchlich zu sein, nicht verwirklicht werden kann, weil die zu seiner Verwirklichung nötigen Bedingungen fehlen. Dieses Argument, das oben (Nr. 202) an zweiter Stelle bereits erwähnt wurde und das man zu verwenden pflegt, wenn man aufweisen möchte, daß das Denkmögliche weiter reicht als das Realmögliche, muß noch untersucht werden.

209 Beginnen wir mit der Feststellung: Möglich ist das, was nicht ist, aber sein kann. In dieser Bestimmung des Möglichen ist schon impliziert, daß man etwas nur insofern möglich nennen kann, als es auf eine Kraft, auf eine Fähigkeit bezogen ist, die imstande ist, es hervorzubringen. Der Grund des Möglichen liegt also immer auch außerhalb des Möglichen als solchen. (Die Möglichkeit in diesem Sinn, die die einzige reale Möglichkeit ist, soll im Zusammenhang mit dem Problem des Werdens noch ausführlich zur Sprache kommen.) Wenn man das verstanden hat, dann ist die Annahme einer vom Sein (und auch vom tatsächlichen Gedachtsein) abgelösten, unabhängigen Möglichkeit an sich, die ihren Grund bloß in der inneren Nicht-Widersprüchlichkeit der Gehalte an sich haben sollte, eigentlich schon ausgeschlossen. Wie ist aber dann der immer wieder aufkommende Eindruck zu erklären, der Bereich des Denkmöglichen sei größer als der Bereich des Realmöglichen? Er ergibt sich aus der Erfahrung der Endlichkeit des begrenzten Seienden. Denn relativ zu den endlichen Seienden (seinen Kräften, seinen Fähigkeiten) ist vieles tatsächlich nicht möglich, was an sich denkbar ist. Wenn man aber dies einsieht, so müssen auch die Möglichkeitsbedingungen dieser Einsicht bedacht werden. In der Erfahrung nämlich des endlichen Seienden als solchen ist nicht nur ein Wissen um dessen Kontingenz, also um dessen Nicht-sein-Können, son-

dern auch ein Hinweis auf das absolute Sein impliziert, ohne welches die Tatsächlichkeit des sich selbst nicht begründenden Seienden unerklärlich wäre (vgl. Weissmahr 1983, 63–72). Das implizite Wissen um das Absolute ist also der letzte Grund für das Wissen um das Endliche *als solches* und deshalb auch der letzte Grund dafür, daß die Dynamik des Geistes keine Grenzen kennt. Hiermit sind wir dann wieder bei dem Unterschied angelangt zwischen dem ausdrücklichen, begrifflichen Denken und dem Denken, das mit der Seinserfahrung oder transzendentalen Erfahrung identisch ist. Im Wissen um den unbegrenzten Bereich des widerspruchslos Denkbaren tut sich das begrifflich nie darstellbare, für das menschliche Denken konstitutive (aber immer nur durch transzendentale Analyse entfaltbare) Wissen um das Absolute kund.

Hiermit dürfte aufgewiesen sein, daß das seinslose Wesen nichts ist 210 (bzw. daß das als seinslos gedachte Wesen nichts Gedachtes ist), und daß es deshalb ein Irrtum ist zu meinen, man habe vom Sein vollkommen abstrahiert, wenn man vom extramentalen Sein abstrahiert hat.

cc) Entweder Empirismus oder Rationalismus

Wenn man ferner das begriffliche Modell der Wirklichkeit mit der 211 Wirklichkeit selbst verwechselt, dann ist man – falls man konsequent vorgeht – gezwungen, zwischen dem Empirismus oder dem Rationalismus zu wählen. Dann ergibt sich nämlich folgende Alternative: Entweder ist das einzelne dem Allgemeinen vorzuziehen – eine solche Option führt aus innerer Notwendigkeit zum Empirismus, in dem das, was Wirklichkeit überhaupt ist, vom sinnlich wahrgenommenen Einzelding her bestimmt wird – oder man bevorzugt das Allgemeine im Gegensatz zum einzelnen; in diesem Fall aber liegt die rationalistisch-begriffsrealistische Position auf der Hand, in der das Paradigma für Wirklichkeit das im Denken erfaßte Allgemeine ist, und zwar so, wie es im Denken vorkommt. In dieser Perspektive ist der die Wesensmetaphysik von Anfang an belastende doppelte Ausgangspunkt (vgl. Nr. 193) nichts Zufälliges, sondern das Ergebnis dessen, daß man das im begrifflichen Denken Dargestellte mit der Wirklichkeit gleichgesetzt hat.

dd) Verschiedenheit nur als Unvollkommenheit

Als letztes Beispiel dafür, daß die Verwechslung des begrifflichen 212 Modells der Wirklichkeit mit der Wirklichkeit selbst zu Aporien führt, sei auf die Ungereimtheiten hingewiesen, die entstehen, wenn man (wie das für die Wesensmetaphysik unausweichlich ist) die These vertritt, daß Vielheit und Verschiedenheit immer durch

Begrenzung und deshalb durch Unvollkommenheit konstituiert werden.

Wenn es wahr wäre, daß das Sein als verwirklichtes Sein keinen Unterschied setzt (vgl. z. B. Coreth ²1964, 184), dann würde daraus folgen, daß es Unterschiede im Sein *nur* aufgrund der Unvollkommenheit des verwirklichten Seins geben könnte, d. h. *nur* aufgrund des (relativen) Nicht-Seins des Seienden. (Dieser Schluß wird in der Wesensmetaphysik tatsächlich gezogen.) Damit ist aber dann auch behauptet, daß der einzige Unterschied, der zwischen Seienden möglich ist (da ein Unterschied außerhalb des Seins nicht in Frage kommen kann), nur im Mehr- oder Wenigersein bestehen kann, daß sich also die verschiedenen Seienden voneinander einzig und allein im quantitativ aufgefaßten Seinsgrad unterschieden. Wenn aber dem Sein nur diese einzige quantitative »Dimension« zugesprochen werden könnte, nach der es sich differenzieren kann, so wäre es etwas bis zur Univozität Leeres, nicht aber die vom späten Thomas behauptete Vollkommenheit aller Vollkommenheiten. Will man also das Sein nicht als etwas bloß Quantitatives auffassen, so muß man behaupten: Verschiedenheit kann es nicht *nur* aufgrund der Unvollkommenheit des jeweils verwirklichten Seins geben, d. h. Verschiedenheit muß *auch* als eine Seinsvollkommenheit betrachtet werden.

Literatur:

Berger 1968.   Flasch 1974.
Scheltens 1968.

c) Identität und Differenz als Vollkommenheit und als Unvollkommenheit

213 (1) Das Seinsverständnis entscheidet sich am Verständnis der Analogie. Die Analogie aber besteht darin, daß Seiendes letztlich in dem übereinkommt, worin es sich unterscheidet, daß also jedes Seiende *dasselbe Sein* verwirklicht *auf die ihm je eigene, von anderen Seienden verschiedene Weise.* In dieser Formulierung kommt zum Ausdruck, (a) daß kein Seiendes als etwas Isoliertes, mit anderen nicht Verbundenes aufgefaßt werden kann, sondern daß es in einer realen Seinsgemeinsamkeit mit allen anderen Seienden steht, und (b) daß jedes Seiende aufgrund der ihm eigenen Weise seiner Seinsverwirklichung ein von allen anderen verschiedenes einzelnes ist.

214 Im konkreten Sein jedes Seienden zeigt sich demnach eine Zweipoligkeit: Sein ist sowohl das jedem Seienden *Gemeinsame* als

auch das jedem Seienden *Individuelle*. Seiendes ist aufgrund seines Seins identisch mit allem anderen und verschieden von allem anderen. Sein *setzt* also sowohl *Identität* als auch *Differenz*. Und es ist zu betonen, daß keines dieser beiden Momente dem anderen untergeordnet werden darf. *Identität und Differenz sind vielmehr als gleichwertige, als aufeinander bezogene, im Maße des Seinsgrades des Seienden zunehmende bzw. abnehmende, als einander völlig entsprechende Seinsmomente aufzufassen.*

In dieser Feststellung sind zwei Behauptungen impliziert. *Einmal,* 215 daß es unter den Seienden Seinsgradunterschiede gibt. Das Reden von Seinsgraden ist zwar für eine naturwissenschaftlich orientierte Weltbetrachtung kaum mitvollziehbar (auch wenn der Gedanke der Evolution es eigentlich fordert), in der Philosophie hat es sich jedoch seit Platon mit Recht eingebürgert. Denn in dieser Redeweise artikuliert sich eine begrifflich nicht vollkommen objektivierbare, grundlegende Seinserfahrung des Menschen, der zumindest die großen Seinsgradunterschiede zwischen dem Anorganischen, dem Organischen und dem Vernünftigen in seinem eigenen Bewußtsein erfaßt, indem er sich z. B. in einem plötzlich bremsenden Zug als träge Masse, in seinen Lebensfunktionen als organisches Wesen und im Bewußtsein seiner selbst als vernünftiges Subjekt erkennt.

Außerdem impliziert die soeben gemachte Feststellung, daß sich die innere Bipolarität des Seins *desto deutlicher* kundtut, *je höher die Seinsvollkommenheit des betreffenden Seienden ist.* Die zugleich obwaltende, einander durchdringende Identität und Differenz der Seienden im Sein ist also in den Seienden *gemäß ihrem Seinsgrad jeweils verschieden, d. h. größer oder geringer.*

Diese Einsicht kann schematisch wie folgt dargestellt werden: 216
Je mehr ein Seiendes am Sein »teilhat«, *je vollkommener* es ist, *desto mehr* verwirklicht es »das Sein«, folglich hat es desto mehr Anteil an dem, was die Gemeinsamkeit der Seienden ausmacht, und ist deshalb desto mehr identisch mit allen anderen aufgrund des allen gemeinsamen Seins, – und *zugleich* ist es
desto mehr »es selbst«, verwirklicht desto mehr das Sein auf die nur ihm zukommende Weise, und folglich unterscheidet es sich desto mehr von allen anderen Seienden, da auch diese das Sein ihrem Seinsgrad entsprechend auf die ihnen eigene Weise verwirklichen.

Dies alles gilt aber auch mit umgekehrtem Vorzeichen:
Je weniger ein Seiendes *ist,* je weniger Sein ihm zukommt, desto weniger ist es *identisch* mit anderen Seienden aufgrund des in allen verwirklichten gemeinsamen Seins, und zugleich ist es desto weniger *verschieden* von anderen entsprechend der je individuell eigenen Seinsweise.

217 (2) Wenn nun die zwischen Seienden gegebene Identität *und* Differenz je nach dem Seinsgrad der Seienden größer oder geringer ist, dann folgt daraus, daß die Identität aufgrund des gemeinsamen Seins und die Differenz aufgrund der je eigenen Seinsweise im Bereich der endlichen Seienden niemals eine schlechthinnige Identität bzw. Differenz sein können, sondern daß alle endlichen (das Sein immer nur begrenzt verwirklichenden) Seienden die Identität miteinander aufgrund des ihnen gemeinsamen Seins und die Differenz voneinander aufgrund ihrer je eigenen Seinsweise immer nur unvollkommen, nämlich nur im Maße ihrer begrenzten Seinshabe verwirklichen. Die genannte Identität und die genannte Differenz sind zwar niemals bloß partiell gegeben, d. h. sie bestehen immer aufgrund des gesamten Seinsbestandes der jeweiligen Seienden, da aber im Falle der endlichen Seienden dieser Seinsbestand begrenzt ist, sind die Identität und die Differenz immer nur mangelhaft verwirklicht, d. h. so, daß sie durch Negativität behaftet sind. Die endlichen Seienden, die wegen des ihnen allen gemeinsamen Seins miteinander identisch sind, sind also aufgrund dessen, daß sie das ihnen gemeinsame Sein jeweils nur in endlicher Weise und deshalb unvollkommen verwirklichen, immer auch *nicht-identisch* (und insofern sie das sind, sind sie *voneinander verschieden*); und die endlichen Seienden, die sich der ihnen eigenen Seinsweise zufolge voneinander unterscheiden, sind also aufgrund dessen, daß sie nur in endlicher, unvollkommener Weise Individualität besitzen, immer auch *nicht-verschieden* (und insofern sie das sind, *kommen sie miteinander überein*).

218 Man muß demnach mit zwei verschiedenen, einander entgegengesetzten »Arten« sowohl der Identität als auch der Verschiedenheit rechnen. Diese Einsicht ist äußerst wichtig, denn erst mit ihrer Hilfe können die Schwierigkeiten hinsichtlich der Deutung der Identität (der Einheit, der Allgemeinheit) und der Differenz (der Vielheit, der Einzelheit), die im Laufe der Geschichte der Philosophie immer wieder aufgetreten sind, gelöst werden. Denn in der endlichen Wirklichkeit (von der her wir unser ganzes Wissen um Wirklichkeit als solche empfangen) ist jede Identität und jede Differenz immer zweideutig, insofern sie sowohl durch Vollkommenheit (Seinsfülle, Positivität) als auch durch Unvollkommenheit (Seinsmangel, Negativität) konstituiert ist. Diese Zweideutigkeit der Identität bzw. der Differenz kommt aber im begrifflichen, die Sachverhalte in voller Eindeutigkeit zu beschreiben versuchenden Denken nicht zur Geltung, woraus sich dann immer wieder Fehldeutungen ergeben. – Zu unterscheiden sind also:

219 (a) Eine *Identität*, die gegeben ist *aufgrund des den Seienden ge-*

meinsamen Seins. Diese Identität der Seienden untereinander (die als eine »transzendentale Bestimmung« der Seienden zu betrachten ist) entspricht der Seinshöhe, also der Vollkommenheit der jeweiligen Seienden, und sie schließt die Verschiedenheit aufgrund der je eigenen Seinsweise nicht aus, sondern ein. Sie ist das Prinzip der »Perichorese«, des gegenseitigen Durchdringens der Seienden, bzw. der gegenseitigen Immanenz derjenigen, die aufgrund der je individuell eigenen Seinsweise sich gegenseitig transzendieren.

(b) Eine *Identität, die gegeben ist aufgrund des Mangels an diffe-* 220 *renzierender, individuell-eigener Seinsweise der Seienden.* Diese Identität tritt desto mehr in Erscheinung, je geringer die Seinsmächtigkeit eines Seienden ist. Ihr kommt abstrakt gesehen die Tendenz zu, möglichst jede Verschiedenheit aufgrund der individuellen Eigenheit des verwirklichten Seins zu beseitigen. In der Wirklichkeit kann allerdings das Nichts von innerlich differenzierender Eigenheit nie erreicht werden, denn nur, was *nicht ist,* »hat« keine es differenzierende ihm eigene Seinsweise. Diese Identität, die auf die Beseitigung jeder seinsmäßigen Differenz ausgerichtet ist, ist das Prinzip der »Univozität«, d. h. der Identität, die als jenen zukommend gedacht wird, die ohne jegliche Individualität bloß numerisch vervielfältigt sein sollten, die nur unterschieden wären in der Weise der nacheinander gesetzten gleichen Zahl.

(c) Eine *Verschiedenheit, die gegeben ist aufgrund der je individu-* 221 *ell eigenen Seinsweise der Seienden.* Diese Differenz, die entsprechend der Seinshöhe der Seienden wächst, kommt nicht dadurch zustande, daß einem Seienden etwas zukommt, was das andere nicht hat, sondern dadurch, daß es dasselbe Sein (an dem freilich die endlichen Seienden entsprechend ihrem Seinsgrad immer nur mehr oder weniger teilhaben) jeweils anders, d. h. auf jeweils individuell eigene Weise verwirklicht. Diese Differenz, die auch als eine »transzendentale Bestimmung« aufgefaßt werden muß, schließt also die Identität der Seienden miteinander nicht aus, sondern ein. Sie ist das Prinzip jener Individualität, die im Personsein gipfelt, und deshalb das Prinzip der »Vielheit als Seinsvollkommenheit« (des »multum, quod convertitur cum ente«); sie ist das gegeneinander Anderssein derer, die aufgrund desselben Seins, das sie verwirklichen, einander durchwalten.

(d) Eine *Verschiedenheit, die gegeben ist aufgrund des Mangels an* 222 *dem den Seienden gemeinsamen Sein.* Diese Differenz ist desto ausgeprägter, je weniger Sein ein Seiendes hat. Abstrakt betrachtet ist ihr die Tendenz eigen, möglichst jede Identität zu eliminieren, die den einzelnen Seienden aufgrund der Seinsgemeinsamkeit zukommt. In der Wirklichkeit kann freilich das Nichts an Seinsgemeinsamkeit niemals vorkommen, denn nur, was *nicht ist*, »befindet sich« außerhalb jeder Seinsgemeinsamkeit. Diese Verschiedenheit, die die Tendenz hat, jede Gemeinsamkeit aufzuheben, ist das Prinzip der »Äquivozität«, d. h. der Differenz, die ohne irgendwelche Identität gedacht wird, also als die Differenz derer, die miteinander gar nichts zu tun haben, oder deren Gemeinsamkeit nicht mehr bedeutet als die Gemeinsamkeit der verschiedenen Grundzahlen der Zahlenreihe.

223 In jedem endlichen Seienden sind diese vier in zweifacher Weise polaren Aspekte zugleich verwirklicht: Die Identität aufgrund der Seinsgemeinsamkeit ist stets proportional der Verschiedenheit aufgrund der eigenen Individualität. Von dieser Identität und von dieser Verschiedenheit gilt: Je größer die Identität, desto größer die Verschiedenheit und umgekehrt. Ferner wird im endlichen Seienden die Identität aufgrund der Seinsgemeinsamkeit jeweils durch die Verschiedenheit aufgrund des Mangels an Seinsgemeinsamkeit begrenzt; und die Verschiedenheit aufgrund der je eigenen Seinsweise wird durch die Identität des Mangels an eigener Individualität in Schranken gehalten.

Zu bemerken ist noch, daß Platon im »Sophistes« an der Stelle, wo er als die wichtigste Eigenschaft des wahren Philosophen die Fähigkeit, richtig zu unterscheiden, hervorhebt, auch vier Gesichtspunkte erwähnt, die mit den soeben Genannten zwar nicht gleichgesetzt werden können, ihnen jedoch sehr ähnlich sind: »Wer dazu fähig ist, der vermag genau wahrzunehmen, wie *eine* Idee, nach allen Seiten ausgebreitet, durch viele Dinge hindurchgeht, deren jedes einzelne für sich abgesondert ist, und wie viele andere Ideen, die voneinander verschieden sind, von einer einzigen von außen her rings umfaßt werden, und wie hinwiederum eine einzige über all die vielen ausgebreitet ist und dabei doch in ihrer Einheit zusammengefaßt bleibt, und wie viele andere völlig für sich abgesondert sind« (253 d 5–9, übers. Rufener, Platon 1965).

224 (3) Zusammenfassend kann gesagt werden: Alles, was »ist«, realisiert – *jeweils abgestuft – das allem gemeinsame Sein auf je individuelle Weise.* Dieser Satz drückt die nur der Vernunfterkenntnis zugängliche innere Polarität des Seins der Seienden aus und macht zugleich auf die diese Polarität innerlich begrenzenden Seinsgradunterschiede aufmerksam. Aus ihm kann auch die Lösung der Problematik von Identität und Differenz, von Einheit und Verschiedenheit (oder Vielheit) entwickelt werden. Denn alles, was *ist*, existiert in einer Seinsgemeinsamkeit (in einer inneren Beziehung zueinander), bildet also *eine Einheit miteinander;* und alles, was *ist*, ist von anderem verschieden, ist *nur mit sich selbst Eines*, ist etwas

116

Individuelles je nach dem Grad des verwirklichten Seins. Aufgrund *des gemeinsamen Seins* ist es »beim-anderen«, durchwaltet das andere, ist bezogen auf anderes; aufgrund *der je eigenen Weise des Seins* kommt ihm eine unvertauschbare Eigenheit, eine Individualität zu, ist es ein »Selbst«, also etwas, das eine Selbständigkeit besitzt, je nach dem Maß des von ihm verwirklichten Seins, wobei freilich immer zu beachten ist, daß Maß und Weise des Seins ineinander übergehen, d. h. ein verschiedenes Maß an Sein immer auch eine verschiedene Seinsweise bedeutet und umgekehrt, da das, was mit »Sein« gemeint ist, niemals eindeutig quantifiziert werden kann.

Die Gesamtheit der Dinge, die unsere Welt bildet, erscheint uns als 225 eine sehr verschiedenartige *Vielheit* von *einzelnen,* die aber *alle Seiende sind.* Genauer gesagt: Der auf sein Wissen reflektierende Mensch erkennt, daß er alles, was es in der Welt auf welche Weise auch immer »gibt«, nur deshalb als eine mannigfaltige Vielheit von einzelnen wahrnehmen kann, weil er sie, sobald er mit ihnen in Kontakt kommt, als im Sein geeinte erfaßt. Daß also die Welt eine Vielheit von im Sein übereinkommenden einzelnen ist, wird unmittelbar gewußt, weil es bei jedem bewußt vollzogenen Erkenntnisakt wenigstens implizit mitgewußt ist. Die weitere Analyse dieser Gegebenheit manifestiert dem denkenden Verstand:

(a) Eine *Seinseinheit,* also eine *wirkliche Einheit,* die nach dem 226 Maß des vom Seienden verwirklichten Seins alles Seiende miteinander verbindet. An der Vielheit von einzelnen zeigt sich also ein innerer Zusammenhang, eine relationale Einheit, d. h. eine Identität miteinander, die Vollkommenheit besagt. Dieser Aspekt der Wirklichkeit wurde in der aristotelischen Tradition der Metaphysik kaum reflektiert und höchstens durch den Ordnungsgedanken zum Ausdruck gebracht. Im mittelalterlichen Aristotelismus wurde er allerdings in die Überlegungen einbezogen durch die Übernahme des platonischen Partizipationsgedankens und durch dessen Verknüpfung mit dem Schöpfungsbegriff.

(b) Eine *Wiederholung desselben,* d. h. eine Identität, die Unvoll- 227 kommenheit ist. An der Vielheit von einzelnen zeigt sich also das Moment der Univozität. Dieser Aspekt erscheint in der klassischen Wesensmetaphysik unter dem Begriff der von der »materia prima« ausgehenden »numerischen Vervielfältigung« des jeweils Identischen. Er kommt auch zum Ausdruck im Begriff des »Einen, insofern es das Prinzip der Zahl« (»unum ut principium numeri«) ist und als solches jede Quantifizierung begründet.

(c) Eine *individuelle Verschiedenheit,* d. h. eine Differenz, kraft 228 derer die Seienden entsprechend ihrer je eigenen Seinsweise (entsprechend ihrem »*Anders-Sein*«) voneinander unterschieden sind. An der Vielheit von einzelnen erscheint also die Verschiedenheit als Vollkommenheit, insofern diese Verschiedenheit durch Individualität gesetzt ist. Dieser Aspekt der Wirklichkeit wurde weder in der platonischen noch in der aristotelischen Schule erkannt. Vielheit und Verschiedenheit galten für das griechische Denken durchwegs als Unvollkommenheiten. Die vom Christentum vertretene Trinitätslehre bzw. die Lehre von der unbedingten Würde der Einzelperson haben zwar in die Richtung der Vielheit als einer Seinsbestimmung gewiesen, doch kam dieser Gedanke auch in der mittelalterlichen Philosophie nicht zur Geltung, sondern wurde – von wenigen Ausnahmen abgesehen, unter denen Nicolaus Cusanus die wichtigste ist – als ein Gedanke gewertet, zu dem man nur durch die Offenbarung, nicht aber durch die natürliche Vernunft gelangen kann. Damit ist freilich nicht gesagt, man habe von diesem Aspekt der Wirklichkeit gar nichts erfaßt. Die Einsicht, daß jedes Seiende als solches ein Eines ist, daß also das Eine im Sinne der Selbstidentität eine nach dem Maß des Seins verwirklichte Bestimmung des Seienden ist, war durchaus vorhanden. Man sprach vom »unum, quod convertitur cum ente« und man betrachtete dieses »unum« als das erste der (im klassischen Sinn verstandenen) transzendentalen Bestimmungen des Seienden. Der eigentliche Grund dieser Einheit, nämlich die jeweils individuell eigene Seinsweise der Seienden bzw. die Komplementarität dieser Einheit zur Einheit der Seienden miteinander, wurde allerdings nicht erfaßt, weil man sich nicht an der im Bewußtsein aufleuchtenden Einheitserfahrung (vgl. Nr. 162), sondern vorwiegend an der anschaulichen Einheit des dinglich Vorhandenen orientiert hat, was in der üblichen Definition dieser Einheit klar zum Ausdruck kommt: Eines ist das, was in sich ungeteilt existiert (und jedem anderen gegenüber abgegrenzt ist). Auch die Tatsache, daß manche Autoren von einer transzendentalen Vielheit reden (so z. B. Thomas von Aquin: De Pot q.9 a.7; Summa theol. I q.30 a.3), ändert nichts am Gesamtbild, da auch die Beschreibung dieser Weise der Vielheit zumindest teilweise an die Vielheit des Dinglichen anknüpft.

229 (d) Eine *Bruchstückhaftigkeit,* eine *Partialität,* eine *Entfremdung,* ein »*Anderes-Sein*« *gegenüber den anderen,* d. h. eine Verschiedenheit, die Unvollkommenheit ist. An der Vielheit von einzelnen zeigt sich also das Moment der Äquivozität. Dieser Aspekt tut sich in der klassischen Wesensmetaphysik durch den Begriff der Vielheit und der Verschiedenheit kund, insofern diese Begriffe stets als Ausdruck des Mangelhaften verstanden werden. Außerdem wird dieser Aspekt immer mit der Materie in Zusammenhang gebracht,

die als das Prinzip der Negativität nicht nur für die langweilige Wiederholung, sondern auch für das Entfremdetsein der Seienden voneinander verantwortlich gemacht wird.

(4) Die vorausgehenden Überlegungen enthalten auch die Antwort 230 auf die oben (Nr. 180 f.) gestellte Frage nach dem Verhältnis von Einheit und Verschiedenheit, von Identität und Differenz. Es gibt, wie sich gezeigt hat, zwei verschiedene »Arten« von Einheit und Verschiedenheit, die jeweils entgegengesetzte Eigenschaften haben. Von hier aus lassen sich dann die beiden »Arten« der Identität und der Differenz ohne Schwierigkeit mit jener Identität und jener Differenz in Verbindung bringen, die einerseits aus der »dinglichen«, andererseits aus der »interpersonalen« oder »geistigen« Erfahrung herstammen. Jene Einheit und jene Verschiedenheit, zu denen wir durch die »geistige« oder »personale« Erfahrung Zugang haben, sind die Einheit und die Verschiedenheit als Seinsvollkommenheiten, für die gilt, daß sich Einheit und Verschiedenheit gegenseitig bedingen. Die Einheit und die Verschiedenheit aber, die sich in der »dinglichen« Erfahrung bzw. in der sinnlichen Wahrnehmung kundtun, müssen mit der Einheit und mit der Verschiedenheit gemäß der Unvollkommenheit gleichgesetzt werden; sie sind dadurch gekennzeichnet, daß sich Einheit und Verschiedenheit gegenseitig ausschließen. Die erstere »Art« der Einheit und der Verschiedenheit ist der analogen, die letztere jedoch der begrifflich eindeutigen, abstrakt-univoken Erkenntnis zugänglich.

Da die uns gegebene, endliche Realität immer auch durch »ding- 231 liche« Aspekte gekennzeichnet ist, konnte sich die Wesensmetaphysik mit einem gewissen Recht auf die Erfahrung berufen, indem sie das begriffliche Modell der Wirklichkeit mit der Wirklichkeit gleichgesetzt hat. Denn das Verschiedene und das Identische treten in der endlichen Wirklichkeit tatsächlich auseinander, und deshalb können sie und müssen sie voneinander immer auch abgehoben werden, und zwar desto klarer und eindeutiger, je materieller ein Seiendes ist, je weniger Sein ihm also zukommt. Der entscheidende Fehler der Wesensmetaphysik bestand aber darin, daß sie sich durch diese Erfahrung zur Meinung verführen ließ, man könnte sich, wenn man Metaphysik betreiben will, auf das begriffliche Denken verlassen.

Literatur:
Siewerth 1961.
Coreth 1964.
Geissler 1964.

Kern 1964.
Lauth 1975.
Beierwaltes 1980.

d) Das vom Sein her verstandene Wesen

232 (1) Aus den bisherigen Überlegungen ergibt sich, daß man für die Erklärung der metaphysischen Konstitution des Seienden auf nichts anderes zurückgreifen muß als auf die beiden einander bedingenden positiven Aspekte des Seins, nämlich auf die Seinsgemeinsamkeit (wodurch das Seiende mit allem eins ist) und auf die je eigene Seinsweise (wodurch sich das Seiende von allem anderen unterscheidet). Insofern Seiendes *endlich* ist, erweist es sich freilich als kontingent, d. h. als ein Seiendes, dessen *ihm eigenes Sein* zwar wirklich das seine ist, welches aber zugleich ein das ihm eigene Sein empfangendes ist, und zwar nach dem Maß und der Weise seines ihm eigenen Seins (vgl. Weissmahr 1983, 129—137). Das jeweilige »Sein auf die ihm individuell eigene Weise« des endlichen Seienden erklärt sich also *durch sich selbst* in dem Sinn, daß es dadurch »seiend« ist, wodurch es »dieses einzelne« ist, und daß es dadurch ein »Individuelles« ist, wodurch es auch »Seiendes«, d. h. im Sein stehendes ist. Als Kontingentes, d. h. Auch-nicht-sein-Könnendes erklärt es sich freilich *nicht durch sich selbst allein,* sondern weist auf das ihm das Sein (und damit auch die jeweils ihm individuelle Weise des Seins) mitteilende, in jeder Hinsicht absolute Prinzip zurück.

233 Hiermit ist dann auch schon gesagt, was das »Wesen« des jeweils einzelnen Seienden ist, nämlich das *jeweils (nach Maß und Weise) eigene Sein.* Damit ist die Antinomie zwischen der »ersten« und der »zweiten Substanz« (dem »individuellen« und dem »allgemeinen« Wesen) gelöst. Wenn das jeweils eigene Sein das metaphysische Wesen der Dinge ist, so ist das Wesen sowohl das Individuellste als auch das Allgemeinste. Insofern das Sein des Seienden das ihm nach Maß und Weise *eigene* ist, kommt es nur dem jeweiligen einzelnen zu, insofern es aber *Sein* ist, steht das Seiende in der Seinsgemeinsamkeit mit allen anderen. Wesen muß also einerseits im Sinne des *je individuell (nach Maß und Weise) eigenen Seins des einzelnen* verstanden werden; andererseits gibt es in der Wirklichkeit eine (aber nur eine!) »allgemeine Wesenheit«, die nichts Abstraktes, sondern etwas ebenso Reales ist wie die Individualität, nämlich das *allem gemeinsame Sein.*

234 Wenn das »Wesen« des Seienden das »jeweils eigene Sein« ist, so kann von einer Realdistinktion zwischen Sein und Wesen keine Rede sein. Denn das jeweils konkrete Sein des Seienden, d. h. das Sein, insofern es das eigene Sein des Seienden ist, ist mit dem Wesen des Seienden identisch, ohne ihm auch nur im geringsten entgegengesetzt zu sein. Dies war die richtige Einsicht von Suárez. Nur hat er das Sein vom Wesen her bestimmt. Hier wird dagegen das Wesen

ganz vom Sein her bestimmt, das Wesen geht sozusagen im Sein auf. Die hier gebotene Lösung unterscheidet sich also grundlegend von der suarezianischen Auffassung.

(2) Aus dem Gesagten folgt, daß alle Art- und Gattungsbestim- 235 mungen stets relativ sind, d. h. sie drücken zwar wirklich bestehende Unterschiede und auch Übereinkünfte aus, doch in einer Weise, die auch anders ausfallen könnte. Denn die Trennungslinien zwischen den Klassen und auch, was als eine Klasse zu betrachten ist, hängen stets vom Standpunkt und vom Interesse dessen ab, der die Einteilung in einem konkreten Fall vornimmt. Und jeder hat seine Gründe, warum die Einteilung der Wirklichkeit bei ihm so und nicht anders ausfällt.

In der Biologie, in der sich sowohl die Differenzierung als auch die 236 innere Einheit der verschiedenen Arten, Gattungen, Familien usw. vielleicht am meisten »aus der Natur der Sache« ergeben, ist es, seitdem sich die Abstammungslehre wissenschaftlich durchgesetzt hat, nicht mehr möglich, die voneinander phänotypisch deutlich abgrenzbaren Klassen so zu betrachten, als wären sie durch aufeinander unzurückführbare »Wesenheiten« konstituiert.

Die essentialistische Metaphysik hat lange Zeit die von der Natur 237 aus unwandelbaren Wesensunterschiede verteidigt. Man bestand darauf, daß es Klassen von Seienden gibt (z. B. Lebewesen), denen *allen* ein Wesensmerkmal (Leben) zukommt, und zwar so, daß es *nur* ihnen zukommt. Dies setzt freilich voraus, daß man dieses Merkmal (»Leben«) eindeutig definieren kann, was aber nicht zutrifft, denn das abstrakte Denken ist nicht die Wirklichkeit.

Für eine Metaphysik aber, die sich bewußt ist, daß das Sein das am 238 meisten Bestimmende des Seienden ist, ist es selbstverständlich, daß jeder Seinsunterschied, wie gering er auch sei, als wesentlicher Unterschied zu betrachten ist, aber auch, daß jede Seinsübereinstimmung, unabhängig davon, welches Maß sie erreicht, als wesentliche Übereinstimmung gelten muß. Deshalb gibt es metaphysisch, d. h. vom »Seinsstandpunkt her« betrachtet, keine ganz eindeutig definierbaren Arten. Die Einteilung der Wirklichkeit nach »Arten«, die Bestimmung dessen, was das »Wesen« eines Dinges ist, hängt immer von der Rücksicht ab, die der denkende, redende Mensch an die Dinge *heranträgt*. Freilich gibt es Rücksichten, die in einem gewissen Kontext dem »Ding« mehr gerecht werden als andere. Ganz unabhängig von jedem Kontext ist jedoch nur die »Rücksicht« des Seins, weil sie als Bedingung der Möglichkeit jedes Verstehens keine (Einzel-)Rücksicht mehr ist.

(3) Es wäre aber ein grobes Mißverständnis, wenn man den Art- 239 begriff wegen des Gesagten als wertlos betrachten würde. Arten

sind zwar keine sich eindeutig von anderen absetzenden und nach innen homogenen Größen, dennoch entspricht der Artbegriff einem wichtigen Zug der Wirklichkeit, nämlich der Tatsache, daß in der Welt die (annähernd) identische Multiplikation desselben mit den auch nach der Weise verschiedenen Seinsstufen kombiniert vorkommt.

Jedes Seiende ist – wie gesagt – von jedem Seienden seinsmäßig und darum »wesentlich« verschieden und stimmt zugleich mit jedem Seienden im Sein und darum im »Allerwesentlichsten« überein. Dadurch wird jedoch keineswegs alles miteinander nivelliert oder voneinander verfremdet, denn jede Übereinstimmung und jeder Unterschied ist jeweils eine andere Übereinstimmung und ein anderer Unterschied, keinem kommt *genau dieselbe* Seinsbedeutung zu. Um den relativen, aber wirklichen Wert des Artbegriffs zu verstehen, muß folgendes berücksichtigt werden: Jedes Seiende verwirklicht dasselbe Sein auf je eigene Weise. Es gibt also überall sowohl (wesentliche) Identität als auch (wesentliche) Differenz, d. h. Analogie. Diese Analogie ist aber als solche nie die gleiche, denn alles Analoge verhält sich zu allem anderen jeweils anders analog.

240 Jedes analoge Verhältnis (also die überbegrifflich erfaßte Identität in Differenz und Differenz in Identität) kommt mit jedem anderen analogen Verhältnis *anders* überein und unterscheidet sich auch *anders* von jedem anderen. Doch kann man die verschiedenen zueinander immer in einem analogen Verhältnis stehenden Seienden in verschiedene Klassen einordnen *je nach der Ähnlichkeit bzw. Unähnlichkeit der Gegenseitigkeit des analogen Verhältnisses (der zugleich bestehenden Identität und Differenz).* Mit diesem komplizierten Satz ist folgendes gemeint: Die Identität der Seienden miteinander, mit der immer auch eine Differenz der Seienden voneinander einhergeht, entspricht dem Sein der Seienden. Diese Identität und Differenz ist deshalb immer eine gegenseitige, aber in dieser Gegenseitigkeit nie genau dieselbe Identität und Differenz. Hans und Thomas sind z. B. miteinander identisch *und* voneinander verschieden aufgrund *ihres* Seins. Weil die Identität miteinander und die Differenz voneinander aufgrund *ihres ihnen eigenen* Seins gegeben sind, *deshalb unterscheidet* sich die Identität (bzw. Differenz), die es zwischen Hans und Thomas gibt, von der Identität (bzw. Differenz), die zwischen Thomas und Hans besteht. Man muß aber bedenken, daß es auch eine Identität in Differenz und eine Differenz in Identität zwischen Hans und seinem Hund Fifi gibt. Nun ist es offensichtlich, daß auch die Identität (bzw. Differenz), die zwischen Hans und Fifi besteht, von der Identität (bzw. Differenz), die es zwischen Fifi und Hans gibt, unterschieden ist. Eben-

so offensichtlich ist aber, *daß die beiden Unterschiede in der Gegenseitigkeit der Identität und Differenz selbst verschieden sind.* Denn der Unterschied, der zwischen der Identität (bzw. Differenz) zwischen Hans und Thomas und der Identität (bzw. Differenz) zwischen Thomas und Hans besteht, ist geringfügig im Vergleich zu dem Unterschied, den es zwischen der Identität (bzw. Differenz) zwischen Hans und Fifi und der Identität (bzw. Differenz) zwischen Fifi und Hans gibt.

Insofern also die untereinander bestehende Gegenseitigkeit des 241 analogen Verhältnisses der Seienden weitgehend miteinander gleich ist (wie im Fall von Mensch zu Mensch), haben wir es mit einer weitgehend klar abgegrenzten Klasse von Seienden zu tun, was uns dazu berechtigt, hinsichtlich dieser Seienden von einer Art zu reden. Insofern jedoch die untereinander bestehende Gegenseitigkeit des analogen Verhältnisses der Seienden voneinander stark abweicht (wie das im Fall Mensch – Hund im Vergleich zu Mensch – Mensch geschieht), handelt es sich um Seiende, die in verschiedenen Seinsklassen einzuordnen sind, weshalb wir von verschiedenen Arten reden können und sogar müssen.

(4) Hiermit sind dann auch die bei der Behandlung des Universa- 242 lienproblems noch offengelassenen Fragen (vgl. Nr. 164) im Grunde beantwortet. Denn in der Wirklichkeit gibt es keine eindeutig bestimmten »allgemeinen Formen«; was man als Wesensform bezeichnet, ist Abstraktion. Damit ist allerdings nicht gesagt, die allgemeinen Formen seien bloß Konstruktionen des menschlichen Geistes ohne jegliche Entsprechung zur Wirklichkeit. Denn es gibt wirkliche Gemeinsamkeit und auch wirklichen Unterschied im Sein. Doch allgemeine Formen als solche, die nur das Identische der Verschiedenen enthalten, gibt es nur im begrifflichen Denken. In der Wirklichkeit hat jedes einzelne Seiende die ihm je eigen zukommende Form, die von anderen Formen wirklich (oder »wesentlich« oder – wenn man will – »formal«) verschieden ist, die aber zugleich mit allen anderen Formen wirklich übereinstimmt. Die im metaphysischen Sinn eigentliche »Wesensform« der Dinge ist – wie schon gesagt – das *jeweils eigene Sein,* das, sofern es »eigen« ist, nur dem jeweiligen einzelnen Seienden zukommt und an dem, sofern es »Sein« ist, alles Seiende teilhat.

Auch die Beantwortung der Frage, welche Realität jenen Allge- 243 meinbegriffen (jenen Wesenheiten) zugeordnet werden kann, die einen Mangel an etwas ausdrücken, kann nach den bisherigen Überlegungen nicht schwerfallen.

Wenn man von der Einsicht ausgeht, daß die begriffliche Erkenntnis (bzw. die begriffliche Darstellungsweise der Wirklichkeit in der

Sprache) mit der Wirklichkeit nie ohne weiteres identisch ist und daß sie deshalb die nichtdingliche Wirklichkeit nach der Weise der »Dinge« darstellt, dann wird man keine Schwierigkeit dabei empfinden, daß die abstrakt dargestellten negativen Aspekte (oder negativen Eigenschaften) des Seienden in der Sprache als etwas Positives erscheinen. So redet man von der Endlichkeit, von einer Unvollkommenheit und auch von dem Nichts (vgl. Nr. 201), als wären sie ein »Etwas«. Wo es um einen Mangel an etwas geht, kommt zur bloßen Negativität noch hinzu, daß etwas fehlt, was dasein sollte. Wenn ein Mangel an etwas festgestellt wird, wenn also gesagt wird, etwas sei schlecht, falsch, unfrei, krank usw., ist man schon über die bloße Tatsächlichkeit hinausgegangen und hat die zum Seienden gehörende Idealität (also das Ziel, den Zweck, den Sinn bzw. den dynamischen Aspekt) als ein konstitutives Moment der Realität des Seienden erfaßt, demgegenüber der tatsächlich wahrgenommene Zustand als mangelhaft, schlecht usw. gilt.

e) Das begriffliche und das überbegriffliche Erkennen und die Geltung des Satzes vom Widerspruch

244 Der Satz vom Widerspruch, den man auch als Nichtwiderspruchsprinzip (im folgenden: NWP) bezeichnet, wird mit Aristoteles wie folgt definiert: *Es ist unmöglich, daß dasselbe [dieselbe Bestimmung] demselben unter der gleichen Rücksicht zugleich zukommt und nicht zukommt* (vgl. Met IV 3, 1005 b 19–20). Es ist unbezweifelbar, daß alle unsere ausdrücklich erfaßte und satzhaft dargestellte Gewißheit letztlich in diesem Prinzip gründet. Denn das überzeugendste und schließlich immer entscheidende Argument besteht im Nachweis: die Leugnung der zu erweisenden These enthält einen Selbstwiderspruch, d. h., man behauptet und verneint zugleich dasselbe unter derselben Rücksicht. Tut man dies ausdrücklich, so begeht man einen logischen Widerspruch; tut man dies aber so, daß der Gegensatz zur ausdrücklichen Behauptung im Vollzug der Behauptung impliziert ist, so liegt ein transzendentaler Widerspruch vor. Da wir also die Geltung des Satzes vom Widerspruch in allen unseren Argumentationen voraussetzen, kann man diese nicht ohne Selbstwiderspruch leugnen. Trotzdem ist eine Untersuchung des genauen Sinnes bzw. des Anwendungsbereiches des NWPs notwendig. Es muß nämlich geklärt werden, in welcher Weise sich alle unsere ausdrücklich erworbene Gewißheit auf dieses Prinzip stützt. Denn was über die Analogie der Seienden bzw. über Identität und Differenz gesagt worden ist, wirft die Frage auf, ob es mit dem NWP vereinbart werden kann.

(1) Zunächst ist zu bedenken: Wenn behauptet wird, daß die 245
Seienden in dem übereinstimmen, worin sie verschieden sind, bzw.
daß sie sich in dem unterscheiden, worin sie übereinkommen, so
bedeutet das weder, die verschiedenen Seienden wären, *insofern* sie
verschieden sind, nicht verschieden, noch, die miteinander überein-
stimmenden Seienden stimmten, *insofern* sie miteinander übereinstimmen, miteinander nicht überein. Diese letzten Aussagen wären
offensichtliche Selbstwidersprüche. Doch eben das wird nicht gesagt, d. h., es wird nicht dasselbe unter derselben Rücksicht behauptet und verneint.

Die Aussagen, Seiende stimmen in dem überein, worin sie sich un- 246
terscheiden, und unterscheiden sich darin, worin sie übereinstimmen, wären nur dann ein Verstoß gegen das NWP, wenn schon im
voraus feststünde, daß die Identität der Seienden miteinander ihre
Verschiedenheit voneinander (und entsprechend die Verschiedenheit der Seienden ihre Identität) in jedem Fall ausschließt. Doch genau das steht nicht fest und ist deshalb zu untersuchen, zumal es in
der Erfahrung begründete Hinweise darauf gibt, daß wir mit zwei
einander entgegengesetzten Typen von Identität und Differenz
rechnen müssen (vgl. Nr. 180f., 230).

(2) Zur positiven Lösung der Frage, ob die hier dargestellte Auf- 247
fassung über Identität und Differenz mit dem NWP zu vereinbaren
ist, dienen folgende Überlegungen: Das NWP, so wie es von Aristoteles formuliert worden ist, ist nicht nur ein Prinzip des Denkens, sondern auch ein Prinzip des Seins; es sagt also etwas über die
Wirklichkeit aus. Gerade *weil* es ein Seinsprinzip ist, ist es auch ein
Prinzip des Denkens bzw. der Prädikation. Als solches verbietet es,
kontradiktorisch Entgegengesetztes von Demselben zugleich auszusagen. Als Seinsprinzip sagt das NWP die unbedingte Unvereinbarkeit zwischen dem Sein und dem absoluten Nichts aus. Um seine ontologische Bedeutung noch etwas deutlicher hervorzuheben,
kann es wie folgt formuliert werden: *Was ist, kann unter der Rücksicht, daß es ist, nicht nichtsein*, oder: *Was ist, kann, insofern es ist,
nicht nichtsein*.

Wir untersuchen zunächst diese Formulierungen, bevor wir auf 248
den aristotelischen Wortlaut zurückkommen. In ihnen liegt nämlich eine gewisse Doppeldeutigkeit, obwohl sie auf den ersten Blick
ganz unproblematisch zu sein scheinen. Denn die Ausdrücke »unter der Rücksicht, daß es ist« bzw. »insofern es ist« können zwei
voneinander erheblich verschiedene Bedeutungen haben. Sie genau
herauszustellen, ist für uns sehr wichtig. Denn *einmal* kann man sie
verstehen als »unter der Rücksicht des Seins (des Seiendseins)«
bzw. »insofern es Seiendes ist«; das *andere Mal* als »unter der

Rücksicht, dieses eindeutig bestimmte Etwas zu sein« bzw. »insofern es dieses (durch Abgrenzung von anderem bestimmte) Seiende ist«. Daraus ergeben sich aber erhebliche Unterschiede hinsichtlich der Bedeutung des ausdrücklich als Seinsprinzip formulierten NWPs.

249 (a) Im ersten Fall wird das Prinzip wie folgt verstanden: *Was ist, kann, insofern es Seiendes ist, nicht nichtsein*, oder: *Was ist, kann unter der Rücksicht des Seins nicht nichtsein.* Indem das Prinzip so verstanden wird, kommt das ursprüngliche, in der transzendentalen Erfahrung gegebene Seinsverständnis, nach dem Sein und reines Nichtsein schlechthin unvereinbar sind, zur Sprache. In diesem Sinn ist das NWP ein schlechthin allgemeingültiges Prinzip. Als solches besagt es, daß das Sein mit dem Nichts gar keine Gemeinsamkeit hat, und das bedeutet, daß es das absolute Nichts nicht gibt. Weil es aber das »reine« Nichts nicht gibt, hat das Sein (ontologisch gesehen) kein Gegenteil. Dem Sein ist nichts entgegengesetzt, in der Wirklichkeit gibt es nichts Kontradiktorisches, der kontradiktorische Gegensatz ist immer ein Produkt des begrifflichen Denkens.

250 Wenn wir das Prinzip so verstehen, dann ist die Beschränkung auf eine Rücksicht eben keine Beschränkung, weil »Sein« keine beschränkende Rücksicht, kein anderes ausschließender »Einzelaspekt« ist. Wenn etwas *als* Seiendes genommen wird, so ist nichts ausgeschlossen. Es geht hier also um eine Bestimmung, die im Gegensatz zu den üblichen (Einzel-)Bestimmungen nicht durch Negation von anderem zustande kommt. Das Prinzip »omnis determinatio est negatio« gilt hier nicht (wobei freilich »determinatio« nicht als »Grenzziehung«, sondern einfach als »Bestimmung« zu übersetzen ist).

Wenn wir also das, »was ist«, *als* Seiendes nehmen, so ist das NWP ein schlechthin allgemeingültiges Prinzip sowohl der Wirklichkeit als auch des Denkens. In diesem Sinn ist es ein Prinzip der Vernunft, also des Denkens, insofern es mit der Wirklichkeit übereinstimmt. In diesem Zusammenhang ist dann – wie schon betont wurde – auch das »Nichts« (also dasjenige, was das, was ist, nicht sein kann) jenes Nichts, das es eigentlich gar nicht gibt, d. h. das »schlechthinnige Nichts«, im Gegensatz zum »relativen Nichts«, das in der realen Begrenzung gegeben ist.

251 (b) Im zweiten Fall wird das Prinzip wie folgt verstanden: *Was ist, kann, insofern es dieses (durch Abgrenzung von anderen) bestimmte Seiende ist, nicht nichtsein;* oder: *Was ist, kann unter der Rücksicht, dieses eindeutig bestimmte Etwas zu sein, nicht nichtsein.* Auch hier kommt noch das ursprüngliche Seinsverständnis, nach

dem Sein und Nichtsein schlechthin unvereinbar sind, zur Sprache. Dies geschieht jedoch in einer – gegenüber dem unter (a) entfalteten Verständnis – sehr eingeengten Weise, obwohl diese Einengung zunächst gar nicht auffällt und deshalb leicht übersehen wird. Trotzdem ist sie da. Denn hier wird das, »was ist« (das also, von dem gesagt wird, es könne nicht zugleich sein und nichtsein), nicht mehr *als Seiendes überhaupt,* sondern *als* »dieses (durch Abgrenzung von anderem) bestimmte Seiende«, *als* »dieses eindeutig bestimmte Etwas«, kurz gesagt, *als nicht das andere* genommen, also als etwas, was durch Gegensatz zu allem anderen konstituiert wird. Das hat aber schwerwiegende Folgen.

Wenn man nämlich das, »was ist«, also das Seiende, *als nicht das* 252 *andere* betrachtet, so wird es (das als Seiendes eigentlich immer anderes implizit miteinschließt) unter einer beschränkten, alles andere möglichst ausschließenden Rücksicht, d. h. möglichst eindeutig (univok) gefaßt. Je genauer aber die Rücksicht bestimmt wird, desto seinsentleerter wird das, von dem man noch als Seiendem redet. Je eindeutiger man also die Rücksicht angibt, unter der ein Seiendes nicht zugleich dies und nicht-dies sein könne, desto mehr wird das Seiende, von dem die Rede ist, wenn man die Aussage macht, es könne nicht zugleich sein und nichtsein, selbst *zu einem Abstraktum, zu einer bloßen Rücksicht.* Das Abstraktum, die Rücksicht, ist aber etwas, was nicht vorliegt, sondern vom Denken, vom ordnenden, das eine vom anderen abgrenzenden Verstand konstituiert wird. Das Seiende, um das es bei diesem Verständnis des NWPs geht, ist also nicht etwas Vorgegebenes, wie man das spontan immer wieder meint, sondern ein durch die eindeutige, die Unterschiede genau angebende Rede gesetzter »Gegenstand«, eine Verstandeskonstruktion. So verstanden ist deshalb das Prinzip nicht mehr schlechthin allgemeingültig, denn es geht nicht mehr um Seiendes *als* Seiendes, sondern um Seiendes *als* nur dieses und nicht anderes. Sein Anwendungsbereich ist bereits eingeengt auf das, was klar und eindeutig formuliert, begrifflich deutlich voneinander unterschieden werden kann. In diesem Sinn ist das NWP das Prinzip der eindeutigen Rede, das für diese gilt, aber deshalb auch nur insofern gültig ist, als eine klare und eindeutige Unterscheidung der Aspekte überhaupt möglich (bzw. sinnvoll) ist.

Auch in dieser zweiten Formulierung kommt noch – wie oben be- 253 reits erwähnt wurde – das ursprüngliche Seinsverständnis, nach dem Sein und Nichts sich unbedingt ausschließen, zur Sprache. Daraus schöpft auch diese Formulierung des NWPs ihre Geltung und ihre Einsichtigkeit. Dieses Seinsverständnis ist aber nur der tragende Hintergrund. Eigentlich geht es nicht um Sein und Nichtsein schlechthin. In bezug auf das Sein wurde das gezeigt. Entsprechendes gilt aber auch hinsichtlich des Nichtseins. Wenn nämlich in der Formel »Was ist, kann, insofern es ist, nicht nichtsein« die Bestimmung »insofern es ist« im Sinne von »insofern es dieses durch Abgrenzung von anderem bestimmte Seiende ist« verstanden wird und deshalb das, »was ist«, *als nicht das andere* zu verstehen ist, so ist unter dem, was nicht nichtsein kann, nicht das Nichtsein schlechthin, sondern nur jenes Nichtsein gemeint, das in der Begrenzung des realen Seienden besteht, das also nicht die totale, sondern nur die unter einer gewissen Rücksicht vollzogene Negation des Seins des Seienden besagt. Die Bestimmung des Seienden als dieses geschieht also hier durch die Abgrenzung von allem anderen; deshalb gilt in diesem Fall: »omnis determinatio est negatio«.

254 (3) Kehren wir jetzt zurück zur aristotelischen Formulierung: »Es ist unmöglich, daß dasselbe demselben unter der gleichen Rücksicht zugleich zukommt und nicht zukommt.« In dieser Formulierung wird ein »Etwas« vorausgesetzt, es wird von einem »Demselben« gesprochen, in bezug auf das uns untersagt wird, dasselbe zugleich zu behaupten und zu verneinen (vgl. Flasch 1973, 50–55). Hierbei bleibt aber in der Schwebe, was *das, von dem nichts zugleich behauptet und verneint werden darf,* eigentlich bedeutet. Es scheint, als wäre es ein Gegenstand, der von anderen Gegenständen unterschieden ist. Nun ist es unbezweifelbar ein Gegenstand unseres Denkens, und es ist offensichtlich auch im sprachphilosophischen Sinn ein »Gegenstand«, denn es ist etwas, was mit einem Wort benannt werden kann. Es fragt sich nur, *ob seine von anderem unterschiedene Gegenständlichkeit unserem Denken vorgegeben ist oder ob sie durch die Weise unseres Denkens bzw. unseres artikulierten Begreifens konstituiert wird* (wobei es freilich nie um eine schlechthinnige Konstituierung, sondern um eine Konstituierung *als dieses* geht).

255 Um zu verdeutlichen, worauf diese Frage abzielt, versuchen wir folgende einfache Frage zu beantworten: Kann ein und dieselbe Kugel zugleich grün und nicht grün sein? Die Antwort kann selbstverständlich nur Ja sein, denn ein und dieselbe Kugel kann in vielfältiger Weise zugleich grün und nicht grün sein. Sie kann z. B. grüne und rote Streifen haben oder sie kann, auch wenn ihre ganze Oberfläche grün ist, in ihrem Inneren aus braunem Ton bestehen. Aber in jedem Fall ist die Kugel, auch wenn sie von außen und innen ganz grün sein sollte, zugleich auch nicht grün. Sie ist nämlich außerdem noch hart, rund, schwer oder leicht usw., alles Bestimmungen, die »nicht grün« sind, sich aber mit dem Grünsein der Kugel aufs beste vertragen. Machen wir noch einen Versuch: Kann

dieselbe Fläche ein und derselben Kugel zugleich grün und nicht grün sein? Auch jetzt ist als Antwort nur ein Ja möglich, denn die bestimmte Fläche der Kugel, *die* grün ist, ist zugleich auch glatt oder rauh, hart oder weich usw.

Man kann hier natürlich die Frage stellen: Was soll das? Denn die Frage, ob ein und dieselbe Kugel zugleich grün und auch nicht grün sein könne, hat doch mit dem NWP gar nichts zu tun. Es ist ja selbstverständlich, daß einem, dem die Bestimmung »grün« zukommt, auch andere positive Bestimmungen, die alle »nicht grün« sind, zukommen können. Durch das NWP ist nämlich gar nicht ausgeschlossen, daß demselben *verschiedene* Bestimmungen zugleich zukommen, sondern nur, daß demselben dieselbe Bestimmung zugleich zukommt und nicht zukommt. Mit dem NWP hätte die Frage nur in folgender Formulierung zu tun: Kann ein und dieselbe Kugel grün sein und gar nicht grün sein? Oder anders ausgedrückt: Kann ein und dieselbe Kugel unter der Rücksicht, daß sie grün ist (insofern sie grün ist), auch nicht grün sein? Nur wenn die Frage so gestellt wird, kann das NWP angewandt werden, weil nur in diesem Falle zu antworten ist: Es ist nicht möglich, daß das Grünsein derselben Kugel unter derselben Rücksicht zukommt und nicht zukommt.

Wenn man diesen letzten Satz untersucht, dann zeigt sich, daß es 256 hier nicht mehr um die Kugel geht, so wie sie mit all ihren Eigenschaften vor uns liegt, sondern um die Kugel, *insofern* sie grün ist. Nur von der Kugel, insofern sie grün ist, gilt, sie könne nicht zugleich nicht grün sein. Der eigentliche Gegenstand, von dem im NWP gesagt wird, ihm könne nicht etwas in derselben Weise und zu gleicher Zeit zukommen und nicht zukommen, ist also nicht der Gegenstand im physikalischen Sinn, sondern der *unter einer gewissen Rücksicht betrachtete Gegenstand,* genauer gesagt, *der Gegenstand, insofern er dies oder das ist,* der Gegenstand *als* dies oder das. Weil hier die Rücksicht den eigentlichen Gegenstand konstituiert, können in diesem Fall Gegenstand und Rücksicht nicht getrennt, nicht voneinander abgehoben werden. Die Illusion, daß es, wenn auch unter einer bestimmten Rücksicht angedeutet, noch immer um den der Rücksichtsbestimmung vorausgehenden Gegenstand gehe, macht die Zweideutigkeit des NWPs aus. Denn etwas unter einer Rücksicht betrachten heißt ursprünglich: Das Augenmerk auf die angegebene Rücksicht zu richten, aber so, daß man keine von den (im Grunde unendlich vielen) Bestimmungen, unter denen man den Gegenstand auch noch betrachten könnte, ausschließt. Da jedoch der Rücksichtsbestimmung, so wie diese vom begrifflichen Denken gehandhabt wird, die Tendenz innewohnt, die Rücksicht zu isolieren und sie damit zu einem alles andere ausschließenden Teil des Gegenstandes bzw. zu einem eigenständigen und isolierten Gegenstand zu machen, ist es zu verstehen, warum das in der Wirklichkeit komplementäre andere durch das abstrahierende (und das Abstrakte leicht ontologisierende) Denken so dargestellt wird, als wäre es etwas kontradiktorisch anderes. Deshalb wird auch jede Identität als Nur-Identität und jede Differenz als Nur-Differenz gedeutet, was es aber im Sein, in der Wirklichkeit niemals gibt.

257 (4) Indem wir Menschen innerhalb des Seins durch unsere Sprache (in der unter anderem auch das Bedürfnis unseres Denkens nach möglichst klaren Unterscheidungen zum Ausdruck kommt) verschiedene, voneinander deutlich abgegrenzte Gegenstände konstituieren – indem wir also von dieser Rose so reden, als hätte sie mit der Katze, die neben ihr liegt, nichts zu tun, oder indem wir diese Rose so betrachten, als wäre sie etwas ganz anderes als jene Rose, oder wenn wir uns auf die rote Farbe dieser Rose konzentrieren und dabei ihren Duft als nichtexistent ansehen – so sprechen wir nicht mehr von der Wirklichkeit, so wie sie an sich ist, sondern von der Wirklichkeit, insofern wir sie abstrakt denken. Insofern nun dies der Fall ist, insofern also der Gegenstand eine Setzung unseres Denkens ist, ist das NWP offensichtlich nur ein Denk-, nicht aber ein Seinsprinzip.

258 Das Verwirrende besteht freilich darin, daß der Gegenstand, den wir in unserer distinkten Rede voraussetzen, zwar tatsächlich eine Setzung unseres unterscheidenden Denkens ist (und insofern er das ist, ist er eine Abstraktion), doch ist er das nicht schlechthin. Durch unser begriffliches Denken setzen wir den Gegenstand also nicht schlechthin, sondern nur in einem gewissen Sinn. Deshalb ist jeder Idealismus insofern falsch, als er behauptet, das endliche Denken konstruiere schlechthin seinen Gegenstand. Die hintergründig mit unumstößlicher Gewißheit gewußte Wahrheit des Realismus ist auch der Grund dafür, daß der Mensch das, was in gewissem Sinn seine Setzung ist, spontan als das an sich Seiende betrachtet und nur mühsam darauf aufmerksam gemacht werden kann, dies sei nicht ohne weiteres der Fall, bzw. daß der Mensch das NWP zunächst uneingeschränkt als Seinsprinzip versteht. Wenn nun bestimmt werden soll, inwiefern das NWP ein Prinzip der Wirklichkeit und inwiefern es nur ein Prinzip des begrifflichen Denkens ist, kommt es entschieden darauf an, angeben zu können, inwiefern das begrifflich unterschieden Erfaßte eine Setzung des menschlichen Denkens und inwiefern es ein ihm Vorgegebenes ist.

259 Um dies angeben zu können, müssen die im Zusammenhang mit der Analogie gewonnenen Einsichten herangezogen werden. Das

mit je verschiedenen Begriffen Angebbare (insofern es um tatsächlich verschiedene Begriffe geht) ist immer *auch* unabhängig vom Denken Verschiedenes. Die Verschiedenheit der von uns unterschiedenen Gegenstände bzw. Rücksichten ist also real, sie ist stets in einer jeweils verschiedenen und nicht homogenisierbaren Weise dem Denken vorgegeben, aber die Nur-Verschiedenheit der von uns Unterschiedenen ist eine Konstruktion des begrifflichen Denkens. Das Modellhafte, das der Wirklichkeit nicht Gemäße, liegt demnach nicht in der Abgrenzung des einen vom anderen (der einen Hinsicht von der anderen Hinsicht), sondern in der isolierenden Abgrenzung, also in der durch die begrifflich klar unterscheidende Aussage stillschweigend implizierten Behauptung des Gegensatzes ohne Identität.

Weil wir durch unser begriffliches Denken die Identität nicht anders denn als Nicht-Differenz und die Differenz nicht anders denn als Nicht-Identität darstellen können, ist das begriffliche Denken stets modellhaft, abstrakt. Wenn ein solches Denken meint, die Wirklichkeit ganz erfaßt zu haben, so übersieht es, daß in der Wirklichkeit nichts isoliert ist, daß also etwas nur dann wirklich erkannt werden kann, wenn es im Zusammenhang des Ganzen, in seinem Verhältnis zu allem übrigen erkannt wird. Indem wir das feststellen, muß freilich hinzugefügt werden, daß dieses Ideal der Erkenntnis im ausdrücklichen, begrifflich formulierten Erkennen nie voll eingeholt werden kann. Der Mensch bringt es nie fertig, das Verhältnis eines Einzelgegenstandes (eines Einzelaspektes) zur gesamten Wirklichkeit restlos zu berücksichtigen. Dazu würden wir eine ausdrückliche intellektuelle Anschauung der Wirklichkeit benötigen, über die wir jedoch nicht verfügen. Unser Erkennen ist in seiner Ausdrücklichkeit stets partiell, es schreitet Schritt für Schritt voran, indem es die isoliert ausgedrückten Wirklichkeitsmomente mit anderen begrifflich dargestellten Momenten im Urteil verbindet und so sich stets vervollkommnet. Diese Erkenntnis bleibt zwar stets abstrakt, was aber (zumindest solange sie sich dieser Abstraktheit bewußt ist) nicht bedeutet, sie sei falsch. Insofern diese Erkenntnis wahr ist, d. h. insofern die als voneinander unterschieden erkannten Momente (oder allgemein gesagt: die als verschieden erkannten »Dinge«) in der Wirklichkeit tatsächlich verschieden sind, insofern ist das NWP auch auf diese Momente (auch auf diese »Dinge«) ohne Beschränkung anzuwenden.

Im letzten Satz wurde die Geltung des NWPs in bezug auf die verschiedenen Momente (bzw. »Dinge«) ausgesagt, allerdings mit einer Einschränkung: *insofern die verschiedenen Momente (bzw. »Dinge«) tatsächlich verschieden sind.* Das bedeutet aber: Insofern

260

261

sie identisch sind, ist das NWP auf die verschiedenen Momente (bzw. »Dinge«) nicht anwendbar, ist es nicht ein Prinzip des Seins, sondern nur des begrifflichen Denkens. Denn wir wissen, daß jede Verschiedenheit, jeder Gegensatz (insofern es sich um einen in der Realität bestehenden Gegensatz handelt) simultan mit einer Identität gegeben ist. Letztlich kommt alles im Sein überein, und es unterscheidet sich auch alles im Sein. Auf dieser Ebene durchdringen sich Identität und Differenz, hier ist eine saubere Unterscheidung der Rücksichten nicht mehr möglich. Denn innerhalb der Wirklichkeit gibt es keinen kontradiktorischen Gegensatz. In der Wirklichkeit kann es nur (jeweils verschiedene, aber modellhaft auf einige Typen reduzierbare) relative Gegensätze geben, d. h. Gegensätze, in denen sich das Entgegengesetzte letztlich in dem unterscheidet, worin es übereinkommt.

262 Unser diskursives Denken kann freilich mit dieser letzten Feststellung wegen ihres dialektischen, begrifflich Unvereinbares zusammenhaltenden Charakters nicht viel anfangen. Es darf ihren Inhalt zwar nicht leugnen, da es damit sein eigenes Fundament untergraben würde. Insofern es aber ein Denken ist, das durch Analyse und Synthese der jeweiligen Teilerkenntnisse vorwärts kommt, muß es die übersichtliche und deshalb möglichst eindeutige Unterscheidung der verschiedenen Aspekte ernst nehmen. Wo es aber auf begrifflich klare Unterscheidungen ankommt, dort muß die Unterscheidung nach einem Aspekt geschehen, der nicht identisch ist mit jenem Aspekt, nach dem die Verschiedenen miteinander identisch sind. In diesem Zusammenhang kann man das NWP als jenes Prinzip verstehen, *das die Forderung stellt, die Hinsicht, nach der wir die Verschiedenen miteinander identifizieren, von jener Hinsicht, nach der wir die miteinander Identischen voneinander unterscheiden, jeweils abzuheben.* Aufgrund solcher Überlegungen sagt man, daß Hans und Thomas ihrer »Menschennatur« nach miteinander übereinstimmen und daß sie sich entsprechend »ihres durch Quantität bezeichneten Stoffes« voneinander unterscheiden. In diesem Sinn ist das NWP nicht ein allgemeines Seinsprinzip, sondern das Prinzip des diskursiven Denkens bzw. das Prinzip des eindeutigen Wortgebrauchs. Das heißt nicht, das so verstandene NWP hätte nichts mit der Wirklichkeit zu tun. Auch so verstanden gilt es – wie schon erwähnt – von der Wirklichkeit, allerdings nur insofern, als die eindeutige und deshalb isolierende Unterscheidung der verschiedenen Momente notwendig oder zumindest sinnvoll ist. In den abstrakten Wissenschaften wie Logik und Mathematik ist dies immer der Fall, und es verhält sich weitgehend auch in anderen Wissenschaften so, vor allem, wenn sie ihre Ergebnisse anderen

vorlegen müssen. Dieser Notwendigkeit ist selbst die Philosophie nicht enthoben. Deshalb haben auch wir uns die Mühe gegeben, es möglichst klar darzulegen, daß das klare Denken, für das das NWP die Hauptregel ist, als Denken beschränkt ist. Es ist nämlich daran festzuhalten, daß dort, wo es um die Darstellung der letzten Dimensionen der Wirklichkeit geht, der menschliche Verstand mit Fragen konfrontiert wird, bei deren Lösung er entweder auf begriffliche Klarheit oder auf das Erfassen der letzten Tiefen verzichten muß.

(5) Zusammenfassend kann folgendes festgehalten werden: 263
Die aristotelische Formulierung des NWPs setzt ein bereits gegebenes »Etwas« als ein identisches Subjekt der Aussagen voraus und verbietet uns, von diesem Etwas dasselbe zugleich zu behaupten und zu verneinen. Wenn man unter diesem »Etwas« das Seiende als Seiendes versteht, so verbietet das NWP von dem, was in welcher Weise auch immer ist, zu behaupten, es sei (schlechthin) nichts. In diesem Sinn ist es ein unbedingt gültiges Seinsprinzip. Wenn man aber unter dem Etwas (wie das die aristotelische Formulierung des NWPs selbst nahelegt) ein durch einen Gegensatz zum anderen bestimmtes Etwas versteht, das desto mehr ein abstrakter Gegenstand, ein Aspekt ist, je konsequenter der Ausschluß von allem anderen durchgeführt wird, dann ist der Sinn (und damit auch der Anwendungsbereich) des NWPs bereits eingeengt, dann hat es nur insofern Geltung, als es aus Gründen der klaren Rede notwendig bzw. sinnvoll ist, verschiedene Gegenstände (verschiedene Aspekte) zu unterscheiden, ohne ihre zugleich gegebene Identität berücksichtigen zu müssen. Insofern das NWP so verstanden wird, als bestünde die klare und eindeutige Unterscheidung der verschiedenen Aspekte schon *vor* der sich auf sie beziehenden Aussage, ist es ein Gesetz der distinkten Rede bzw. des abstrakten, immer modellhaft bleibenden Denkens. Für das die Wirklichkeit, so wie sie ist, erfassende Denken gilt, daß Seiendes letztlich (d. h. als Seiendes) in dem übereinkommt, worin es sich unterscheidet.

Literatur:

Nink 1952, 28−41.   Flasch 1973, 35−104.
Gochet 1963.

6. Das Bezogensein der Seienden

Die Beziehung (die Relation) ist eine grundlegende Bestimmung 264 der Gesamtwirklichkeit, zu der auch das Denken selbst gehört. Denn die Beziehung ist nicht nur das, worüber wir nachdenken können, sondern sie ist auch das, was in jedem Denkakt vollzogen wird. Auch die Sprache setzt einerseits vielfältige Relationen der Gegenstände untereinander bzw. die Relation zwischen Zeichen und Bezeichnetem voraus, andererseits ist sie selbst ein Beziehungsgefüge der Zeichen. Nur die Beziehung macht den Gedankengang, das Voranschreiten des Denkens möglich. Auch die Gesetze der Natur und der Gesellschaft sind Ausdruck gewisser konstanter Beziehungen. Ohne Beziehungen gäbe es nur isolierte und statische Einzelfakten, aber es gäbe keinen Zusammenhang, keine Struktur, keine Ordnung, kein Ganzes und keine Teile. Ohne Beziehung könnte man nicht von Bedingendem und Bedingtem, von Ursache und Wirkung reden. Denn alle diese Bestimmungen drücken stets Beziehungen aus. Wo es keine Beziehungen gibt, ist nichts zu verstehen, dort hat das Gegebene keine Bedeutung (vgl. de Finance 1966, 464f.).

265 Wie ist aber die Beziehung zu bestimmen? Auf welche Weise ist sie in das Gesamt der Wirklichkeit einzuordnen? Die Antwort auf diese Fragen liegt nach unseren seinsmetaphysischen Überlegungen eigentlich auf der Hand. Wir gingen davon aus, daß im Sein alles übereinkommt, und kamen zur Einsicht, daß die Verschiedenheit, die infolge der je eigenen Seinsweise zwischen den Seienden besteht, als ein gleichwertiges Moment jener Einheit oder Identität zu betrachten ist, welche die Seienden miteinander verbindet. Ferner hat sich auch gezeigt, daß es zwei verschiedene »Arten« sowohl der Einheit als auch der Verschiedenheit gibt, die sich als die vollkommenheitsmäßige und als die unvollkommenheitsmäßige Einheit bzw. Verschiedenheit voneinander unterscheiden. In dieser Perspektive ist offenkundig, daß es bereits in allen unseren bisherigen Überlegungen vielfältig um Beziehungen ging, auch wenn das Wort »Beziehung« noch nicht gefallen war. Um nämlich von Beziehung reden zu können, muß es *Verschiedenes* geben, *das miteinander etwas zu tun hat, das miteinander* in welcher Weise auch immer *übereinkommt.* Deshalb kann die Beziehung ganz allgemein bestimmt werden *als die Einheit oder Identität der Verschiedenen.* Damit dürfte die ontologisch zentrale Bedeutung der Beziehung sofort deutlich sein. Relation bedeutet nämlich die Identität aufgrund des gemeinsamen Seins solcher Seienden, die aufgrund ihrer individuell je eigenen Seinsweise voneinander verschieden sind. Die Relation ist das, was die nach ihrer Individualität verschiedenen Seienden miteinander verbindet. *Seiendes ist als solches bezogen,* weil das Sein das ist, worin alles

übereinkommt. Die Relation ist also eine transzendentale Vollkommenheit: »omne ens est relatum«.

Zu bedenken ist freilich auch, daß im endlichen Bereich die Be- 266 ziehungen immer auch durch Unvollkommenheit gekennzeichnet sind. Deshalb ist jede konkrete Relation im endlichen Bereich immer eine *begrenzte* Identität von Verschiedenem. Demzufolge gibt es in den Relationen des Endlichen immer auch das Moment der Nicht-Identität von Verschiedenem (also die Isolation, die Entfremdung) bzw. das Moment der Nicht-Differenziertheit von Identischem (also die die Selbständigkeit des Seienden antastende Abhängigkeit). Aber nur eine totale Isolation des einen vom anderen (die zugleich eine Vernichtung jeder Selbständigkeit mit sich bringen würde) würde die Negation jeglicher Bezogenheit bedeuten. Denn innerhalb jeder wie auch immer abgeschwächten, aber wirklichen Bezogenheit bedeutet noch jede (relative) Isolation bzw. jede (relative, d. h. sich auf anderes beziehende) Abhängigkeit irgendwelche Beziehung.

Hiermit brechen wir unseren Gedankengang vorläufig ab. Denn 267 eine Metaphysik der Relationen kann nur im Zusammenhang mit einer metaphysischen Behandlung des Substanzproblems entfaltet werden. Hinzu kommt, daß man die Beziehung sehr leicht als etwas bloß Statisches verstehen kann, wenn man sie allein in der bisher entfalteten Perspektive sieht. Das wäre jedoch ein verhängnisvoller Irrtum. Deshalb, und weil es für das ganze bisher Gesagte eine notwendige Ergänzung ist, wenden wir uns im folgenden dem Sein in seiner Aktivität zu. Am Ende dieser Untersuchung werden wir die Bedeutung der Relation in einem größeren Zusammenhang darstellen können.

II. Das Sein in seiner Aktivität

In den bisherigen Überlegungen wurde eine wichtige, allgegen- 268 wärtige Eigenschaft des Seienden noch nicht ins Auge gefaßt, nämlich: daß es sich verändert, daß es wird, daß es in vielfältiger Weise ein Wirkendes ist. Veränderung, Entstehen, Vergehen, Wirken erfahren wir nicht nur in der uns umgebenden Welt, sondern auch und sogar vor allem in uns selbst, in unserem eigenen Werden und Wirken. Tätigsein ist also eine Gegebenheit, die der Mensch sowohl in sich selbst, in seinem eigenen Bewußtsein, als auch in der Welt erfährt. Diese Gegebenheit ist jetzt zu untersuchen.

1. Wie sind Veränderung und Werden zu verstehen?

269 Es ist unbezweifelbar, daß es innerhalb der Welt, zumindest auf der Ebene der Erscheinungen, Veränderung, Werden gibt. Nichts bleibt für immer im selben Zustand. Es entsteht früher nicht Dagewesenes, und was es früher gab, vergeht. Dabei stellt sich sofort die Frage: Handelt es sich bei der Veränderung, beim Werden um bloße Erscheinung oder um Veränderung und Werden in ontologischem Sinn, d. h. verändert sich Seiendes als solches, gibt es Werden von (neuem) Sein? Diese Frage stellt sich deshalb, weil die Annahme eines wirklichen Werdens, eines Werdens also, das sich auch in letzter Instanz nicht als nur scheinbares Werden interpretieren läßt, für das begriffliche Denken große Schwierigkeiten bereitet. Deshalb hat man immer wieder Versuche gemacht, das Werden für Schein zu deklarieren, z. B. dadurch, daß man die innerhalb eines begrenzten Rahmens wahrgenommenen Veränderungen so gedeutet hat, als wäre von einem übergeordneten Standpunkt aus gesehen alles unverändert geblieben. Man sieht sich nämlich dem doppelten Problem konfrontiert: (a) Wie ist eine Veränderung, ein Werden des Seienden als Seienden möglich? und (b) Woher kommt das beim Werden auftretende neue Sein? Beide Fragen hängen eng miteinander zusammen, sind aber doch nicht die gleichen und müssen deshalb getrennt behandelt werden.

a) Wie kann sich Seiendes in sich, d. h. als Seiendes verändern?

270 (1) Das Problem ist uralt. Es wurde bereits von Parmenides formuliert (vgl. Diels-Kranz 28 B 8, 6—16). Aristoteles referiert das berühmte parmenideische Dilemma im ersten Buch der »Physik« auf folgende Weise (vgl. Phys I 8, 191 a 23—34): Seiendes kann weder entstehen noch vergehen. Was nämlich neu entsteht, entsteht entweder aus dem, was ist, oder aus dem, was nicht ist. Wenn es aus dem entstehen soll, was ist, dann kann es sich nicht um ein wirkliches Entstehen handeln, denn es gibt (da alles Seiendes ist) nichts Neues, nichts im Vergleich zum Gewesenen Verschiedenes. Wenn es aber aus dem entstehen soll, was nicht ist, dann behauptet man eine Unmöglichkeit, denn aus Nichts wird nichts, das Nichts kann keine Erklärung für das Entstehen von etwas sein. – Also ist der Begriff des Werdens widersprüchlich. Folglich kann es kein Wer-

den geben, oder anders gesagt: das wahrgenommene Werden ist nur Schein.

Vom Standpunkt des begrifflichen Denkens ist Veränderung tatsächlich widersprüchlich, denn von Veränderung kann man nur dann reden, *wenn etwas zu verschiedenen Zeitpunkten sowohl identisch als auch different ist.* Das, was ist, muß also sowohl bleiben, was es ist, als auch zu einem anderen werden. Einerseits muß es bleiben, sonst könnte man nicht von Veränderung, sondern nur von einer Ablösung des einen durch etwas anderes reden. Andererseits muß es zu einem anderen werden, sonst hat sich nichts verändert. Die Veränderung besagt also sowohl Identität (Kontinuität) als auch Differenz (Diskontinuität), und zwar letztlich hinsichtlich desselben, nämlich des Seins, das keine klare Trennung der Rücksichten mehr erlaubt. Wenn man nämlich auf eine klare Abgrenzung der einen Rücksicht, unter der etwas dasselbe bleibt, von der anderen Rücksicht, unter der es sich verändert, besteht, ergibt sich hinsichtlich des Gewordenen stets erneut das Dilemma, nach dem das Gewordene entweder aus dem, was (schon) ist, oder aus dem, was (noch) nicht ist, entstanden sein müßte, und man ist somit zu einem unendlichen Regreß gezwungen, was immer ein klares Zeichen dafür ist, daß man von irrtümlichen Annahmen ausgegangen ist, die logisch zu Ende gedacht in eine Sackgasse führen.

(2) Angesichts der begrifflichen Widersprüchlichkeit des Werdens 271 kann man sich freilich auf einen Standpunkt stellen, der dem des Parmenides entgegengesetzt ist: Man kann die Meinung vertreten, die Veränderung gehöre ursprünglich zur Urwirklichkeit. Dies war die Ansicht Heraklits, der zeitlich vor Parmenides liegt: Alles sei in stetigem Wandel, man könne nicht zweimal in denselben Fluß hinabsteigen.

Ein für die gesamte Geschichte des Denkens wichtiger Vorschlag 272 für die Lösung des Problems der Veränderung kommt von den Atomisten Leukipp und Demokrit. Ihr zentraler Gedanke ist der, daß eine der grundlegenden Annahmen von Parmenides, nach der es das Nichts nicht gibt, fallengelassen werden muß. Wenn es außer dem Sein auch das Nichts »gibt« in der Form des »Leeren« (des leeren Raumes), dann können die unteilbaren Seinspartikel verteilt und immer wieder anders umgruppiert werden. Somit wird die Veränderung auf die Ortsbewegung der Atome reduziert. Inneren Wandel des Seienden gibt es nicht.

Platons Auffassungen über die Veränderung sind eng verbunden 273 mit seiner Ideenlehre. Aufgrund der Äußerungen in seinen Dialogen der Früh- und Reifezeit kann man mit Recht behaupten, daß für Platon das wahre Sein unveränderlich ist, während sich der Be-

reich des sinnlich Wahrnehmbaren ständig verändert. In den Spät-
dialogen wird diese allzusehr schematisierende Opposition einer
Kritik unterzogen. So zeigt der »Sophistes«, daß auch dem wahren
Sein, insofern es erkanntes und erkennendes Sein ist, Bewegung zukommt. Von dieser Feststellung ausgehend, legt Platon eine Analyse der Ruhe und der Bewegung vor, in der die innere Widersprüchlichkeit der heraklitischen und der parmenideischen Lehren aufgewiesen wird und die Prinzipien für die Lösung der Veränderungs-
problematik entfaltet werden. Die Interpretation der diesbezüg-
lichen Aussagen Platons ist freilich umstritten. Die beiden wichtigsten Einsichten Platons dürften jedoch folgende sein: (a) Die
Grundbestimmungen (zu denen Sein, Ruhe und Bewegung, dann
aber auch Identischsein und Verschiedensein gehören) durchdringen sich gegenseitig, was aber nicht bedeutet, daß alles mit allem
auf dieselbe Weise verknüpft werden kann. (b) Auch das Nichtsei-
ende *ist* gewissermaßen, d. h. man darf es nicht als das dem Sein
schlechthin Entgegengesetzte auffassen, sondern man muß es als
das innerhalb des Seins Verschiedene verstehen (vgl. 248a–259d).
Diese Einsichten des späten Platon haben jedoch nur eine geringe
Wirkungsgeschichte gehabt. Als derjenige, der das Problem der
Veränderung gelöst hat, ist Aristoteles in die Geschichte der Philosophie eingegangen.

aa) Der klassisch gewordene Lösungsversuch des Aristoteles

274 Aristoteles kam zur Einsicht, daß man von wirklicher Veränderung
(in der sich das Seiende innerlich wandelt) nur dann reden kann,
wenn das veränderliche Seiende innerlich differenziert ist, wenn es
also nicht nur bestimmt, sondern auch unbestimmt ist. Das Seiende, insofern es bestimmt ist, heißt bei ihm »der Verwirklichung
nach Seiendes« (ἐνεργείᾳ ὄν; in der Terminologie der scholastischen Philosophie: »ens actu«, daher die auch heute gebrauchten
Ausdrücke: »Energeia« bzw. »Akt«); das Seiende aber, insofern es
als bestimmbares noch unbestimmt ist, nennt er »dem Vermögen
nach Seiendes« (δυνάμει ὄν; scholastisch: »ens potentia« und entsprechend: »Dynamis« bzw. »Potenz«). Das »dem Vermögen nach
Seiende« ist hinsichtlich dessen, was als das fertige, voll verwirklichte Seiende angesehen wird (also hinsichtlich des »der Verwirklichung nach Seienden«), noch ein Nichtseiendes. Es ist jedoch kein
schlechthin Nichtseiendes, denn als (weiter) bestimmbares *ist* es
schon. Also ist es ein »relatives Nichtseiendes«. Die Bezeichnung
»Vermögen« (δύναμις, »potentia«), bedeutet, wenn sie – wie hier
– auf Seiendes als Bestimmbares bezogen wird, eine passive Eigenschaft, eine »potentia passiva«, also eine »Möglichkeit, bestimmt zu

werden« oder genauer: ein »Vermögen, einander entgegengesetzte
Bestimmungen zu empfangen«. Von dieser ist das Vermögen im
aktiven Sinn, die »potentia activa« oder »das Vermögen, etwas bestimmen zu können«, zu unterscheiden. Dazu ist allerdings schon
hier zu bemerken, daß das Bestimmbare eigentlich nur unter der
Voraussetzung des es Bestimmen-Könnenden als Bestimmbares
gelten kann, woraus folgt, daß die Unterscheidung des passiven
und aktiven Vermögens immer nur eine »Unterscheidung der Zu-
sammengehörenden« sein kann.

Aristoteles veranschaulicht seine Konzeption meistens mit Hilfe   275
von Beispielen, die aus der etwas gestaltenden Tätigkeit des Menschen genommen werden. Die vom Handwerker angefertigte Kugel ist das der Verwirklichung nach Seiende. Das von ihm bearbei-
tete Material (Ton oder Erz), aus der die Kugel werden kann, ist
das (im passiven Sinn genommene) dem Vermögen nach Seiende.
Die (hinsichtlich des vollendeten Werkes) noch formlose Materie
erhält dann durch die Tätigkeit des Handwerkers die Kugelgestalt
als das bestimmende Moment der fertigen Kugel. Aus diesem Beispiel wird auch deutlich, warum sich für Aristoteles im »sublunaren«, d. h. in dem der Veränderung unterworfenen Bereich der
Wirklichkeit das Begriffspaar »Dynamis – Energeia« mit dem für
seine Naturphilosophie bzw. naturphilosophische Ontologie charakteristischen Begriffspaar »Hyle – Morphe« (ὕλη = Stoff; μορφή
= Gestalt, Form) deckt. Denn die sich tatsächlich vollziehende
Veränderung ist immer eine Veränderung von etwas, das, weil es in
der Weise eines Substrates durch die Form der Weiterbestimmung
fähig bzw. bedürftig ist, Materie genannt wird. Da in dieser Auffassung das »dem Vermögen nach Seiende« immer ein in der Weise
der Materie bestimmbares Substrat ist, ergibt sich die Notwendigkeit, ein letztes Substrat jedweder Veränderung anzunehmen, das
nichts anderes als reine Bestimmbarkeit ist. Diese »Erste-Materie«
beschreibt Aristoteles als »das, was an sich weder als etwas noch als
Quantitatives, noch durch irgendeine andere der Aussageweisen
bezeichnet wird, durch welche das Seiende bestimmt ist« (Met
VII 3, 1029a 20f.; Bonitz-Seidl), und betont zugleich, daß es in
sich allein, d. h. ohne durch eine Form bestimmt zu sein, niemals
vorkommen kann.

Die für den Bereich des (sublunaren) Materiellen geltende Identifi-   276
zierung der Energeia-Dynamis-Lehre mit dem Hylemorphismus
ist aber nicht nur von der aristotelischen Konzeption der Materie
her begründet, sondern sie ergibt sich auch aus den Eigenschaften,
die nach Aristoteles den Wesensformen der materiellen Seienden
zukommen und die sich am deutlichsten auf der Ebene der Lebe-

wesen kundtun. Auf der Stufe des Lebens ist es nämlich überdeutlich, daß die Wesensform das artbestimmende Allgemeine ist, das durch die Zeugung weitergegeben wird und sich in den jeweiligen (nur in ihrer Materialität verschiedenen) Individuen vervielfältigt. Die Wesensform als das artbestimmende Allgemeine ist auch das in den Einzelseienden anwesende Prinzip ihrer Selbstentfaltung bis zu dem Punkt, wo diese ihre vollendete Gestalt (ihr Ziel = »telos«) erreicht haben. Deshalb ist die (Wesens-)Form nicht nur »Energeia«, sondern auch »Entelecheia«.

277 Zum richtigen Verständnis von Dynamis und Energeia (von »potentia« und »actus«) ist zu beachten, daß sie aufeinander bezogene Momente des Seienden (also »Seinsprinzipien«), nicht aber selbst Seiende sind. Deswegen betont Aristoteles immer wieder, daß weder die Materie noch die Form *werden*, sondern daß das aus ihnen Zusammengesetzte *wird*. Deshalb gilt hinsichtlich der Form bzw. des Wesens: »Notwendig muß dieses entweder ewig sein oder vergänglich ohne zu vergehen und geworden ohne zu werden« (Met VIII 3, 1043 b 14−16; Bonitz-Seidl). Das Ineinandergreifen der beiden einander entgegengesetzten Momente kommt auch in der aristotelischen Definition der »Bewegung« (d. h. der Veränderung im allgemeinen) sehr gut zum Ausdruck: »Die Veränderung ist die Verwirklichung des dem Vermögen nach Seienden, insofern es solches ist« (Phys III 1, 201 a 10). Jede Veränderung ist schon eine Verwirklichung des Vermögens (weil das Seiende, das nur dem Vermögen nach etwas ist, noch nicht in den Prozeß der Bewegung eingetreten ist), sie ist jedoch eine nicht abgeschlossene und deshalb unvollkommene Verwirklichung, was durch den Ausdruck: »insofern es solches (d. h. dem Vermögen nach Seiendes) ist«, angedeutet wird.

Literatur

Fink 1957.   Stallmach 1958.

bb) Weiterführende kritische Bemerkungen

278 Aristoteles betont zwar die Untrennbarkeit und auch die Aufeinanderbezogenheit der beiden Prinzipien der Veränderung, doch sagt er niemals deutlich, daß Dynamis und Energeia trotz ihrer Verschiedenheit auch ineinandergreifen und somit miteinander auch identisch sind. An den für seine Systematik entscheidenden Stellen wird jedenfalls die Verschiedenheit von Vermögen und Verwirklichung stets stärker betont als ihre Einheit. Der Grund dafür liegt wohl darin, daß Aristoteles überzeugt ist, man müsse die verschie-

denen Hinsichten, nach denen eine Unterscheidung vollzogen wird, immer eindeutig voneinander abheben können. Aus dieser für die Wesensmetaphysik charakteristischen Annahme, die auch der eigentliche Fehler im Dilemma des Parmenides ist, ergeben sich alle Aporien der Dynamis-Energeia-Lehre.

(a) Das Streben nach klaren und eindeutigen Unterscheidungen 279 führt dazu, daß für Aristoteles das dem Vermögen nach Seiende, insofern es dem der Verwirklichung nach Seienden entgegengesetzt ist, nur passive Potentialität besagt. D. h. die »Dynamis« im Sinne der systematischen Dynamis-Energeia-Lehre wird jeder Dynamik entblößt, wodurch ihre Bezogenheit zum aktuierenden Prinzip zu einer rein äußerlichen Beziehung wird. Was das bedeutet, wird uns im folgenden noch beschäftigen (vgl. Nr. 285 ff.).

(b) Aus der nicht in Frage gestellten Forderung, nach der das Po- 280 tentielle und das Aktuelle letztlich klar unterschieden werden müssen, ergibt sich auch die Notwendigkeit der Annahme einer »Ersten-Materie«, die gänzlich unbestimmt, jedoch nicht Nichts sein soll. Trotz aller Betonung der Unmöglichkeit einer selbständigen Existenz dieser Ersten-Materie bleibt ihr Begriff widersprüchlich, denn als Bestimmbares muß sie auch innerhalb des Zusammengesetzten »etwas« sein, was aber Aristoteles verneint und auch verneinen muß, wenn er aus ihr nicht ein selbständiges Seiendes machen will.

(c) Die Dynamis-Energeia-Lehre ist in ihrer aristotelischen, durch 281 die Identifizierung mit dem Hylemorphismus bestimmten Gestalt auf das geistige Seiende nicht anwendbar. Denn geistiges Seiendes ist von sich aus Offenheit auf alles hin (was Aristoteles übrigens weiß, denn die Seele ist nach ihm irgendwie die Gesamtheit der Seienden; vgl. Phys III 8, 431 b 21). Deshalb besteht die Bestimmtheit des geistigen Seienden in einem Bestimmtsein zum Streben auf stets Höheres (und letztlich auf Absolutes) hin. Eine solche Konzeption ist jedoch von der aristotelischen Auffassung sowohl der Dynamis als auch der Energeia ausgeschlossen, denn diese impliziert die Annahme fester Wesensgrenzen, die nicht überschritten werden können.

Die hier vorgelegte Kritik an der aristotelischen Erklärung der Ver- 282 änderung macht geltend, daß Aristoteles es letztlich doch nicht vermeiden kann, das Bestimmbare und das Bestimmende so zu deuten, als wären sie zwei voneinander verschiedene Seiende. Um Aristoteles gerecht zu werden, muß freilich einerseits betont werden (was hier auch geschah), daß er sich bemüht, diese Konsequenz zu vermeiden, andererseits muß man aber auch zugeben, daß ein gewisses Auseinandertreten des bestimmbaren und des bestimmenden Prinzips ein unübersehbares Charakteristikum der sich in der endlichen Wirklichkeit vollziehenden Veränderungen ist, das außerdem desto deutlicher in Erscheinung tritt, je geringer der Seinsgrad jener Seienden ist, um deren Veränderung es in einem konkreten Fall geht. Die begriffliche (bzw. atomistische oder naturwissenschaftliche) Erklärung der Veränderung trifft also *auch* auf die Wirklichkeit zu, denn sie stellt jenen Aspekt der Veränderung im endlichen Bereich dar, in dem der Mangel der Seienden an Sein zum Ausdruck kommt.

b) Woher kommt das beim Werden auftretende neue Sein?

283 Wenn es um Werden, um Übergang aus dem Zustand der Möglichkeit in den Zustand der Wirklichkeit geht, muß nicht nur seine Denkbarkeit erklärt werden, sondern auch die Frage beantwortet werden: *Woher kommt das Mehr, das dem Seienden der Verwirklichung nach gegenüber dem Seienden dem Vermögen nach eigen ist?* Denn für Aristoteles steht fest, daß die Energeia seinsmäßig mehr ist als die Dynamis. Dies drückt er dadurch aus, daß er von einer Priorität, von einem »Frühersein« der Verwirklichung in Hinblick auf das Vermögen spricht. Er unterscheidet dabei eine dreifache Priorität (vgl. Met IX 8):

284 (1) Die Energeia ist »früher« als die Dynamis *dem Begriff nach* (d. h. in der Erkenntnisordnung), insofern ein Vermögen als solches nur durch seine Hinordnung auf die Verwirklichung erkannt werden kann, während die Verwirklichung in sich verständlich ist.
(2) Die Energeia ist »früher« als die Dynamis *dem Wesen nach* (d. h. in der Seinsordnung), insofern die Verwirklichung die Vollkommenheit des Vermögens ist, denn die Energeia vervollkommnet die Dynamis und ist das Ziel ihrer Entfaltung.
(3) Wenn es um das *zeitlich Frühere* geht, muß man unterscheiden: In dem sich verändernden Individuum (im einzelnen Lebewesen) selbst geht das Seiende dem Vermögen nach dem Seienden der Verwirklichung nach zeitlich voraus. Da jedoch jedes Individuum nur als Individuum einer bestimmten Art entstehen kann, ist die Priorität der Energeia gegenüber der Dynamis auch in zeitlicher Hinsicht sichergestellt, insofern nämlich ein Seiendes der Verwirklichung nach als die artspezifisch wirkende Ursache das Seiende dem Vermögen nach durch die Zeugung in den Zustand der Wirklichkeit versetzt.

285 Wenn man also die Frage stellt: Wie wird bei Aristoteles aus einem potentiellen Seienden ein aktuelles Seiendes?, dann lautet seine Antwort: »Das der Verwirklichung nach Seiende entsteht immer

aus dem dem Vermögen nach Seienden durch ein der Verwirklichung nach Seiendes« (Met IX 8, 1049 b 24 f.). Diese Aussage kann jedoch auf verschiedene Weise verstanden werden. Von Aristoteles selbst wird sie so interpretiert, daß das aktuelle Seiende, dem es zu verdanken ist, daß aus einem unvollkommenen, potentiellen Seienden ein zur vollen Verwirklichung gekommenes Seiendes wird, ein vom potentiellen Seienden verschiedenes, ihm gegenüber anderes Seiendes ist. Nach diesem Schema orientiert man sich, wenn man z. B. erklärt: Aus kaltem Wasser wird durch Erhitzung von außen warmes Wasser; ein lebendiger Organismus erzielt Wachstum durch Zufuhr von Nahrung; aus einem Unwissenden wird durch Unterricht ein Wissender. Schon im zweiten, noch deutlicher aber im dritten Beispiel zeigt sich, daß das potentielle Seiende, das zum aktuellen Seienden wird, sich im Prozeß des Werdens keineswegs bloß passiv verhält, denn Wachstum und ein Mehr an Wissen entstehen nicht bloß durch Zufuhr von Nahrung oder Wissensstoff. *Das Seiende der Verwirklichung nach, welches aus dem Seienden dem Vermögen nach ein der Verwirklichung nach Seiendes macht, kann also nicht nur als ein vom Seienden dem Vermögen nach verschiedenes, ihm gegenüber anderes Seiendes betrachtet werden, sondern es muß immer auch die schon vorhandene Verwirklichung des zu vervollkommnenden Seienden dem Vermögen nach sein.* Das heißt: Man kann die beim Werden entstehenden neuen Seinsvollkommenheiten nicht dadurch erklären, daß man sie ihrer Totalität nach auf andere (von dem zu vervollkommnenden Seienden verschiedene) Seiende zurückführt, sondern es ist davon auszugehen, daß das im Werden entstehende Neue immer *auch* von dem werdenden Seienden selbst herstammt, daß also jedes konkrete Werden immer *auch* Selbstüberbietung des Werdenden ist.

Daß es im Wirken selbsterwirkten Seinszuwachs gibt, kann auf zwei Weisen erwiesen werden: 1. *direkt,* durch eine Analyse dessen, was wir anläßlich unserer eigenen Tätigkeiten erfahren; und 2. *indirekt,* nämlich durch den Aufweis, daß die grundsätzliche Leugnung der Selbstüberbietung zu widersprüchlichen Konsequenzen führt.

Zu 1.: In unserem Tätigsein, besonders in unseren geistigen Aktivitäten, im Erkennen und Wollen, erfahren wir, daß Wirken mehr ist als ein bloßes Weiterleiten des von anderen Übernommenen, daß es ein Moment enthält, welches im vollen Sinne unsere eigene Setzung ist. Wir wissen nämlich, daß wir, wenn auch nicht in jeder Hinsicht, doch tatsächlich Ursprung unserer eigenen Handlungen sind. Dieses Wissen, das als im Vollzug mitgegebenes, unmittelbares Wissen unbezweifelbar ist, verflüchtigt sich zwar immer, indem man es – auf es reflektierend – auf den Begriff bringen will, denn alle einzeln darstellbaren Momente unseres Handelns können dann als von woanders herstammend gedeutet werden; doch ist zu beachten, daß das Moment der vollzogenen Reflexion selbst, das den Zweifel an der Selbstgesetztheit unserer Handlungen erst ermöglicht, gar nicht anders denn als selbstgesetzte Handlung aufgefaßt werden kann. Denn Reflexion kann nur unter der Voraussetzung, daß sie selbstgesetzt ist, das sein, was sie ihrem (überbegrifflichen, d. h. ganz unanschaulichen und nie als Gegenstandsbeschreibung deutbaren) Begriff nach sein muß.

288 Zu 2.: Wäre jedes Seiende stets nur insofern Wirkendes als es Wirken Empfangendes ist, so wäre jedes Seiende seinem Wesen nach bloß passiv, d. h. das Wirken wäre etwas, was keinem Einzelseienden der Welt zukommen würde. Damit wäre aber das Wirken etwas in der Welt, was von den stets passiven Seienden völlig getrennt vorhanden wäre, ein außerhalb der Welt der Seienden stehendes »Etwas«. Es würde zwar durch die Einzelseienden hinwegströmen, nicht jedoch von ihnen herstammen. Eine solche Trennung des aktiven und des passiven Prinzips in der Welt ist jedoch unannehmbar. Entweder ergibt sich nämlich aus ihr die widersprüchliche Behauptung, nach der das Wirken eine notwendige und sogar eine sich selbst begründende Eigenschaft der Welt ist, obwohl sie keine Eigenschaft jener Seienden ist, aus denen die Welt besteht; oder sie führt dazu, daß man das welttranszendente Absolute zum einzigen aktiven Prinzip erklären muß, was aber auf eine Entwirklichung der Seienden der Welt hinausläuft (eine ausführlichere Darlegung dieser Aporien siehe: Weissmahr 1983, 76 ff.). Wirken muß also dem Seienden selbst zukommen, d. h. das Seiende ist von sich aus aktiv. Deshalb steuert es zu der von ihm ausgehenden Wirkung von sich aus etwas bei und »überbietet« somit sich selbst durch sein Wirken.

289 Die Selbstüberbietung kann freilich nicht ausschließlich vom endlichen Wirkenden als solchen her erklärt werden. Wäre nämlich die selbsterwirkte Seinszunahme des Seienden (die zugleich eine Seinszunahme der Welt als ganzer ist) nur das Ergebnis des endlichen Wirkens als solchen, so wäre dieses Wirken letzte und vollständige Begründung seiner selbst, d. h. es wäre absolut. Dem endlichen Seienden kann aber kein absolutes, sich selbst ganz begründendes Wirken zukommen.

290 Das Entstehen des Ursprünglichen, des Neuen innerhalb der Welt ist nur zu erklären, wenn dieses Neue das Ergebnis *sowohl* der innerweltlichen *als auch* der welttranszendenten und absoluten Ursache ist. Die Selbstverwirklichung, die Selbstüberbietung des dem

Vermögen nach Seienden ist also nur denkbar, wenn »die unendliche Ursache, die als reiner Akt alle Wirklichkeit in sich vorausenthält, zur ›Konstitution‹ der endlichen Ursache als solcher (›in actu‹) gehört, ohne ein inneres Moment an ihr als Seiendem zu sein« (Rahner 1961, 69).

Die Behauptung des dialektischen Materialismus, der Selbstüberstieg könne allein vom sich überbietenden Seienden her erklärt werden und bedürfe keiner transzendenten Begründung, ist also unhaltbar. Ebenso unhaltbar ist aber auch die Meinung, endliches Seiendes könne durch sein Wirken nicht an Sein zunehmen, denn damit wird dem Seienden eine ihm wirklich eigene Aktivität abgesprochen.

Um möglichen Mißverständnissen vorzubeugen, sei noch bemerkt: 291 Einen Seinszuwachs durch sein eigenes Wirken kann selbstverständlich nur das bereits existierende Seiende erzielen. Das der Entwicklung fähige Seiende kann also niemals die Ursache seines Seins überhaupt sein, wohl aber kann es, nachdem es schon ist, nachdem es bereits Sein hat und damit an der Dynamik des Seins partizipiert, im Maße seines Seins Tätigkeit ausüben und etwas hervorbringen, was mehr ist als die Summe all dessen, was auf es eingewirkt hat. Deshalb gilt: Je niedriger die Seinsstufe eines Seienden ist, desto mehr erschöpft sich sein Wirken im Weiterleiten der von anderen übernommenen Wirkungen, und desto mehr ist es auf das Wirken anderer Seiender angewiesen, um einen höheren Seinsgrad erreichen zu können. Je seinsmächtiger dagegen ein Seiendes ist, desto größeren Anteil hat es an der Vervollkommnung seiner selbst, ohne freilich sich jemals ausschließlich durch sich selbst vervollkommnen zu können. Deshalb ist im Bereich des leblos Materiellen die Spontaneität des Wirkens vernachlässigbar gering, obwohl sie niemals ganz fehlen kann, und deshalb kann die Fähigkeit zur Selbstentwicklung erst auf der Stufe des Lebens und in voller Deutlichkeit nur beim geistigen Seienden wahrgenommen werden.

Literatur:

Rahner 1961, 44–78.

c) Das metaphysische Verständnis des Möglichen

(1) Potentialität, reales Vermögen gibt es deshalb, weil das endliche 292 Seiende aufgrund seines Seins *immer schon mehr ist als es* (gemäß einer bloß statischen und damit abstrakten Betrachtungsweise) *ist,* weil also die Vollkommenheit, auf die hin das endliche Seiende ver-

mögend ist, in ihm bereits anwesend ist, obwohl es sie noch nicht hat. Dieses Identischsein des endlichen Seienden auch mit dem, was es erst in der Zukunft zu verwirklichen vermag (das seine Differenz zu dem, was aus ihm einst werden kann, nicht beseitigt), konstituiert das Vermögen als Seinsbestimmung. Weil das endliche Seiende das, was es werden kann, aufgrund seines Seins antizipiert, ist es als Seiendes dem Vermögen nach niemals bloß passive, sondern immer auch aktive Potentialität. Rein passives Vermögen ist ein Abstraktum, das es in der Wirklichkeit nicht geben kann. Denn das Vermögende ist immer ein Seiendes, das von sich aus desto aktiver ist, je höheren Seinsgrad es hat. In einer solchen Sicht der Dynamis ist es nicht nötig, eine »Erste-Materie« als reine Bestimmbarkeit anzunehmen, da das endliche Seiende, welches passiv ist, immer auch von sich aus aktiv ist, ohne freilich jemals »reine Aktivität« (»actus purus«) werden zu können. Der letzte Grund dafür, daß jedes Seiende immer mehr ist als es statisch gesehen ist, liegt in der grundsätzlichen Bezogenheit jedes Seienden zu jedem anderen, derzufolge nichts in der Wirklichkeit isoliert besteht. Das entscheidende Moment dieser Bezogenheit ist aber die das Sein des endlichen Seienden begründende Verbundenheit des endlichen Seienden mit dem absoluten Grund alles Seins, durch die die jeweilige Eigenständigkeit und Eigenaktivität des endlichen Seienden nicht nur nicht gefährdet, sondern vielmehr gesetzt wird (vgl. Weissmahr 1983, 93 f., 124 ff., 135 – 141).

293 (2) Wenn Seiendes als solches aktiv ist, wenn also Selbstüberbietung eine Eigenschaft des endlichen Seienden ist, dann ist Evolution, die Entwicklung des Niedrigeren zum Höheren, a priori zu erwarten. Dadurch bestätigt sich von einem anderen Ansatzpunkt her, daß es keine ein für allemal festgelegten Wesensgrenzen und deshalb auch keine starren Wesenheiten gibt (vgl. Nr. 235 – 238). Damit wird freilich weder behauptet, es könnte aus Jedem unvermittelt alles Beliebige werden, noch, daß es dem endlichen Seienden möglich wäre, durch Entwicklung jemals das Absolute zu erreichen. Auch läßt sich aus der Feststellung, daß jedes Wirken des endlichen Seienden stets eine gewisse Seinszunahme hervorbringt, nicht der Schluß ziehen, aus jeder Tätigkeit müßte sich immer etwas Besseres und Vollkommeneres ergeben. Davon könnte nur dann die Rede sein, wenn das Seiende in seinem Wirken von anderen Seienden vollkommen unabhängig wäre, wenn (nach der Weise des »actus purus«) alle Bedingungen seines Wirkens von ihm selbst abhängen würden. Beim endlichen Seienden ist das jedoch ausgeschlossen. Je unvollkommener das Seiende ist, desto weniger hat es die Bedingungen seiner eigenen Entwicklung in seiner Macht, desto

mehr ist es auf das von ihm Verschiedene, auf einen Einfluß von außen angewiesen, um zur höheren Vollkommenheit zu gelangen. Indem das Seiende auf anderes angewiesen ist, ist es ihm auch ausgeliefert. Aus dieser Abhängigkeit von dem anderen erklärt sich nicht nur, daß die Selbstentfaltung möglicherweise nicht zustande kommt, sondern auch die Möglichkeit des Seinsverlustes zumindest in einem begrenzten Sektor. Indem nämlich ein Seiendes dem anderen als Mittel der eigenen Entwicklung dient, kann es in seiner Eigenheit zerstört werden, bzw. dem anderen zum Opfer fallen. Und es ist auch möglich, daß gewisse an sich der Entwicklung dienende Prozesse (z. B. Bewegungen der Erdkruste, vulkanische Ausbrüche) so ablaufen, daß sie höher entwickeltes Seiendes zerstören.

(3) Vom hier entwickelten Verständnis des Vermögens kann auch 294 genauer dargelegt werden, was möglich und was nicht möglich ist (vgl. Nr. 209): (Real-)möglich ist das, was noch nicht ist, aber sein kann. Das Mögliche ist deshalb möglich, weil es Seiendes gibt, das es hervorbringen kann. Das Mögliche als solches ist also durch die reale Potentialität im Sinne einer realen Kraft, die es hervorzubringen vermag, konstituiert. Was wirklich möglich ist, kann also nicht unabhängig vom Vorhandensein einer Ursache, die es hervorbringen kann, bestimmt werden. Deshalb ist jede Bestimmung des Möglichen, die sich nur auf die Widerspruchslosigkeit der seinen Gehalt konstituierenden Merkmale beruft, unzulänglich. Denn das Mögliche ist nicht etwas an sich Gegebenes (wie eine gewisse wesensmetaphysische Auffassung meint), sondern wird – wie gesagt – durch das Vermögen, es hervorzubringen, in seinem Möglichsein konstituiert.

Trotzdem ist die Meinung, das Mögliche könne durch die bloße 295 Nicht-Widersprüchlichkeit der in einem Begriff vereinten Merkmale bestimmt werden, nicht ganz falsch. Wenn man nämlich die Existenz eines die absolute Fülle des Seins besitzenden, allmächtigen Schöpfergottes annimmt, der nur das nicht hervorzubringen vermag, was in sich widersprüchlich ist (und das zumindest unthematische Wissen um die Existenz des Absoluten ist der unausgesprochene Grund für die Meinung, man könne alles, was nicht widersprüchlich ist, für an sich möglich halten), dann ist die letzte Begründung des Möglichseins nicht die bloße Nicht-Widersprüchlichkeit des Begriffs, sondern die absolute Macht Gottes, deren einzige »Schranke« darin besteht, daß Gott, das absolute Sein, nichts bewirken kann, was seiner eigenen Natur, die die Fülle des Seins ist, widerspricht. Die absolute Seinsfülle bzw. die Allmacht Gottes vorausgesetzt, kann man also die These aufstellen: Möglich ist alles, was nicht außerhalb des Seins steht, was nicht dem Sein als solchen widerspricht. Diese tautologisch klingende These drückt jene Seinserfahrung aus, die auch im Identitätsprinzip (Nr. 103–109, 124) und im Nichtwiderspruchsprinzip, insofern es ein Seinsprinzip ist (vgl. Nr. 249 f.), zum Ausdruck kommt. Deshalb enthält die Behauptung, das Mögliche sei das, was widerspruchslos denkbar ist, ein Wahrheitsmoment.

296 Daraus folgt jedoch nicht, man könne das im konkreten Einzelfall Mögliche allein durch Begriffsanalyse, also unabhängig von der Erfahrung, bestimmen. Dies kann man schon deshalb nicht behaupten, weil auch jede Begriffsanalyse sich notwendig auf Erfahrung stützt, da uns keine Begriffsinhalte zur Verfügung stehen, die nicht letztlich aus der Erfahrung entnommen sind. Aber auch wenn man berücksichtigt, daß ursprünglich alle unsere Begriffe aus der Erfahrung herstammen, ist es nicht möglich, allein durch die Analyse des Begriffs zu bestimmen, was im konkreten Einzelfall möglich bzw. nicht möglich ist. Da der ausdrücklich erfaßte Begriffsinhalt immer hinter dem Erfahrenen zurückbleibt, kann aus einer Untersuchung der Vereinbarkeit oder Unvereinbarkeit der in einem Begriff miteinander verbundenen abstrakten Einzelmerkmale das im konkreten Einzelfall Mögliche bzw. Unmögliche nicht mit Gewißheit abgeleitet werden (vgl. De Petter 1972, 96 ff.).

Literatur:

Boros 1961.   Delfgauw 1966.
Teilhard de Chardin 1965.   van Melsen 1966.

2. Das Sein als Prinzip der Dynamik

297 Aus den vorausgehenden Untersuchungen hat sich schon ergeben, daß Seiendes im Maße seines Seins Wirkendes ist. Diese Einsicht und ihre Konsequenzen müssen noch etwas genauer dargelegt werden.

a) Seiendes ist Wirkendes

298 (1) Das Wirken erscheint für uns zunächst als eine Eigenschaft des Seienden, durch die das Seiende etwas hervorbringt. Das *Wirken* setzt also ein Subjekt, ein *Wirkendes* voraus und ist auf die *Wirkung*, die dem Wirkenden gegenüber zunächst als ein anderes erscheint, ausgerichtet. Je nachdem, ob sich die durch das Wirken

hervorgebrachte Wirkung im Wirkenden selbst oder außerhalb seiner befindet, unterscheidet man traditionell »bei-sich-bleibendes oder nach innen gerichtetes Wirken« (actio immanens) und »heraustretendes oder nach außen gerichtetes Wirken« (actio transiens). Durch das »Wirken nach innen« vervollkommnet sich das Wirkende selbst, durch das »Wirken nach außen« vervollkommnet es etwas von ihm Verschiedenes.

Das Wirken nach innen und das Wirken nach außen sind offensichtlich aufeinander bezogene Aspekte des endlichen Wirkens. Dabei kommt im Wirken des endlichen Seienden der Aspekt des immanenten Wirkens desto deutlicher zum Vorschein, je vollkommener das Seiende bzw. sein Wirken ist, und der Aspekt des transeunten Wirkens ist desto vorherrschender, je weniger Seinsmächtigkeit dem Seienden bzw. seinem Wirken zukommt. Das endliche, das mit sich selbst als Seiendem nicht vollkommen identische Seiende muß, um sich selbst vollziehen bzw. sich selbst vervollkommnen zu können, aus sich heraustreten. Das heraustretende Wirken setzt aber immer Selbstvollzug voraus. 299

Das eigentlich konstitutive Moment jedes Wirkens ist also die »actio immanens«. Daraus ergibt sich erneut, daß Seiendes von sich aus Wirkendes sein muß, daß zwischen Sein und Wirken eine ursprüngliche Identität anzunehmen ist. Ohne eine ursprüngliche Identität von Sein und Wirken wäre nämlich das Wirken immer etwas dem Sein gegenüber Fremdes. Würde das Sein des endlichen Seienden bloß ein »Wirken-Können«, nicht aber immer schon ein gewisses »Von-sich-aus-Wirken« setzen, ohne deshalb schon »reine Aktualität« zu sein, so wäre auch die »Selbstvervollkommnung«, die ein charakteristisches Merkmal der endlichen »actio immanens« ist, nicht denkbar. Das Wirken ist auch im endlichen Bereich nur dann zu verstehen, wenn Seiendes im Maße seines Seins immer schon Wirkendes ist. *Wirken ist also die aktive Inbesitznahme des eigenen Seins, der Vollzug der Identität des Seienden mit sich selbst als Seiendem.* Das Wirken ist eine transzendentale Vollkommenheit des Seins: »omne ens est agens«. Zu dieser Einsicht ist die traditionelle Metaphysik nicht gekommen, obwohl sie gewußt hat, daß gilt: »agere sequitur esse«, d. h., daß das Wirken aus dem Sein folgt. 300

(2) Weil eine gewisse, wenn auch u. U. sehr geringe »individuelle Eigenheit« ein unabdingbares Moment am Sein jedes Seienden ist, und weil sich diese unvertauschbare Eigenheit, dieses »Es-selbst-Sein« des jeweiligen Seienden auch in seinem Wirken manifestiert, kommt jedem Seienden ein ihm eigenes, durch seine »allgemeine Natur« nicht eindeutig festgelegtes Wirken zu. Das heißt freilich 301

nicht, daß dieses im vollen Sinne des Wortes eigene Wirken des Seienden ständig in der für es möglichen höchsten Intensität vollzogen werden muß, es kann zeitweilig sehr latent sein. Doch folgt aus dieser These jedenfalls: In jedem (nicht atomistisch, sondern global betrachteten) Wirken des Seienden gibt es ein Moment, das nur auf das individuell Eigene im Seienden (auf sein »Selbst«) zurückgeführt werden kann, das also nur von ihm abhängt. Das bedeutet aber: Jedem Seienden kommt eine gewisse Eigenursächlichkeit, *ein gewisses »Sich-selbst-Bestimmen« zu*. Jedes Seiende empfängt zwar hinsichtlich seines Wirkens vielfältige Bestimmungen »von außen«, von anderen Seienden. Zugleich ist das Wirken des Seienden weitgehend durch seine eigene »spezifische Natur« (und in diesem Sinn »von innen«) bestimmt. Doch ist durch diese Determinanten das (wiederum global betrachtete) konkrete Wirken des Seienden noch nicht vollständig festgelegt, denn es ist (im Maße seines Seins) auch mit einem Moment der Selbstbestimmung zu rechnen.

302 Hier stellt sich freilich die Frage: Wird dadurch nicht jedem Seienden Freiheit zuerkannt? Und: Verwischt man dadurch nicht den Unterschied, der zwischen dem geistigen (d. h. Selbstbewußtsein besitzenden) und dem nichtgeistigen Seienden offensichtlich besteht?

Die Wesensmetaphysik lehnt im untermenschlichen Bereich jedwede Selbstbestimmung mit der Begründung ab, von ihr könne nur bei vernunftbegabten Wesen die Rede sein, denn nur ihr Streben (ihr Begehren) sei nicht auf eine einzige Handlung determiniert. Ein nicht auf eine einzige Handlung determiniertes, für die Selbstbestimmung Raum bietendes Streben könne es nämlich nur bei jenen Wesen geben, die fähig sind, verschiedene Einzelobjekte ihres Strebens als relative Werte zu erfassen, d. h. als Werte, die zwar jeweils unter einer Rücksicht Werthaftigkeit besitzen, aber nicht »das Gute selbst« sind. Zu diesem vergleichenden Urteil ist jedoch Vernunft nötig. Also kann es Selbstbestimmung nur bei vernunftbegabten Wesen geben.

303 Die Meinung, rationales Urteil und damit auch formales Selbstbewußtsein seien die notwendigen und hinreichenden Bedingungen jeder Selbstbestimmung, ist jedoch mit großen Schwierigkeiten belastet. Denn aus ihr ergibt sich *einmal,* daß im untermenschlichen Bereich alles eindeutig determiniert sein muß, woraus zwei sehr problematische Konsequenzen folgen: (a) Alle Seienden einschließlich aller Lebewesen, also auch die höheren Tiere, bewegen sich nur insofern, als sie von anderen bewegt werden (was freilich auch durch ihr auf ein bestimmtes (Re-)Aktionsschema festgelegtes Strebevermögen geschehen kann), sie sind also nur komplizierte Ma-

schinen; und (b) die menschliche Freiheit ist ein absolutes Novum in der Welt, der im untermenschlichen Bereich nicht einmal analog etwas entsprechen kann.

Zum anderen ist darauf hinzuweisen, daß die Selbstbestimmung als solche auch durch den Hinweis auf ein rationales Urteil nicht wirklich einsichtig gemacht werden kann. Es trifft zwar zu, daß der Mensch, eben wegen seiner Vernunft, die Dinge unter verschiedenen Rücksichten erfassen und sie damit als relativ erkennen kann. So gewinnt er von den Dingen Abstand, wodurch die bewußte Wahl als solche erst möglich wird. Aus der intellektuellen Natur des Menschen folgt jedoch zugleich, daß seine Wahl rational begründet sein muß. Sieht man aber in der Rationalität den einzigen Grund der Selbstbestimmung, so ist kaum einzusehen, wie die Wahl wirklich Selbstdetermination sein kann, da der Mensch, soll seine Wahl nicht irrational sein, nie das in concreto Schlechtere zu wählen vermag. Es ist zwar nicht ausgeschlossen, daß jemand das objektiv Wertlosere wählt, aber er wählt es dann nur deshalb, weil es ihm als das Wertvollere erscheint. Wenn aber die Wahl durch die Motive bestimmt wird, ohne daß der Mensch Einfluß auf die Motive hat, so kann man nicht von wirklicher Selbstbestimmung reden.

Die Argumentation also, welche die menschliche Freiheit aus der 304 Vernunftnatur des Menschen ableitet, beweist zwar, daß es ohne Selbstbewußtsein keine ihrer selbst bewußte Selbstbestimmung geben kann. Sie beweist jedoch nicht, daß dort, wo keine Reflexion, kein formales Selbstbewußtsein aufzufinden ist, nicht einmal ein Selbst in analogem Sinn, d. h. ein wirkliches, obwohl für sich nicht gegenwärtiges Zentrum der Aktivität anwesend sein könne. Denn die Beweisführung, welche die Freiheit des Menschen auf seine Rationalität zurückführt, vermag eben das entscheidende Problem der Freiheit, nämlich die Selbstbestimmung als solche, nicht zu erklären. Deshalb kann es nicht verboten sein, aus unseren früheren Überlegungen die Konsequenz zu ziehen und von einer Selbstbestimmung aller Seienden im Maße ihrer jeweiligen Eigenständigkeit zu reden. Da es um eine jeweils analog zu deutende Selbstbestimmung geht, ist sowohl der Unterschied zwischen den verschiedenen Weisen der Selbstbestimmung als auch ihre Kontinuität miteinander gewährleistet (vgl. Weissmahr 1973, 133–138).

b) Die Ursächlichkeit

Indem wir uns mit den Bedingungen des Werdens beschäftigt haben, wurde schon, ohne den Namen zu gebrauchen, über Ursäch- 305 lichkeit gesprochen. Jene Überlegungen sollen hier noch etwas weiter entfaltet werden.

Eine systematische Lehre über die Ursachen hat als erster Aristoteles entwickelt. Er unterscheidet vier Bedingungen, die für das Werden des Gewordenen auf jeweils verschiedene Weise verantwortlich sind. Zwei von ihnen befinden sich im Gewordenen selbst, nämlich der Stoff und die Form (die sog. »inneren Ursachen«), und zwei von ihnen liegen (zumindest teilweise) außerhalb des Gewordenen, nämlich die Wirk- und die Zielursache (die sog. »äußeren Ursachen«). Der Stoff ist das Bestimmbare, es ist das, »woraus etwas wird«, und gilt deshalb für Aristoteles zusammen mit der Form, die das Bestimmende ist, als echte Ursache des zusammengesetzten Seienden. Das aktuierende Prinzip, das durch sein Tätigsein etwas hervorbringt, ist die Wirkursache. Es wird bestimmt als das, »woher die Veränderung oder die Ruhe ihren ersten Anfang nimmt«. Dasjenige schließlich, was in der Weise des Angestrebten einen Einfluß oder eine Ursächlichkeit auf das Tätigsein des Tätigen ausübt, ist das Ziel (vgl. Met V 2; 1013 a 24 bis 1013 b 2). Im folgenden geht es um die beiden letzten Weisen der Ursächlichkeit.

aa) Die Wirkursache als das »Woher« des Gewordenen

306 Die Frage »Woher kommt neues Sein bzw. neues Seiendes?« wurde oben (Nr. 283–291) schon ausführlich behandelt. Es hat sich gezeigt, daß neues Sein, ganz allgemein gesprochen, immer durch das Wirken des schon Seienden entsteht. Diese Feststellung muß jedoch präzisiert werden. Es wurde nämlich deutlich: *Erstens*, daß das Seiende, durch dessen Wirken neues Sein (neue Seinsvollkommenheit) entsteht, nicht nur ein von dem vollkommener Werdenden verschiedenes, ihm gegenüber anderes Seiendes ist, sondern immer auch jenes Seiende selbst ist, das an Sein zunimmt; und *zweitens*, daß die letzte Möglichkeitsbedingung sowohl der Selbstvervollkommnung als auch jedweder Seinsmitteilung im Bereich des endlichen Seienden die das Seiende überhaupt und es damit auch als Wirkendes (als Eigenwirksamkeit Habendes) setzende Selbstmitteilung des absoluten Seins ist.

307 Nur durch diese letztere, ausführlichere Beschreibung sind die wesentlichen Züge der wirkursächlichen Zusammenhänge, so wie sie in der Wirklichkeit unserer Welt bestehen, angegeben. Denn zum metaphysischen Verständnis der Wirkursächlichkeit gehört die Synthese zweier sich begrifflich ausschließender und deshalb antinomischer Gesichtspunkte: Jedes Einzelseiende ist in seinem Wirken auf anderes angewiesen, und jedes Einzelseiende ist von sich

aus Wirkendes. Der erste Gesichtspunkt drückt die Kontingenz des endlichen Seienden aus. Denn ein Seiendes, das in seinem Wirken auf anderes angewiesen ist, ist als Seiendes nicht notwendig, hat den Grund seines Seins nicht in sich selbst. Der zweite Gesichtspunkt macht aber geltend, daß dem Seienden, wenn es einmal ist, eine gewisse Unbedingtheit zukommt. Denn alles, was ist, kann, *insofern es ist,* nicht nichtsein. Deshalb ist alles, was ist, *insofern es ist,* jeder Bedingung (jeder Wenn-Dann-Bezogenheit) enthoben; ist also, *insofern es ist,* unbedingt. Wenn man nun berücksichtigt, daß sich in diesen beiden begrifflich antinomischen Gesichtspunkten im Grunde nur die für das begriffliche Denken immer antinomisch erscheinende Seinsstruktur des endlichen Seienden ausdrückt (für die gilt, daß das endliche Seiende als das in seinem Sein Bedingte im Maße seiner Seinshabe in – relative – Unbedingtheit entlassen ist), dann wird deutlich, daß die letzte Möglichkeitsbedingung der Synthese der beiden Gesichtspunkte der Ausgriff auf das absolute Sein ist. Im Klartext: Ohne die (Mit-)Berücksichtigung des absoluten Seins ist Wirkursächlichkeit in der Welt nicht zu verstehen, was aber nicht heißt, in der Welt sei nur das Absolute aktiv, sondern, daß das Absolute vielmehr allem, was ist, im Maße seiner Seinsmitteilung Eigenständigkeit und Eigenaktivität verleiht.

Aufgrund der in jedwedem Einzelwissen implizierten Seinserfahrung wissen wir a priori (vgl. Nr. 87–94), daß aus Nichts von selbst 308 nichts entstehen kann, und deshalb wissen wir auch, daß alles, was entstanden ist, alles also, was so ist, daß es auch nicht sein könnte, als Erklärung seiner Existenz notwendig das Wirken eines Seienden (d. h. einer Wirkursache) voraussetzt. Dieses Wissen a priori, *daß alles tatsächlich existierende Kontingente als Begründung seiner Existenz notwendig auf ein ihm Sein Mitteilendes und deshalb letztlich auf die absolute Wirklichkeit, die die Begründung ihres Seins in sich hat, verwiesen ist,* nennt man das *metaphysische Kausalitätsprinzip.* Das im Wissen um die Notwendigkeit (und deshalb auch um die Möglichkeit) einer zureichenden, d. h. auch letztgültigen Begründung des existierenden Kontingenten implizierte Wissen um das absolute Sein ist ein wesentliches Moment der als metaphysisches Kausalitätsprinzip formulierten Einsicht. Ein anderes wichtiges Moment dieser Einsicht besteht darin, daß das Seiende, welches die Existenz des Kontingenten begründet, nicht als ein vom kontingent Existierenden nur verschiedenes Seiendes aufzufassen ist. Nur dadurch wird verständlich, daß durch die Ursächlichkeit die Ursache und die Wirkung nicht bloß äußerlich miteinander verbunden sind, sondern seinsmäßig ineinandergreifen, was die Bedingung dafür ist, daß man von wirklicher Seinsmitteilung reden kann. Und nur dadurch ist zu begreifen, daß es auch Selbstbewegung bzw. Selbstüberbietung geben kann.

309 In der angegebenen Formulierung des metaphysischen Kausalitätsprinzips wurde die dem Kausalitätsprinzip zugrundeliegende Seinserfahrung in einer zwar immer noch ergänzungsbedürftigen, aber die wesentliche Einsicht hoffentlich trotzdem vermittelnden Form zusammengefaßt. Wenn man nun diese Seinserfahrung entsprechend der Bedürfnisse des auf eindeutige Unterscheidungen ausgerichteten begrifflichen Denkens ausdrücken will, dann kann man mit Kant sagen: »Wenn wir erfahren, daß irgend etwas geschieht, so setzen wir dabei jederzeit voraus, daß [diesem Geschehen] irgend etwas [von ihm in Raum und Zeit Verschiedenes] vorausgehe, worauf es nach einer [notwendigen und grundsätzlich exakt angebbaren] Regel folgt« (KrV B 240). In dieser Beschreibung kommt jedoch nur jenes Verständnis der Kausalität zum Ausdruck, das für die naturwissenschaftliche Forschung maßgeblich ist, was durch die in eckigen Klammern hinzugefügten Ergänzungen zum Kantschen Text noch verdeutlicht wurde. Dieses Kausalitätsverständnis sollte stets sorgfältig von jenem Verständnis der Ursächlichkeit unterschieden werden, dessen Ausdruck das metaphysische Kausalitätsprinzip ist, und deshalb sollte man es *naturwissenschaftliches Kausalgesetz* nennen. In der naturwissenschaftlichen Forschung geht es nämlich nicht um das Verstehen dessen, wie neues Seiendes oder eine neue Seinsvollkommenheit entstehen, sondern nur um die Feststellung der Regelmäßigkeit in der Verknüpfung der Phänomene.

Für eine genauere Darstellung der Unterschiede und der Zusammenhänge, die zwischen dem metaphysischen Kausalitätsprinzip und dem naturwissenschaftlichen Kausalgesetz bestehen, sei auf die entsprechenden Erörterungen in der »Philosophischen Gotteslehre« dieses Grundkurses (Weissmahr 1983, 90–92) verwiesen.

310 Wenn man berücksichtigt, daß das naturwissenschaftliche Kausalgesetz nur die modellhafte und deshalb Zusammengehörendes voneinander trennende Darstellung des in der Seinserfahrung a priori erfaßten metaphysischen Kausalitätsprinzips ist, dann sind die Einwände, die gegen die Gültigkeit des Kausalitätsprinzips von Hume und von Kant vorgebracht werden, leicht zu lösen. Denn diese Einwände betreffen nur das von der Seinserfahrung abgelöste naturwissenschaftliche Kausalgesetz, das Hume und Kant für das Kausalitätsprinzip halten.

Literatur:

Titze 1964.   Ingarden 1974.
Weizsäcker 1970, 80–117.

bb) Die Zielursache als das »Woraufhin« des Gewordenen

(1) Warum wirkt ein Seiendes? Diese Frage ist noch nicht voll 311
beantwortet, wenn man bloß darauf hinweist, daß es zum Sein
des Seienden gehört, Aktivität auszuüben. Denn in der Frage
»Warum?« ist auch die Frage »Wozu?« impliziert. Dies gilt jedenfalls, wenn es um Wirkende geht, deren Tätigkeit sich aus
einem Wissen ergibt (das u. U. auch ein naturhaftes, instinktives
Wissen sein kann). Denn zumindest im menschlichen Handeln
ist Zielstrebigkeit (Finalität, Teleologie) unübersehbar. Aber
auch im tierischen Verhalten zeigt sich vielfältig Zielstrebigkeit.
Deshalb stellen sich zwei Fragen: (1) Ist es nicht bloß eine Illusion, wenn der Mensch meint, er könne sich Ziele setzen und
sie dann verwirklichen? (2) Falls die Zielstrebigkeit beim Menschen keine Illusion ist, muß noch gefragt werden: Ist diese Beobachtung zu verallgemeinern? Ist Wirken überhaupt als Anstreben von Zielen aufzufassen, so daß man sagen muß: Jedes
Wirken geschieht in Hinblick auf ein Ziel, oder ist das nicht
der Fall?

Die *mechanische* Auffassung des Wirkens will die Zielstrebigkeit 312
im Extremfall gar nicht oder nur beim Menschen (bzw. höchstens
noch bei den Tieren) anerkennen und meint, es sei Anthropo-
phismus bzw. bloß subjektive Deutung der Wirklichkeit, wenn
man im Falle der Naturkausalität von Zielgerichtetheit spricht. Die
teleologische Auffassung vertritt dagegen die Meinung, daß das
Wirken und überhaupt die Dynamik des Seienden nicht voll verstanden werden können, wenn man die Ergebnisse des Wirkens
bloß als naturnotwendig oder zufällig entstandene Resultate betrachtet.

(2) Im folgenden soll die Zielstrebigkeit des Wirkens ganz allge- 313
mein aufgewiesen werden. Sie ergibt sich aus einer Analyse der
oben (Nr. 285–291) kennengelernten grundlegenden Eigenschaften des Wirkens selbst.

Das Wirken des Seienden bringt, wie gezeigt wurde, von sich aus
neue Seinsvollkommenheit hervor. Dies geschieht durch Eigenaktivität, die man auch dann anerkennen muß, wenn sie im Bereich des
Anorganischen oft praktisch nicht in Erscheinung tritt. Wenn man
aber anerkennt, daß Seiendes sich durch das ihm eigene Wirken
vervollkommnet (und nicht nur von anderen vervollkommnet
wird), dann hat man Finalität schon angenommen. Die Selbstüberbietung und damit das Entstehen des seinsmäßig Höheren aus dem
seinsmäßig Niedrigeren als ein Gesetz des Wirkens zu betrachten,
heißt nämlich, *daß die höhere Seinsvollkommenheit nicht bloß Er-*

gebnis des Wirkens ist, sondern, daß das Seiende in seinem Wirken auf die Verwirklichung der höheren Seinsvollkommenheit ausgerichtet war. Das bedeutet aber: Die höhere Seinsstufe muß als Ziel der Aktivität des Seienden gelten. Diese Einsicht ist übrigens schon im richtigen Verständnis von »Vermögen« impliziert. Denn die Potentialität ist immer auf Verwirklichung ausgerichtet. Das dem Vermögen nach Seiende strebt also von sich aus danach, das zu verwirklichen, woraufhin es »in potentia« ist.

314 Wenn man also behauptet, daß das Wirken des Seienden zielgerichtet ist, so kann das Ziel, auf das das Seiende ausgerichtet ist, *einerseits* nicht etwas Unbestimmtes sein, denn was ganz und gar unbestimmt ist, ist nichts; doch kann das Ziel *andererseits* nicht etwas vollkommen eindeutig Vorbestimmtes sein, das vom Seienden nur auf die Weise eines starren Programms mit zwanghafter Notwendigkeit verwirklicht wird, denn eine solche Konzeption der Zielgerichtetheit läuft auf die Leugnung jeder Eigendynamik zumindest im untermenschlichen Bereich hinaus. Es ist also zu betonen, daß man jene Ausrichtung auf Ziele, die nicht »von außen« dem Seienden auferlegt wird, sondern die »von innen«, von ihm als diesem Seienden herstammt, nicht als eine eindeutig determinierte Ausrichtung verstehen darf. Diese Finalität kann man im Gegensatz zur Finalität, die den vom Menschen gemachten Instrumenten eigen ist, auch »Naturfinalität« nennen, vorausgesetzt, daß man unter »Natur« nicht *nur* die artspezifische Natur versteht, die (weil sie alle Aktivitäten der zur betreffenden Art gehörenden Seienden eindeutig bestimmt) auch immer als ein dem individuellen Seienden gegenüber äußeres Prinzip zu betrachten ist. Die konkrete Zielgerichtetheit eines Seienden ist nämlich immer die Einheit von Natur- und Selbstdynamik, sie ist die Dynamik des Individuums einer bestimmten Natur, oder anders gesagt: Sie ist die Richtung der Selbstüberbietung, die für ein Individuum, das eine bestimmte Natur hat, möglich ist.

315 »Finalität« ist deshalb ein schwieriger Begriff, weil er sich als echt metaphysischer Begriff immer analog gestaltet und deshalb nie eindeutig objektiviert bzw. operationalisiert werden kann. Operationalisierbar ist nur die deterministisch aufgefaßte Wirkursächlichkeit, die aber niemals die volle Erklärung des Werdens des Gewordenen sein kann. Die Annahme, es gebe bloß deterministische Wirkursächlichkeit, und die Ablehnung der Zielgerichtetheit des Wirkens sind von der Sache her miteinander verknüpft. Die Bedeutung des Zieles (und damit die der Zielursächlichkeit) fällt nämlich vollkommen weg, wenn man das Wirken als bloß deterministischen Vorgang interpretiert. Denn in diesem Fall drückt der Zielgedanke

nichts aus, was nicht von der Wirkursache her besser, weil eindeutiger gewußt werden kann. Dann ist aber das Reden von Zielen überflüssig bzw. reiner Anthropomorphismus. Wenn man aber das Moment der Eigendynamik anerkennt, dann kommt dem Zielgedanken eine Bedeutung, ein Erklärungswert zu. Zwar erklärt das Ziel nichts auf die Weise der (deterministisch verstandenen) Wirkursächlichkeit, durch die man zukünftige Ereignisse vorausberechnen und somit in den Dienst des Menschen stellen kann, aber die Einsicht, daß ein Ereignis bzw. ein Zustand Ziel eines Wirkens war, macht dieses Wirken auch in seinen nicht berechenbaren Momenten »verstehbar«. In der Finalität drückt sich nämlich die Vernünftigkeit der Naturspontaneität bzw. der Freiheit aus. *Die Finalität ist die (nichtdeterministische, jeweils auf Höheres ausgerichtete) »Bestimmtheit« der immer analog verwirklichten Selbstbestimmung der Seienden.*

(3) Um das Gesagte nicht mißzuverstehen, müssen noch drei Be- 316 merkungen gemacht werden:

(a) Wirk- und Zielursache darf man nicht gegeneinander ausspielen. Nimmt man die Zielursächlichkeit an, so leugnet man keineswegs die Bedeutung der Wirkursache. Denn eine Zielstrebigkeit (eine Zielursache) kann sich nie ohne eine Wirkursache (bzw. ohne das Zusammenwirken vieler Wirkursachen) durchsetzen. Von einer Zielursache kann man nämlich nur in einem uneigentlichen Sinn sagen, daß sie »wirkt«. Sie wirkt immer nur »durch«, »mit Hilfe« einer Wirkursache, indem sie der Grund dafür ist, daß eine Wirkursache wirkt.

(b) Das Finalitätsprinzip: »Alles Wirken geschieht in Hinblick auf ein Ziel«, besagt nur, daß jedem Wirken von dem auf eine höhere Seinsstufe ausgerichteten wirkmächtigen Seienden her eine »Richtung« zukommt. Das Finalitätsprinzip gestattet uns jedoch nicht, dasjenige, worauf das Wirken des Seienden hinzielt, vor dessen Verwirklichung genau zu bestimmen.

(c) Zu bedenken ist außerdem, daß *Zielstrebigkeit* nicht *unbeding-* 317 *te Zielsicherheit* bedeutet. Zielstrebigkeit bedeutet, daß man mit Recht von einer Naturtendenz (oder besser noch: von einer Tendenz des Seienden als solchen) sprechen kann, nicht aber, daß das Ziel in jedem Einzelfall tatsächlich erreicht wird. Denn kein konkretes Ereignis in der Welt ist jemals Ergebnis eines einzigen Wirkens. Wenn man sagt: »Alles Wirken ist zielgerichtet«, so betrachtet man das Wirken, insofern es der Natur- und Selbstdynamik des Wirkenden entspricht, nicht aber insofern, als die Ergebnisse des Wirkens durch das Wirken anderer Seiender modifiziert oder vereitelt werden können. Das Finalitätsprinzip will also richtig verstanden werden. Zielgerichtetheit ist ein Aspekt in jedem Wirken in dem Sinn, daß jedes Ereignis von Ursachen herstammt, denen von sich aus eine Ausrichtung auf eine höhere Seinsstufe zukommt. Daraus folgt aber nicht, daß alle konkreten Ereignisse, die sich aus dem Zusammenwirken der Ursachen ergeben, in jedem Fall Ziele der einzelnen im Gesamtprozeß beteiligten Ursachen sind. Das heißt, es gibt Zufall.

318 (4) Unter *Zufall* versteht man ein Geschehen, das sich aus dem Zusammenspiel verschiedener Ursachen ergibt, ohne daß man sagen könnte: Diese Ursachen waren von sich aus auf dieses Ergebnis abgestimmt. Zufall ergibt sich in der Welt einerseits aus der Seinsohnmächtigkeit (aus der Kontingenz) der Seienden, derzufolge sie keine volle Kontrolle über die Ergebnisse ihres Wirkens haben, andererseits aus ihrer Eigendynamik, der es zu verdanken ist, daß auch das Naturgeschehen nicht eindeutig determiniert ist.

Der Zufall kann nur schwer begrifflich bestimmt werden. Festzuhalten ist jedenfalls: (a) Ohne Gesetzmäßigkeit gäbe es keinen Zufall. Wenn in der Welt alles chaotisch verlaufen würde, wäre Zufall nicht nur nicht zu erkennen, sondern auch nicht zu denken. (b) Aber es gäbe auch dann keinen Zufall, wenn alles eindeutig determiniert wäre. Dann wäre nämlich, das, was wir Zufall nennen, nur Ausdruck für unsere Unkenntnis hinsichtlich der notwendigen Naturzusammenhänge. (c) Für den Begriff des Zufalls ist auch die Feststellung wichtig, daß sich Zufall und Zielgerichtetheit in der Natur nicht ausschließen. Denn durch das Gesetz der großen Zahlen setzen sich mittels des Zufalls die Naturtendenzen durch.

Literatur:

Hartmann 1951.
Möslang 1964.
Weiss 1967.
Gesetzmäßigkeit und Zufall 1968.

Eigen—Winkler 1975.
Luyten 1975.
Hörz 1980.
Spaemann—Löw 1981.

3. Das Substanz-Akzidens-Schema und seine Problematik

319 (1) Für Aristoteles ist der einfachste Fall der Veränderung jener, bei dem ein Seiendes im Laufe der Veränderung neue Bestimmungen erhält oder Bestimmungen, die es gehabt hat, verliert. Was ein Seiendes ist, steht für ihn fest: Es ist das einzelne, von anderen abgetrennte Selbständige, also die »οὐσία« (Wesen oder Substanz) im primären Sinn (d. h. die »erste Substanz«, vgl. Nr. 193). In den Veränderungen, die – wie er meint – die Identität dieser Substanz

keineswegs antasten, sieht Aristoteles die Geltung des Substanz-Akzidens-Schemas bestätigt. Dieses für seine Philosophie grundlegende Schema ist dadurch gekennzeichnet, daß die beharrliche Substanz, die für ihn zugleich das Wesen des Dinges ist (was allerdings Probleme mit sich bringt, vgl. Nr. 183 ff., 193), durch hinzukommende Bestimmungen, durch Akzidentien weiterbestimmt wird, die ihr als ihrem Subjekt anhaften. Die Substanz ist demnach den Akzidentien gegenüber einerseits das »Selbstand«-Habende (Substanz als »Subsistenz«), andererseits das Subjekt oder der Träger der Veränderungen, also das unter den Veränderungen »Darunterliegende« (Substanz als das, was »sub-stat«). Die Akzidentien sind dagegen Weiterbestimmungen der Substanz, die, da ihnen keine Selbständigkeit zukommt, auf ein sie tragendes Subjekt angewiesen sind.

Um die Realgeltung dieses Schemas darzulegen, beruft sich Aristo- 320
teles auf Beispiele von Veränderungen mit akzidentellem Charakter. Sie sind – wie gesagt – die einfachsten Fälle der Veränderungen. In ihnen bleibt die Selbstidentität des sich verändernden Seienden angeblich unangetastet. Die Veränderung soll nur darin bestehen, daß die Substanz Eigenschaften, die sie weiterbestimmen, hinzugewinnt oder verliert. Daß eine solche Konzeption mit der genuinen Energeia-Dynamis-Lehre nicht in Einklang steht, braucht hier nicht mehr erklärt zu werden (vgl. Nr. 270, 277). Von diesen »akzidentellen Veränderungen« unterscheiden sich die »substantiellen Veränderungen«, in denen die Selbständigkeit bzw. die dem Seienden von seinem Wesen her zukommende Selbstidentität verlorengeht und für deren Deutung Aristoteles als ein letztes Substrat der Veränderung überhaupt die »Erste Materie« (vgl. Nr. 185, 275, 280) benötigt.

Obwohl der Hinweis auf die Erfahrung der akzidentellen Verände- 321
rungen für die Begründung der Realgeltung des Substanz-Akzidens-Schemas nicht unwichtig ist, gewinnt Aristoteles das Wissen um dieses Schema ursprünglich nicht aus einer Untersuchung der Veränderung, sondern vielmehr aus der Analyse des einfachsten Aussagesatzes, in dem das grammatische Subjekt immer etwas Selbständiges zu bezeichnen scheint, das niemals als Bestimmung von einem anderen ausgesagt werden kann, von dem aber die Eigenschaften prädiziert werden (vgl. Kat 5; Met VII, 1).

(2) Das von Aristoteles herausgestellte und auch von der späteren 322
Wesensmetaphysik übernommene Substanz-Akzidens-Schema ist durch verschiedene Mängel gekennzeichnet. Sie alle ergeben sich daraus, daß Aristoteles die Substanz vom sinnlich wahrnehmbaren Einzelding her bestimmt, das begrifflich eindeutig als Subjekt iden-

tifiziert werden kann. Auch hier wird also in einer für die Wesensmetaphysik charakteristischen Weise die spontane Wirklichkeitsdeutung des sich am Anschaulichen orientierenden begrifflichen Denkens mit einer echt ontologischen Analyse verwechselt (vgl. Nr. 196 bzw. Flasch 1973, 47–50). Im einzelnen sind folgende Mängel zu beachten:

323 (a) Es ist falsch zu meinen, die nicht substantiellen Veränderungen beträfen die Substanz gar nicht. Die Substanz ist nicht etwas Unveränderliches, etwas unter den sich verändernden bzw. sich ablösenden Akzidentien starr und unbeweglich Verbleibendes. Jede Veränderung, also auch die akzidentelle Veränderung des Seienden ist eine Veränderung der Substanz selbst. In der akzidentellen Veränderung verändert sich jedoch die Substanz nur akzidentell, d. h. so, daß sie ihre Identität mit sich selbst zugleich bewahrt. Da jede Veränderung die Substanz berührt, ist die Einteilung der Veränderungen in »substantielle« und in »akzidentelle« sowohl zu grob als auch irreführend. Denn die Substanz kann von den Veränderungen verschieden »tiefgreifend« betroffen werden. Auch ist zu berücksichtigen, daß den verschiedenen Seienden als Substanzen (als Eigenständigkeit habenden Seienden) verschiedene »Seinstiefe« zukommt.

324 (b) Substanzsein im Sinne von »Selbstand«-Haben ist im Gegensatz zur aristotelischen Auffassung, nach der »Selbstand« einem Seienden entweder zukommt oder gar nicht zukommt, eine durch und durch analoge Bestimmung, die im Maße der Seinsmächtigkeit des Seienden größer oder geringer sein kann. Nur das absolute Sein, das »esse subsistens«, hat Selbstand in einer Weise, daß es auf nichts außer sich selbst angewiesen ist; und nur dem geistigen, dem Selbstbewußtsein habenden Seienden kommt Selbstand in vollem (»formalem«) Sinne zu. Selbstand ist also nicht etwas, was durch bloße materielle Abgetrenntheit von anderen Seienden konstituiert wird. Dabei ist auch nicht zu vergessen, daß Selbständigkeit und Bezogensein auf anderes (Substantialität und Relationalität) sich nicht ausschließen, sondern sich vielmehr bedingen.

325 (c) Man kann sich nicht auf die Sinneserfahrung verlassen, wenn es um die Bestimmung dessen geht, was als *ein* Seiendes und damit als *eine* Substanz zu betrachten ist. Das wußte freilich auch die Wesensmetaphysik, insofern sie die Einheit der Substanz durch die Einheit der im Einzelseienden verwirklichten substantiellen Form bestimmt hat. Da jedoch in der Wesensmetaphysik die Einheit als Nicht-Verschiedenheit und die Verschiedenheit als Nicht-Einheit gesehen wurde, konnte sich das Substanzdenken, trotz richtiger metaphysischer Ansätze, nicht von der Dingvorstellung befreien.

Die sich in der klassischen Metaphysik immer wieder zeigende Tendenz zur Verdinglichung der Substanz ist also die Folge dessen, daß sie die Frage der Einheit und Vielheit unbefriedigend gelöst hat. (Es sei hier nur an die mittelalterliche Diskussion über die »pluralitas formarum« im Lebewesen erinnert, bzw. darauf aufmerksam gemacht, daß die Substanzmetaphysik von ihrem Wesen her individualistisch sein muß, weil sie die Gemeinschaftlichkeit des Menschen immer nur als eine zu seinem Substanzsein nachträglich hinzukommende Gegebenheit beschreiben kann.)

(3) Aus dem Gesagten folgt keineswegs, daß das Begriffspaar Sub- 326 stanz—Akzidens gar keine seinsmetaphysische Bedeutung hätte. Um aber diese herausstellen zu können, müssen die durch jene Begriffe bezeichneten Wirklichkeiten streng als aufeinander bezogene Momente, also als Seinsprinzipien verstanden werden. Das bedeutet im einzelnen folgendes:

(a) Die Substanz-Akzidens-Struktur gehört (im Gegensatz zum 327 Substanz-Relations-Gefüge) nicht zu den transzendentalen, mit dem Sein als solchen koextensiven Bestimmungen des Seienden, sondern ergibt sich aus der Endlichkeit jener Seienden, die nicht das Sein schlechthin sind. Wo nämlich die Selbstidentität des Seienden keine vollkommene (absolute) Identität ist, wo es also keine absolute Einheit gibt, dort tritt eine Differenziertheit auf, die Unvollkommenheit bedeutet, die also die Selbstidentität des Seienden innerlich abschwächt, veräußerlicht, von sich entfremdet, auch wenn sie diese niemals ganz beseitigt. Deswegen muß man in jedem endlichen Seienden unterscheiden zwischen *der Selbstidentität des Seienden, insofern sie Selbstidentität ist* (= Substanz), und *insofern sie unvollkommene, veräußerlichte* (zu sich selbst in Gegensatz stehende) *Selbstidentität ist* (= Akzidens). Daraus folgt dann auch, daß das akzidentelle Bestimmtsein (das Sich-Auslegen in voneinander getrennten, äußerlichen, eindeutig quantifizierbaren Bestimmungen) eines Seienden für das Seiende in dem Maße an Bedeutung gewinnt, in dem seine Seinsmächtigkeit und damit seine Substantialität abnehmen. Was Substantialität und Akzidentalität sind, verstehen wir ursprünglich von unserem eigenen Ich her, indem wir uns als ein Seiendes erfassen, dem eine solche Selbstidentität zukommt, die in einem gewissen Grade von sich entfremdet existiert und die deshalb nur durch das Nicht-Ich zu sich selbst kommen kann. Von dieser Erfahrung (und nicht von der Wahrnehmung der abgetrennten Dinge) ausgehend, können wir dann *per analogiam* die Substantialität auch in den anderen Lebewesen und schließlich auch im Bereich des Anorganischen erkennen.

(b) Wie und wodurch unterscheiden sich die Substanzen in einer 328 solchen Sicht voneinander? Oder anders: In welchem Fall muß man von *einer* Substanz reden, und in welchem Fall ist eine Vielheit der Substanzen anzunehmen? Auf diese Frage eine zutreffende Antwort zu geben ist deshalb schwierig, weil man sich bei der metaphysisch relevanten Bestimmung, daß es sich um eine Substanz bzw. um mehrere Substanzen handelt, nicht auf das Kriterium der räumlichen Kontinuität bzw. der materiellen Abgetrenntheit berufen kann. Da die Substanz als das Selbstand Besitzende zu bestimmen ist, haben wir, wenn wir als Metaphysiker vorgehen, nur an einem Punkt wirkliche Gewißheit: Wir wissen, daß jeder Mensch für sich eine eigene, von anderen verschiedene Substanz ist, da das in jedem von uns anwesende sich selbst erfassende Bewußtsein und die mit ihm einhergehende bewußt vollzogene Eigenaktivität unmißverständliche Zeichen des Selbstandes sind. Da wir die Lebewesen, vor allem die höheren Tiere, auch als Zentren einer eigenen, von ihnen selbst gesetzten Aktivität erleben, betrachten wir sie als Wesen, denen Selbstand, Substantialität, zukommen muß, obwohl im Vergleich zum Menschen nur analog abgestuft. Wir neigen außerdem spontan zur Annahme, daß die leblosen, voneinander abgetrennten, in sich jedoch zusammenhängenden Gegenstände jeweils verschiedene Substanzen sind. Diese Annahme ist jedoch aus verschiedenen Gründen problematisch. Einmal deshalb, weil es schwierig ist zu bestimmen, was man in der materiellen Wirklichkeit als in sich zusammenhängende, von anderen abgetrennte Gegenstände betrachten muß. Sind das die einzelnen makrophysikalischen Objekte oder die Moleküle bzw. die Atome oder gar nur die subatomaren Teilchen? Zum anderen, weil es von der Erfahrung unserer eigenen Substantialität her deutlich ist, daß Komplexität die Einheit der Substanz nicht ausschließt.

329 Diese letzte Erfahrung deutet darauf hin, daß die Substantialität der niedrigeren (der keinen formalen Selbstand habenden) Substanzen von den höheren Substanzen in sich integriert werden kann, mit der Folge, daß die in die höhere Substanz aufgenommene niedrigere Substanz, indem sie Bestimmung (»Akzidens«) der höheren Substanz wird, ihre Substantialität verliert bzw. sie nur potentiell bewahrt. Unter der Voraussetzung, daß den nicht formalen (nicht geistigen, nicht bewußt sich selbst besitzenden) Substanzen immer nur eine ins Akzidentelle tendierende, »diffuse« Substantialität zukommt, muß die Substantialität der anorganischen Materie (genauer: jener »Bausteine« der Materie, mit der sich die Mikrophysik beschäftigt) desto geringer sein, je weniger sie in komplexen Strukturen organisiert auftritt. Unter dieser Rücksicht ist es dann plausibel, das gesamte materielle Weltall komplementär zu der ver-

schwindend geringen Substantialität der Elementarteilchen als eine Substanz zu betrachten, der freilich auch nur eine sehr diffuse, minimale Substantialität zukommt. Wenn man dem zustimmt, kann man die Evolution des Weltalls als einen Prozeß der zunehmenden Differenzierung der immer höheren Einheiten auffassen, deren Ergebnis die stets höheren Substanzen und schließlich der Mensch, die formale Substanz, sind. Parallel zu diesem Prozeß entstand auch eine immer höhere, aktivere Bezogenheit der Substanzen, was darauf hinweist, daß Substantialität und Relationalität zusammengehören. Das Problem der Zusammengehörigkeit von Substantialität und Relationalität muß jedoch wegen seiner großen Bedeutung getrennt behandelt werden.

Literatur:

Rombach 1965, 1966.   Stegmaier 1974.

4. Das Gefüge »Substanz-Relation« als Grundstruktur der dynamischen Wirklichkeit

Die metaphysische Bedeutung der Relation wurde bereits (Nr. 330 264−266) dadurch herausgestellt, daß sie als die Identität von Verschiedenem bestimmt wurde. Das nach seiner je individuell eigenen Seinsverwirklichung Verschiedene ist aber das Selbständige, das Subsistente. Deshalb ist es für die philosophische Interpretation der Wirklichkeit von großer Bedeutung, den ontologischen Zusammenhang von Substantialität und Relationalität zu klären. Um diese Überlegungen situieren zu können, muß zunächst die Relationslehre der klassischen Wesensmetaphysik dargelegt und ausgewertet werden.

a) Die Relationslehre der Wesensmetaphysik und ihre Auswertung

Als Beispiel für die in der Wesensmetaphysik übliche Relationsauf- 331 fassung soll wiederum die einschlägige Lehre des Thomas von Aquin dienen.

(1) Die Beziehung ist für Thomas eines der neun Akzidentien. Als solches ist sie eine hinzukommende Bestimmung des Seienden, und zwar jene, kraft derer das Seiende auf anderes hingeordnet ist. Beziehung besagt also »ad aliquid«, »Sein-auf-anderes-hin«. In dieser Beschreibung ist die wichtigste Eigenschaft der Beziehung schon

ausgesprochen: Sie ist im Gegensatz zu dem, was einem Seienden *an sich* oder *absolut gesehen* zukommt (z. B. das Mensch-Sein dem Hans oder der Karin), etwas *Relatives,* also etwas, das als solches nicht begriffen werden kann, ohne etwas von ihm Verschiedenes zugleich mitbegriffen zu haben (z. B. das Vatersein kann von Hans nur in Hinblick auf sein Kind oder seine Kinder ausgesagt werden). Deshalb braucht man für eine Beziehung mindestens zwei Seiende, nämlich den *Beziehungsträger* (»Vater«), von dem her kraft eines *Beziehungsgrundes* (»Zeugung«) eine *Beziehung* (»Vaterschaft«) zum *Beziehungsziel* (»Sohn«/»Tochter«) besteht.

332 Weil die Relation als solche im Gegensatz zu dem, was in sich begriffen werden kann (also im Gegensatz zur Substanz bzw. zu den »absoluten« Akzidentien wie Quantität und Qualität), bestimmt wird, ist sie ein spannungsreiches Gebilde. Das deutet Thomas selbst an, indem er in der Beziehung zwei Aspekte unterscheidet: Insofern sie ein Akzidens ist, muß ihr Sein als dasjenige verstanden werden, dem eine »inesse subiecto«, ein »Anwesendsein in einem realen Subjekt« zukommt; insofern sie jedoch dieses Akzidens ist, also ihrem eigenen Wesen nach, besagt sie nur ein »esse ad«, ein »Hingeordnetsein auf anderes« (vgl. z. B. Summa theol. I q. 28 a. 2).

333 Diese aporetische Struktur macht eine Unterscheidung der Relationen verständlich, die es im Bereich der Kategorien sonst nicht gibt. Thomas redet nämlich sowohl von *realen Beziehungen,* d. h. von jenen, die in der Wirklichkeit, also unabhängig von der denkerischen Tätigkeit des Menschen bestehen, als auch von *(nur) gedachten Beziehungen,* unter denen er jene versteht, die durch die Verschiedenes miteinander in Beziehung setzende Tätigkeit des Denkens zustandekommen (vgl. Summa theol. I q. 28 a. 1).
Weil nun die Beziehung zwei Glieder hat, kann sie auf dreifache Weise etwas Wirkliches bzw. ein bloßes Gedankending sein. Es gibt Fälle, in denen die Beziehung von beiden Gliedern her bloß gedacht ist. Zu diesen rechnet Thomas die Beziehung der Selbstidentität oder die Klassifikation von Gedankenkonstruktionen. Andere Beziehungen sind in ihren beiden Gliedern etwas Wirkliches. Das sind alle jene Beziehungen, die aus der Quantität oder aus der Qualität bzw. aus dem Wirken und Bewirktwerden folgen. Zuweilen ist aber die Beziehung nur in einem ihrer Glieder etwas Wirkliches, in dem anderen jedoch etwas bloß Gedachtes, dann nämlich, wenn die beiden Glieder verschiedenen Seinsordnungen angehören. Solche Beziehungen nannte man später »gemischte Beziehungen«. Das von Aristoteles übernommene Standardbeispiel (vgl. Met V, 15; 1021 a 26 bis b 3) des Thomas ist die Beziehung von Erkennendem

und Erkennbarem: Der Erkennende hat zum Erkennbaren eine reale Beziehung, das Erkennbare zum Erkennenden dagegen nur eine gedachte (vgl. Summa theol. I q.13 a.7).

(2) Von einem metaphysischen Standpunkt aus sind folgende kritischen Bemerkungen zu dieser Relationslehre zu machen: 334

(a) Der Begriff der *nur gedachten* Relation ist höchstens als Limes-Begriff (vgl. Nr. 201, 205) verwendbar. Wenn man nämlich etwas denkt, was in der Wirklichkeit kein reales Fundament hat, dann denkt man etwas Falsches. Wohl ist wegen des Unterschiedes zwischen der Seinsweise und der Weise, wie wir etwas ausdrücklich erkennen, in jeder festgestellten Beziehung ein konstruiertes Moment anwesend; doch dieses Moment ist niemals das Ganze, so lang man sich innerhalb der Realität (zu der auch das Denken gehört) bewegt. Man kann sich freilich fragen, inwiefern es mich betreffen soll, daß der Name von jemandem dem meinen im Telefonbuch unmittelbar folgt (vgl. G. Patzig 1973, 1227). Darauf ist jedoch zu antworten, daß wir beide einen festen Namen tragende Menschen sein müssen, die in derselben Stadt wohnen und einen Telefonanschluß haben.

(b) Die Annahme einer einerseits realen, andererseits aber bloß gedachten Beziehung zwischen Erkennendem und Erkennbarem 335 weist auf einen Mangel an transzendentalem Denken hin. Man kann nämlich nicht mit Thomas behaupten: »Das Erkennbare, an sich betrachtet, verhält sich auf dieselbe Weise, gleich ob es erkannt oder ob es nicht erkannt wird« (Contra Gent. IV 14, 3507). Denn indem man etwas als Erkennbares (oder auch nur als Gegenstand bzw. als etwas) bezeichnet, hat man es schon auf die Erkenntnis des Erkennenden bezogen. Wohl ist die Beziehung des Erkennbaren zum Erkennenden *nicht schlechthin konstitutiv* für das Erkennbare. Aus diesem Grund ist der Idealismus falsch, und deshalb muß man auch zwischen Material- und Formalobjekt unterscheiden. Aber auch diese Unterscheidung ist (wie alle Distinktionen) stets eine Unterscheidung in Identität.

(c) Aus der Relationsauffassung des Thomas ergibt sich die Konse- 336 quenz, daß die Relation ihr eigenes Wesen (das »esse ad«) desto vollkommener verwirklicht, je weniger Realität ihr zukommt (je weniger »esse in« sie setzt). Deshalb sagen auch Thomas und seine Schüler: Der Beziehung kommt das schwächste und unvollkommenste Sein zu (vgl. Contra Gent. IV 14, 3508). Dies steht aber in eklatantem Widerspruch zu der bei Thomas aufbrechenden und oft gelobten Einsicht: Das Sein ist das Maß der Vollkommenheit. Aus dieser Umkehrung der Seinsperspektive ergibt sich dann, daß das Wesen der Relation gerade von der bloß gedachten Relation am vollkommensten verwirklicht wird.

337 (d) Weil ferner die Relation immer auch von einem äußeren Term mitbestimmt wird, macht sie das Bezogene von dem ihm Äußeren abhängig. Auch von dieser Überlegung her ergibt sich deshalb die paradoxe Folgerung, daß die Relation desto weniger Unvollkommenheit besagt, je weniger wirklich sie ist.

338 (3) Der eigentliche Grund dieser Aporien ist das Festhalten an der eindeutigen Unterscheidung zwischen dem, was einem Subjekt »absolut« zukommt, und dem, was ihm »relativ« zuzuschreiben ist. Aber warum hält Thomas – so muß man fragen – an dieser Unterscheidung trotz der aus ihr folgenden aporetischen Konsequenzen fest? Wohl aus folgender Überzeugung: In einem Subjekt können reale Beziehungen entstehen und vergehen allein durch Veränderungen, die außerhalb des Subjekts ablaufen. Wenn sich aber eine Beziehung verändern kann, ohne daß sich im Subjekt selbst auch nur irgendetwas verändert, dann muß die Beziehung als eine vom Subjekt bzw. von dem im Subjekt anwesenden Grund verschiedene Wirklichkeit betrachtet werden. Ein Beispiel, das die ganze Problematik einer solchen dinglich-abstrakten Betrachtungsweise verdeutlichen kann: Der Verlust des einzigen Kindes würde zwar die »Vaterschaft« des Vaters aufheben, ihn aber in seinem Menschsein keineswegs betreffen.

339 Hinzu kommt noch, daß Thomas den aporetischen Konsequenzen gar nicht ausweichen will, denn gerade sie sind es, die im Zusammenhang mit theologischen Problemen aufgegriffen werden. Die von Aristoteles übernommene einerseits reale, andererseits gedachte Relation wird auf das Gott-Welt-Verhältnis angewandt, um sowohl die absolute Abhängigkeit der Geschöpfe von Gott als auch die vollkommene Unabhängigkeit Gottes vom Geschöpf sicherzustellen (vgl. Weissmahr 1983, 127). Da ferner die Relation als solche (als »esse ad«) keine Unvollkommenheit besagt, ist sie nach Thomas neben der Substanz die einzige Kategorie, die man auf Gott selbst anwenden kann. Davon macht er dann auch Gebrauch, um die Nichtwidersprüchlichkeit der Dreifaltigkeit im einen Gott aufzuzeigen. Dabei erfolgt jedoch eine problematische Umkehrung der Grundverhältnisse. Denn die Relation besagt im geschöpflichen Bereich nur deshalb keine Unvollkommenheit, weil sie auch noch dann Relation genannt werden kann, wenn sie jeder Realität bar ist. Nun soll aber die Relation ihre Eigenschaft, daß sie nämlich keine Unvollkommenheit besagt, auch in ihrer Anwendung auf Gott selbst bewahren, obwohl sie in dem Fall mit der absoluten göttlichen Substanz identifiziert werden muß. Parallel dazu soll die Beziehung, der im Bereich der Geschöpfe das schwächste Sein zukommt, in Gott

das konstituieren, was das Höchste in der Wirklichkeit ist, nämlich die Person.

Eine seinsmetaphysische Relationslehre kann nur entwickelt wer- 340 den, wenn man die Relation nicht als eine Bestimmung betrachtet, die zu der schon in sich voll konstituierten Substanz hinzukommt, sondern davon ausgeht, daß jedes Seiende aufgrund seines Seins auf anderes (auf alle anderen Seienden) bezogen ist. Eine solche Einsicht dürfte jene spätscholastischen Philosophen geführt haben, die außer den prädikamentalen (oder akzidentellen) Relationen auch noch transzendentale Relationen (Wesensrelationen) annahmen. Ihre an sich richtige Einsicht konnte sich aber nicht auswirken, da sie die Wesensrelationen nur auf die Beziehung von *actus* und *potentia* beschränkt haben.

Es sei hier noch darauf aufmerksam gemacht, daß die Überwin- 341 dung der scharfen Trennung zwischen dem, was einem »an sich« (also »absolut«) zukommt, und dem, was von einem nur in Hinblick auf etwas anderes (also »relativ«) ausgesagt werden kann, sich bereits von der Sprache her nahelegt. Denn von einem bestimmten Hans werden nicht nur das Vatersein, sondern eigentlich auch alle anderen Eigenschaften, angefangen vom Menschsein, in Hinblick auf andere, denen diese Eigenschaften auch zukommen, ausgesagt. *Es gibt nichts Individuelles, was nicht als in eine Allgemeinheit Hineingebundenes existiert.* Diese oben schon vielfach entfaltete Grundeinsicht müssen wir jetzt auf den Zusammenhang von Substanz und Relation anwenden.

Literatur:

Horváth 1914.   Krempel 1952.
Breton 1951.   Bakker 1968.

b) Substanz und Relation als die Seinsmomente der Identität mit sich selbst und der Identität mit dem anderen

Für eine Seinsmetaphysik ist die Beziehung nicht bloß ein Akzi- 342 dens, das zu dem in seiner Substantialität schon konstituierten Seienden hinzutritt, sondern eine ursprüngliche, das Sein des Seienden mitkonstituierende Bestimmung. Sie ist dasjenige, kraft dessen die ihrem individuell eigenen Sein gemäß verschiedenen bzw. selbständigen Seienden miteinander identisch sind, und kraft dessen sie sich, ohne deshalb voneinander abhängig zu werden, durchwalten. Je höher die Seinsstufe eines Seienden ist, desto mehr Selbständigkeit, Substantialität kommt ihm zu, und desto mehr ist es auf andere Seiende bezogen. Sowohl die metaphysisch verstandene Substantialität (Nr. 327f.) als auch die Seinsbezogenheit nehmen proportional mit dem Seinsgrad des Seienden zu bzw. ab. Um dies festzustellen, muß man nur jene Substantialität und Relationalität, die es auf der Ebene der anorganischen Seienden gibt, mit der entsprechenden Substantialität und Relationalität der Lebewesen vergleichen und diese wiederum mit jener der geistig erkennenden und strebenden Menschen.

Relationalität und Substantialität besagen als solche nur Vollkommenheit. In ihnen drücken sich jene komplementären, miteinander gleichwertigen Seinsmomente der Seienden aus, die oben als die Identität der Seienden miteinander aufgrund des ihnen gemeinsamen Seins (Nr. 219, 226)) und als die Verschiedenheit der Seienden voneinander aufgrund ihrer je individuell eigenen Seinsweise (Nr. 221, 228) beschrieben wurden. Diese letztere Beschreibung kann jetzt dahingehend ergänzt werden, daß die nach dem Maß des Seins gegebene je individuell eigene Seinsweise des Seienden die Eigenständigkeit und damit die Substantialität dieses Seienden bedeutet.

343 Im Bereich des endlichen Seins ist freilich jede Substantialität und jede Relationalität immer auch durch Unvollkommenheit, durch Mangel an vollendeter Seinsfülle gekennzeichnet. Daraus ergibt sich für die endliche Substanz ihre akzidentelle Bestimmtheit bzw. ihr Konstituiertwerden auch durch Abgetrenntheit. Hinsichtlich der Bezogenheit wirkt sich der Mangel an Seinsvollkommenheit in einer zunehmenden Isolation des Seienden und in einer sich aus eben dieser Isolation ergebenden Abhängigkeit aus, die dadurch zustande kommt, daß das durch Isolation abhängig werdende Seiende dem ihm Äußerlichen ausgeliefert ist.

An dieser Stelle ist auf einen durch die Sprache bedingten Unterschied zwischen Substantialität und Relationalität hinzuweisen. Während nämlich Substantialität von der Wortbedeutung her stets Vollkommenheit besagt, gilt das von der Relationalität nicht. Denn das Wort »Beziehung« bezeichnet vom Sprachgebrauch her sowohl etwas Positives, d. h. die die selbständige Individualität bedingende, nicht aber ausschaltende Seinsgemeinsamkeit, als auch etwas Negatives, also das, was als die Entfremdung und als die aus dieser Entfremdung folgende Abhängigkeit angegeben wurde. Auf diese sprachliche Gegebenheit hinzuweisen ist deshalb wichtig, weil nur so dem Mißverständnis vorgebeugt werden kann, die im endlichen Bereich zu jeder Beziehung gehörende Abhängigkeit sei ein Wesensmerkmal der Beziehung als solcher.

344 Hier bietet sich noch die Möglichkeit an, eine Einsicht der klassischen Metaphysik in eine umfassendere Sichtweise zu integrieren.

In der klassischen Metaphysik galt der Satz: Alles Seiende ist ein Eines, »omne ens est unum«. Das heißt: Ein *Seiendes* ist das, was es ist, durch dasjenige, wodurch es ein *Eines* ist. Das »Eines-Sein« fügt also dem Seienden keine neue sachliche Bestimmtheit hinzu, sondern drückt nur das Ungeteiltsein des Seienden aus, durch das es ein in sich Eines (und von anderen Verschiedenes) ist (vgl. Aristoteles: Met IV 2, 1003 b 23−31; Thomas von Aquin: Summa theol. I q.11 a.1).

Diese Bestimmung des »Einen« als eine »transzendentale Vollkommenheit« ist zwar richtig, aber einseitig, wie übrigens alle einschlägigen Aussagen der Wesensmetaphysik. Sie berücksichtigt nicht, daß der Satz »omne ens est unum« zwei der Form nach einander entgegengesetzte, sich aber inhaltlich gegenseitig bedingende Aussagen enthält, nämlich: Jedes Seiende ist *mit sich selbst identisch* (omne ens est *unum secum*) aufgrund der selbständigen Verwirklichung des Seins; und: Jedes Seiende ist *mit anderen identisch* (omne ens est *unum cum aliis*) aufgrund der im Sein begründeten Gemeinsamkeit (vgl. Nr. 119f., 213f., 224). Das klassische »unum« als transzendentale Vollkommenheit differenziert sich also in die zwei zueinander komplementären Momente der Substantialität und der Relationalität. Jedes Seiende ist, insofern es mit sich selbst identisch ist, eine *bezogene Substanz* (eine »substantia relata«), und jedes Seiende ist, insofern es mit anderen identisch ist, eine *Selbstand habende, d.h. subsistente Beziehung* (also eine »relatio subsistens«). Deshalb ist das absolute Sein die absolut bezogene Substanz der absolut subsistenten Relationen.

III. Ausblick: Das Sein als geistige Wirklichkeit

Mit allem, was bisher ausgeführt wurde, ist die Metaphysik als Entfaltung des apriorischen Seinsverständnisses noch längst nicht abgeschlossen. Einmal deshalb nicht, weil alles noch ausführlicher dargelegt und eingehender mit möglichen bzw. in der Geschichte der Philosophie bereits formulierten Einwänden konfrontiert werden könnte. Zum anderen aber, weil manche bedeutenden Themen noch gar nicht ausdrücklich abgehandelt wurden. So kamen weder das Gute als eine mit dem Sein koextensive Bestimmung noch der Begriff der Person bzw. der Interpersonalität noch das Problem Geist−Materie systematisch zur Sprache. Für diese Fragenkreise darf auf die »Philosophische Anthropologie« (Bd. 1 dieses Grundkurses, Haeffner 1982) verwiesen werden.

Allerdings waren diese hier nicht ausführlich entfalteten Themen auch in unseren Erwägungen ständig gegenwärtig. Denn es war ein sich durchziehender Leitgedanke dieser Abhandlung, daß sich vor allem im Selbstbewußtsein zeigt, was Wirklichkeit eigentlich ist. Nur indem ich in meinem Bewußtsein die Identität von Sein und Erkennen erfahren habe, was freilich niemals direkt, sondern immer nur vermittelt durch die Erfahrung des auch gegenständlich anderen geschieht, habe ich das ursprüngliche Wissen davon, was »geistiges Sein« und damit »Sein überhaupt« ist. Und auch die metaphysisch grundlegende Einsicht, daß Identität mit dem anderen und Differenz zum anderen sich nicht ausschließen, sondern vielmehr bedingen, thematisiert eine Erfahrung, die vor allem in den interpersonalen Beziehungen aufleuchtet. Deshalb ist die der Ontologie eigene Erkenntnisweise die überbegriffliche Vernunfterkenntnis, die das begriffliche Gegensätzliche zusammenzuhalten vermag.

Bibliographie

Apel, Karl-Otto: Das Problem einer philosophischen Theorie der Rationalitätstypen, in: Schnädelbach, H. (Hg.): Rationalität. Philosophische Beiträge, Frankfurt a.M. 1984, 15–31

Apel, Karl-Otto: Wittgenstein und Heidegger. Die Frage nach dem Sinn von Sein und der Sinnlosigkeitsverdacht gegen alle Metaphysik, in: Phil. Jahrbuch 75 (1967/68) 56–94

Ayer, Alfred Jules: Die Hauptfragen der Philosophie, München 1976

Ayer, Alfred Jules: Sprache, Wahrheit und Logik, Stuttgart 1970

Aristoteles' Metaphysik: griech.-dt. in der Übers. von H. Bonitz. Neu bearb. mit Einl. u. Komm. von H. Seidl, Hamburg (Halbd. 1) 1978 (Halbd. 2) 1980

Bakker, Anton: Relatie als kommunikatie. Kritische beschouwing van de thomistische relatieleer, in: Bijdragen 29 (1968) 259–287

Baudry, Léon: Lexique philosophique de Guillaume d'Ockham, Paris 1958

Beck, Heinrich: Der Akt-Charakter des Seins, München 1965

Beierwaltes, Werner: Identität und Differenz, Frankfurt a.M. 1980

Berger, Herman: Op zoek naar identiteit. Het aristotelische substantiebegrip en de mogelijkheid van een hedendaagse metafysiek, Nijmegen–Utrecht 1968

Bocheński, I. M.: Grundriße der Logik (übers. u. bearb. von A. Menne), Paderborn 1973

Boros, Ladislaus: Evolution und Metaphysik, in: Orientierung 25 (1961) 237–241

Breton, Stanislas: L'»esse in« et l'»esse ad« dans la métaphysique de la relation, Rom 1951

Brugger, Walter: Methode der Metaphysik und der Einzelwissenschaften, in: Theologie und Philosophie 43 (1968) 1–17

Brugger, Walter: Summe einer philosophischen Gotteslehre, München 1979

Brugger, Walter: Das Unbedingte in Kants »Kritik der reinen Vernunft«, in: Lotz, Joh. B. (Hg.), Kant und die Scholastik heute, Pullach 1955, 109–153

Brunner, August: Der Stufenbau der Welt. Ontologische Untersuchungen über Person, Leben, Stoff, München–Kempten 1950

Carnap, Rudolf: Scheinprobleme in der Philosophie. Das Fremdpsychische und der Realismusstreit, Frankfurt a.M. 1966

Carnap, Rudolf: Überwindung der Metaphysik durch logische Analyse der Sprache, in: Erkenntnis 2 (1931) 219–242; abgedruckt in: Jánoska G., Kauz, F. (Hg.): Metaphysik, Darmstadt 1977, 50–78

Casper, Bernhard: Die Unfähigkeit zur Gottesfrage im positivistischen Denken, in: Ratzinger, J. (Hg.): Die Frage nach Gott, Freiburg 1972

Conrad-Martius, Hedwig: Das Sein, München 1957

Coreth, Emerich: Dialektik und Analogie des Seins. Zum Seinsproblem bei Hegel und in der Scholastik, in: Scholastik 26 (1951) 57–86

Coreth, Emerich: Identität und Differenz, in: Metz, Joh. B., u.a. (Hg.): Gott in Welt. Festgabe für K. Rahner, Bd. 1, Freiburg 1964, 158–187

Coreth, Emerich: Metaphysik. Eine methodisch-systematische Grundlegung, Insbruck ²1964, ³1980

171

Coreth, Emerich-Schöndorf, Harald: Philosophie des 17. und 18. Jahrhunderts, Stuttgart 1983

Daly, C. B.: Metaphysics and the Limits of Language, in: Ramsey, I. (Hg.): Prospect for Metaphysics, London 1961

de Finance, Joseph: Connaissance de l'être. Traité d'Ontologie, Paris—Bruges 1966

Delfgauw, Bernhard: Teilhard de Chardin und das Evolutionsproblem, München 1966

De Petter, D. M.: Begrip en werkelijkheid. Aan de overzijde van het conceptualisme, Hilversum—Antwerpen 1964

De Petter, D. M.: Naar het metafysische, Antwerpen 1972

de Vries, Josef: Die Unvermeidlichkeit der Seinsaussage, erläutert an Kants »Kritik der reinen Vernunft«, in: Fischer, N., u.a. (Hg.): Alte Fragen und neue Wege des Denkens. Festschrift für Josef Stallmach, Bonn 1977, 125—133

Diels, H., Kranz, W.: Die Fragmente der Vorsokratiker, 3 Bde., Berlin [10]1961

Eigen, Manfred — Winkler, Ruthild: Das Spiel. Naturgesetze steuern den Zufall, München 1975

Ettelt, Wilhelm: Die Erkenntniskritik des Positivsmus und die Möglichkeit der Metaphysik, Amsterdam 1979

Fichte, Johann Gottlieb: Grundlage der gesamten Wissenschaftslehre von 1794, in: Lauth, R., Jacob, H. (Hg.): J. G. Fichte — Gesamtausgabe I, 2, Stuttgart-Bad Cannstatt 1965

Fink, Eugen: Zur ontologischen Frühgeschichte von Raum, Zeit und Bewegung, Den Haag 1957

Flasch, Kurt: Die Metaphysik des Einen bei Nikolaus von Kues, Leiden 1973

Flasch, Kurt: Artikel »Wesen« in: Handbuch philosophischer Grundbegriffe, München 1974, 1687—1693

Geissler, Erich E.: Das Eine und das Viele. Eine Interpretationsstudie zu Schellings Identitätsphilosophie, in: Scholastik 39 (1964) 67—86

Gesetzmäßigkeit und Zufall in der Natur, Würzburg 1968

Gochet, Paul: La nature du principe de contradiction, in: Actes du 13ème Congr. Int. de Phil., Mexico 1963, Bd. 5, 469—489

Haeffner, Gerd: Heideggers Begriff der Metaphysik, München [2]1981

Haeffner, Gerd: Philosophische Anthropologie, Stuttgart 1982

Haller, Rudolf: Metaphysik und Sprache, in: Weingartner, P. (Hg.): Grundfragen der Wissenschaften und ihre Wurzel in der Metaphysik, Salzburg—München 1967, 13—26

Hartmann, Nicolai: Teleologisches Denken, Berlin 1951

Hegel, Georg Wilhelm Friedrich: Wissenschaft der Logik, in: Lasson, G. (Hg.): Sämtliche Werke Bd. III—IV. Leipzig 1934

Heidegger, Martin: Einführung in die Metaphysik, Tübingen [3]1966

Heidegger, Martin: Der Satz der Identität, in: Ders., Identität und Differenz, Pfullingen 1957, 11—34

Heimsoeth, Heinz: Die sechs großen Themen der abendländischen Metaphysik und der Ausgang des Mittelalters, Darmstadt [5]1965

Henrici, Peter: Die metaphysische Dimension des Faktums, in: Jánoska, G., Kauz, F. (Hg.): Metaphysik, Darmstadt 1977, 370—377

Henrich, Dieter: Fichtes ursprüngliche Einsicht, in: Subjektivität und Metaphysik. Festschrift für Wolfgang Cramer, Frankfurt a.M. 1966, 188—232

Hirschberger, Johannes: Geschichte der Philosophie. Altertum und Mittelalter, Freiburg [11]1979

Hörz, Herbert: Zufall. Eine philosophische Untersuchung, Berlin (Ost) 1980

Holz, Harald: Transzendentalphilosophie und Metaphysik, Mainz 1966

Holz, Harald: Einführung in die Transzendentalphilosophie, Darmstadt 1973

Holz, Harald: System der Transzendentalphilosophie im Grundriß, Bd. 1 und 2, Freiburg 1977

Horváth, Alexander: Metaphysik der Relationen, Graz 1914

Hume, David: Ein Traktat über die menschliche Natur, Hg. Th. Lipps, 2 Bde. Hamburg 1978

Husserl, Edmund: Philosophie als strenge Wissenschaft, Frankfurt a.M. 1965

Inciarte, Fernando: Metaphysik und Verdinglichung. Zur sprachanalytischen Metaphysikkritik, in: Phil. Jahrbuch 85 (1978) 19−41

Inciarte, Fernando: Sinnlosigkeit und Sein. Zur positivistischen Metaphysikkritik, in: Phil. Jahrbuch 79 (1972) 320−334

Ingarden, Roman: Über die kausale Struktur der Welt, Tübingen 1974

Kant, Immanuel: Kritik der reinen Vernunft, Hg. R. Schmidt, Hamburg 1976

Kant, Immanuel: Prolegomena zu einer jeden künftigen Metaphysik, die als Wissenschaft wird auftreten können, Hg. K. Vorländer, Hamburg 1976

Kaulbach, Friedrich: Einführung in die Metaphysik, Darmstadt 1972

Keller, Albert: Allgemeine Erkenntnistheorie, Stuttgart 1982

Kern, Walter: Einheit-in-Mannigfaltigkeit, in: Metz, Joh. B. u.a. (Hg.): Gott in Welt, Festgabe für K. Rahner, Bd. 1, Freiburg 1964, 207−239

Klubertanz, George P.: St. Thomas Aquinas on Analogy, Chicago 1960

Körner, Stephan: Grundfragen der Philosophie, München 1970

Krampf, Wilhelm: Die Metaphysik und ihre Gegner, Meisenheim am Glan 1973

Krempel, A.: La doctrine de la relation chez Saint Thomas; exposé historique et systématique, Paris 1952

Krings, Hermann: Erkennen und Denken. Zur Struktur und Geschichte des transzendentalen Verfahrens in der Philosophie, in: Phil. Jahrbuch 86 (1979) 1−15

Krings, Hermann: Fragen und Aufgaben der Ontologie, Tübingen 1954

Krings, Hermann: Wie ist Analogie möglich? in: Metz, Joh. B., u.a. (Hg.): Gott in Welt. Festgabe für K. Rahner, Bd. 1. Freiburg 1964, 97−110

Küng, Guido: Ontologie und logische Analyse der Sprache. Eine Untersuchung zur zeitgenössischen Universaliendiskussion, Wien 1963

Lauth, Reinhard: Die Entstehung von Schellings Identitätsphilosophie in der Auseinandersetzung mit Fichtes Wissenschaftslehre (1795−1801), Freiburg 1975

Liebrucks, Bruno: Sprache und Metaphysik, in: Jánoska, G., Kauz, F. (Hg.): Metaphysik, Darmstadt 1977, 190−212

Lotz, Johannes B.: Die Identität von Geist und Sein. Eine historisch-systematische Untersuchung, Roma 1972

Lotz, Johannes B. (Hg.): Kant und die Scholastik heute, Pullach 1955

Lotz, Johannes B.: Die transzendentale Erfahrung, Freiburg 1978

Luyten, Norbert A. (Hg.): Zufall, Freiheit, Vorsehung, Freiburg 1975

Marc, André: Dialectique de l'affirmation. Essai de métaphysique réflexive, Paris−Bruxelles 1952

Maréchal, Joseph: Le point de départ de la métaphysique. Cahier V.: Le thomisme devant la philosophie critique, Bruxelles−Paris ²1949

Martin, Gottfried: Einleitung in die allgemeine Metaphysik, Köln 1957 (Stuttgart, Reclam 1965)

Martin, Gottfried: Allgemeine Metaphysik. Ihre Probleme und ihre Methode, Berlin 1965

Martin, Gottfried: Platons Ideenlehre, Berlin 1973

Metaphysik: hg. von Jánoska, Georg, und Kauz, Franz, Darmstadt 1977

Möller, Joseph: Vom Bewußtsein zum Sein. Grundlegung einer Metaphysik, Mainz 1962

Möslang, Alois: Finalität. Ihre Problematik in der Philosophie Nicolai Hartmanns, Freiburg/Schw. 1964

Montagnes, B.: La doctrine de l'analogie de l'être d'après St. Thomas d'Aquin, Paris–Louvain 1963

Moody, Ernest A.: William of Ockham, in: Edwards, P. (Hg.): The Encyclopedia of Philosophy, Bd. 8, New York–London 1967, 306–317

Muck, Otto: Metaphysische Erklärung als ganzheitliches Verfahren, in: Akten des XIV. Internat. Kongresses für Philosophie, Wien 1968, Bd. 2. 419–425

Muck, Otto: Die transzendentale Methode der scholastischen Philosophie der Gegenwart, Innsbruck 1964

Nink, Caspar: Zur Grundlegung der Metaphysik. Das Problem der Seins- und Gegenstandskonstitution, Freiburg 1957

Nink, Caspar: Ontologie. Versuch einer Grundlegung, Freiburg 1952

Occam, Gullielmus de: Opera Plurima, Lyon 1494–1496 (Bd. III–IV: Super 4 Libros Sententiarum), Reprint 1962

Oeing-Hanhoff, Ludger: Sprache und Metaphysik, in: Gadamer, H.G. (Hg.): Das Problem der Sprache, München 1967, 449–468

Patzig, Günther: Artikel »Relation« in: Handbuch philosophischer Grundbegriffe, München 1973, 1220–1231

Platon: Spätdialoge. Eingeleitet von O. Gigon, übertragen von R. Rufener, Bd. 1, Zürich–Stuttgart 1965

Przywara, Erich: Analogia entis, München 1932; erweiterter Text in: E. Przywara, Schriften, Bd. 3, Einsiedeln 1962

Rahner, Karl: Die Hominisation als theologische Frage, in: Overhage, Paul, Rahner, Karl: Das Problem der Hominisation, Freiburg 1961, 13–90

Ramsey, Ian: Prospect for Metaphysics. Essays of Metaphysical Exploration, London 1961

Ritter, Constantin: Die Kerngedanken der platonischen Philosophie, München 1931

Röd, Wolfgang: Über die Möglichkeit der Metaphysik unter den Bedingungen der Gegenwartsphilosophie, in: Allg. Zeitschrift für Phil. 1 (1976) 3–18

Rombach, Heinrich: Substanz, System, Struktur. Die Ontologie des Funktionalismus und der philosophische Hintergrund der modernen Wissenschaft, Freiburg–München 1965 (Bd. 1), 1966 (Bd. 2)

Ross, W. D.: Platon's Theory of Ideas, Oxford [5]1966

Scheltens, D.: Het essentialisme van de scholastieke metafysiek, in: Tijdschrift voor Filosofie 30 (1968) 325–339

Scheltens, D.: De Filosofie van P.D.M. De Petter, in: Tijdschrift voor Filosofie 33 (1971) 439–506

Scheuer, Pierre: Notes de Métaphysique, in : Nouvelle Revue Theologique 53 (1926) 329–334, 447–451, 518–525

Schulz, Walter: Philosophie in der veränderten Welt, Pfullingen 1972

Schulz, Walter: Wittgenstein. Die Negation der Philosophie, Pfullingen 1967

Shine, Daniel J.: An Interior Metaphysics. The Philosophical Synthesis of Pierre Scheuer SJ, Weston 1966

Siewerth, Gustav: Der Thomismus als Identitätssystem, Frankfurt a.M. ²1961

Siewerth, Gustav: Die Analogie des Seienden, Einsiedeln 1965

Spaemann, Robert – Löw, Reinhard: Die Frage Wozu? Geschichte und Wiederentdeckung des teleologischen Denkens, München 1981

Spinoza, Baruch: Die Ethik. Lat.-dt. Übersetzung: J. Stern, I. Rauthe-Welsch, Stuttgart 1977

Stallmach, Josef: Dynamis und Energeia, Meisenheim am Glan 1958

Stegmaier, Werner: Der Substanzbegriff der Metaphysik. Aristoteles, Descartes, Leibniz, Tübingen 1974

Stegmüller, Wolfgang: Glauben, Wissen und Erkennen. Das Universalienproblem einst und jetzt, Darmstadt ³1974

Stegmüller, Wolfgang: Metaphysik, Skepsis, Wissenschaft, Berlin–Heidelberg–New York ²1969

Stegmüller, Wolfgang (Hg.): Das Universalien-Problem, Darmstadt 1978

Takatura, Ando: Metaphysics. A Critical Survey of its Meaning. The Hague 1963, ²1974

Teilhard de Chardin, Pierre: Der Mensch im Kosmos (Phénomène humain), München 1965

Titze, Hans: Der Kausalbegriff in Philosophie und Physik, Meisenheim am Glan 1964

Thomas von Aquin: De ente et essentia. Das Seiende und das Wesen. Lat.-dt. übersetzt und hg. von F. L. Beeretz, Stuttgart 1979

Thomas von Aquin: Liber de Veritate Catholicae Fidei contra Errores Infidelium seu Summa contra Gentiles. Hg. C. Pera – P. Marc – D. Caramello, Turin–Rom 1961

Thomas von Aquin: In duodecim libros Metaphysicorum Aristotelis expositio (Abkürzung: In Met), Hg. M. R. Cathala – R. M. Spiazzi, Turin-Rom 1950

Tugendhat, Ernst: Selbstbewußtsein und Selbstbestimmung, Frankfurt a.M. 1979

Tugendhat, Ernst: Die sprachanalytische Kritik der Ontologie, in: Gadamer, H. G. (Hg.): Das Problem der Sprache, München 1967, 483–493

van Leeuwen, A.: L'analogie de l'être. Genèse et contenue du concept d'analogie, in: Revue néoscol. de phil. 38 (1936) 293–320, 469–496

van Melsen, Andreas G. M.: Evolution und Philosophie, Köln 1966

Van Steenberghen, Fernand: Ontologie, Einsiedeln–Zürich–Köln 1953

Vignaux, Paul: Le Nominalisme au XIVᵉ siècle, Montréal 1948

Vignaux, Paul: »Nominalisme«, in: A. Vacant, E. Mangenot, É. Amann (Hg.): Dictionnaire de théologie catholique, Bd. 11/1 1931, 717–784

Wahl, Jean: L'expérience métaphysique, Paris 1965

Walsh, W. H.: Metaphysics, Nature of, in: Edwards P. (Hg.): The Encyclopedia of Philosophy, Bd. 5, New York–London 1967, 300–307

Weingartner, Paul: Der Gegenstandsbereich der Metaphysik, in: Michels, Thomas (Hg.): »Heuresis«. Festschrift für Andreas Rohracher, Salzburg 1969, 102–140

Weingartner, Paul: Das Problem des Gegenstandsbereiches in der Metaphysik, in: Salzburger Jahrbuch für Phil. XIX/1974, Salzburg 1974, 35–70

Weingartner, Paul (Hg.): Grundfragen der Wissenschaften und ihre Wurzel in der Metaphysik, Salzburg–München 1967

Weinrich, Harald: Linguistik der Lüge, Heidelberg ⁵1974
Weiss, Helene: Kausalität und Zufall in der Philosophie des Aristoteles, Darmstadt 1967
Weissmahr, Béla: Gottes Wirken in der Welt. Ein Diskussionsbeitrag zur Frage der Evolution und des Wunders, Frankfurt a.M. 1973
Weissmahr, Béla: Philosophische Gotteslehre, Stuttgart 1983
Weizsäcker, Carl Friedrich von: Zum Weltbild der Physik, Stuttgart ¹¹1970
Welte, Bernhard: Zum Seinsbegriff des Thomas von Aquin, in: Ders.: Auf der Spur des Ewigen, Freiburg 1965, 185—198
Wittgenstein, Ludwig: Schriften [Bd. 1]: Tractatus logico-philosophicus, Tagebücher 1914—1916, Philosophische Untersuchungen, Frankfurt a.M. 1960
Wolff, Christian: Gesammelte Werke, 2. Abt. Lateinische Schriften, Bd. 3: Philosophia prima sive Ontologia. Hg. von J. École, Hildesheim 1962

Namenregister

Sachregister

180

Kohlhammer

Theologische Wissenschaft

Friedrich Mildenberger
Geschichte der deutschen evangelischen Theologie im 19. und 20. Jahrhundert
1981. 287 Seiten, zahlr. Fotos. Kart. DM 38,–
ISBN 3-17-001075-1, Bd. 10

Wilfried Joest
Fundamentaltheologie
Theologische Grundlagen- und Methodenprobleme
2., durchges. u. erg. Auflage 1981
260 Seiten. Kart. DM 29,80
ISBN 3-17-007128-9, Bd. 11

Hans Graß
Christliche Glaubenslehre
Teil I: 1973. 169 Seiten. Kart. DM 24,–
ISBN 3-17-001077-8,
Teil II: 1974. 195 Seiten. Kart. DM 24,–
ISBN 3-17-001137-5, Bd. 12, 1/2

Trutz Rendtorff
Ethik
Grundelemente, Methodologie und Konkretionen
einer ethischen Theologie
Band 1: 1980. 148 Seiten. Kart. DM 22,–
ISBN 3-17-005627-1, Bd. 13, 1
Band 2: 1981. 190 Seiten. Kart. DM 28,–
ISBN 3-17-005661-1, Bd. 13, 2

Beide Bände zusammen DM 50,–
ISBN 3-17-001078-0

Verlag W. Kohlhammer
Stuttgart · Berlin · Köln · Mainz

wk

Kohlhammer

Ethik. Lehr- und Studienbücher

14 Bände
Hrsg. von Reinhold Mokrosch,
Stephan H. Pfürtner, Heinz Schmidt

Peter Antes u. a.
Ethik in nichtchristlichen Kulturen

1984. 216 Seiten. Kart. DM 38,–
ISBN 3-17-008590-5, Bd. 3
In diesem Band wird das rechte Verhalten des Menschen
in Form knapper, aber umfassender Einzelbeiträge vorge-
stellt. Zur Darstellung kommt die Ethik des Judentums,
des Islam, des Hinduismus, des Buddhismus, des traditionellen China und der Naturreligionen.

Heinz Schmidt
Didaktik des Ethikunterrichts I

Grundlagen
1983. 260 Seiten. Kart. DM 36,–
ISBN 3-17-008068-7, Bd. 6, 1

Heinz Schmidt
Didaktik des Ethikunterrichts II

Der Unterricht in Klasse 1–13
1984. 255 Seiten. Kart. DM 38,–
ISBN 3-17-008303-1, Bd. 6, 2
Ausgehend von einer Bestandsaufnahme zur Sinn- und
Wertorientierung Jugendlicher, wird die inhaltliche Struktur des Fachs als kritische Hermeneutik von Subjekt und
Lebenswelt entwickelt. Die daran anschließenden Kapitel
konkretisieren diesen fachdidaktischen Rahmen mit
praxisnahen Vorschlägen, gegliedert nach Schulstufen
und Schularten von der ersten Klasse bis zum Abitur.

Verlag W. Kohlhammer
Stuttgart · Berlin · Köln · Mainz

wk